O país que não teve infância

SELEÇÃO E ORGANIZAÇÃO **Ana Arruda Callado**

O país que não teve infância

As sacadas de
ANTONIO CALLADO

CRÔNICAS POLÍTICAS

Copyright © 2017 Herdeiros de Antonio Callado
Copyright © 2017 Autêntica Editora

Todos os direitos reservados pela Autêntica Editora. Nenhuma parte desta publicação poderá ser reproduzida, seja por meios mecânicos, eletrônicos, seja via cópia xerográfica, sem a autorização prévia da Editora.

A imagem de capa foi gentilmente cedida para esta edição pelo Arquivo-Museu de Literatura Brasileira (AMLB) da Fundação Casa de Rui Barbosa.

EDITORA RESPONSÁVEL
Maria Amélia Mello

CAPA E PROJETO GRÁFICO
Diogo Droschi

EDITORA ASSISTENTE
Rafaela Lamas

DIAGRAMAÇÃO
Larissa Carvalho Mazzoni

REVISÃO
Miriam de Carvalho Abões
Renata Silveira

**Dados Internacionais de Catalogação na Publicação (CIP)
Câmara Brasileira do Livro, SP, Brasil**

Callado, Antonio, 1917-1997
    O país que não teve infância : as sacadas de Antonio Callado / [organização Ana Arruda Callado]. -- 1. ed. -- Belo Horizonte : Autêntica, 2017.

    ISNB: 978-85-513-0186-9

    1. Crônicas brasileiras 2. Ditadura - Brasil 3. Política - Brasil 4. Reforma agrária - Brasil I. Callado, Ana Arruda. II. Título.

17-01768   CDD-869.8

Índices para catálogo sistemático:
1. Crônicas : Literatura brasileira 869.8

Rio de Janeiro
Rua Debret, 23, sala 401
Centro . 20030-080
Rio de Janeiro . RJ
Tel.: (55 21) 3179 1975

Belo Horizonte
Rua Carlos Turner, 420
Silveira . 31140-520
Belo Horizonte . MG
Tel.: (55 31) 3465 4500

São Paulo
Av. Paulista, 2.073,
Conjunto Nacional, Horsa I
23º andar . Conj. 2301 .
Cerqueira César . 01311-940
São Paulo . SP
Tel.: (55 11) 3034 4468

www.grupoautentica.com.br

9 | **Apresentação**
Ana Arruda Callado

Um país em branco

17 | A China já tem muralha. Agora é a nossa vez
20 | Uma nação não se faz com fronteiras
24 | O emplacamento dos bebês da beira-mar
28 | O país que não teve infância
31 | O Brasil e seu exército de espantalhos
34 | No Brasil, o nazismo deu em mingau
37 | A cultura brasileira e seus municípios-zero
40 | De como os tanques acabaram por arar a terra
43 | O Brasil de 1981, visto dos cumes de Canela e Gramado
46 | Terror à moda da casa
49 | Pedro e o púlpito no telhado
52 | O país dos sesmeiros e farofeiros
54 | Visita a Campo Grande e Corumbá
56 | As árvores com modelo 19
58 | O muro de Berlim e o nosso

Nossos mártires

65 | Festa no cerrado
68 | Qual seria a nacionalidade de Caim?
71 | Os assaltos no casarão à beira-mar
75 | Visita aos quatorze "mahatmas" do Instituto Penal
78 | Meu candidato a santo é o Conselheiro
81 | Missionários do século XVI e mártires de 1976
84 | O grande bispo entre os selvagens do rio
87 | Os ateus de farda e batina que querem enterrar a Igreja

Nossos heróis

95 | Bernardo Sayão e os "containers" de Botucatu
98 | Quinteto de violoncelos
101 | A inútil paixão do capitão Agildo Barata
104 | Minhas pequenas aventuras com o beato Julião
107 | Um jantar para Diaféria
110 | O país da ciência *prêt-à-porter*
113 | Uma juriti que não caiu do galho
116 | Responso cívico pela volta de Miguel Arraes

120	História de um piano que exigiu pianista
124	O inferno segundo Boal e Gabeira
127	Cruzada governamental contra desvalidos
130	Paschoal e sua "stultifera navis"
133	As carótidas da imprensa entre dois vampiros
136	O Gagarin da *belle époque*
139	Guernica e os rabiscos de Glauber
141	A nobre arte de carregar piano

Tortura, a missa negra do regime

147	Tortura, a missa negra do regime
150	O castigo que esperava o doutor Fleury
153	Um chapéu de *cowboy* para dom Scherer
157	No Rio, as mártires do peito aberto
161	Os dois livros que a tortura militar nos deu
164	Da Suíça de Godard ao Leblon
167	A tortura definida pela geografia
170	Goethe no DOI-CODI
173	Terror e compaixão
175	O Brasil e o diabo mal-educado
177	O país da inocência perdida

Da mata grande à senzala

183	À espera do julgamento de Xavantina
186	Bispos, direitos humanos, terras na Amazônia...
189	Ianomâmi: da mata grande à senzala
192	O futuro da língua que falamos
195	A primeira primavera sem Vinicius, desde 1913
198	A cultura oral do cacique Juruna
201	A revolta das emas
203	O nó cego dos Pataxó

A preguiça macunaímica

209	Iracema, sem dentes, sem árvores
212	Brasil arcaico: caça a padres e a mulheres perjuras
215	Os infinitos usos do saca-rolhas
218	O Brasil é um condomínio de generais
221	Da arte de esperar uma revolução
224	Sartre e a revolução que o Brasil não fez

| 227 | Gregório e Julião dormiram no ponto
| 230 | Lá vai o Brasil, estudando direito
| 233 | Esposa mineira perdoa o malvado
| 236 | A santa Rússia teocrática de Alexander Soljenítsin
| 239 | Mais respeito e menos epigramas
| 241 | Penetra na festa da eleição

América Latina insolvente

| 247 | Tempestade sobre o Uruguai
| 250 | O império confessa seus pecados
| 253 | Preso político, um depósito em conta bancária
| 256 | Conversando de samba e de milonga
| 259 | Tamayo, o primeiro latino-americano livre da gravidade
| 262 | David e a funda do Fundo no vice-reinado do Cone Sul
| 265 | A maturação e a mescla de uísques
| 268 | Steiner e o dragão arquivista
| 270 | Uma aldeia Ibérica de Lope a Gabo
| 273 | O continente do pires na mão
| 275 | O terror tem ódio de prêmios
| 277 | Um charuto para matar Fidel
| 279 | Ao vencedor, as batatas
| 281 | A tríplice rendição do Brasil
| 283 | Borges e o nosso enigma
| 285 | Profecias latinas de Karl Marx

Apresentação

*Ana Arruda Callado**

Antonio Callado deu ao pequeno livro no qual escreve um ensaio sobre a "reforma agrária brasileira, a qual nunca foi feita" o título de *Entre o deus e a vasilha*. E explica que o tomou emprestado de Eça de Queirós. Em uma carta fictícia, em que afirma estar voltando de uma longa viagem ao Brasil, onde nunca esteve, Eça afirma: "Um artista pode moldar o barro inerte que tem sobre a tripeça e fazer dele, à vontade, uma vasilha ou um deus. [...] Tenho a impressão de que o Brasil se decidiu pela vasilha".

A primeira edição do livrinho é de 1985, quando Callado já não era mais colaborador da revista paulista *IstoÉ*, mas de certa maneira o autor mantém no ensaio o tom pouco esperançoso das crônicas semanais que publicou, de 1978 a 1982, na coluna "Sacada".

No final, já tentando ser otimista em relação ao país que amava, Callado faz um apelo ao presidente então eleito, Tancredo Neves, para que, afinal, faça a reforma agrária tão necessária. Mas, antes que o livro fosse impresso, a notícia da internação hospitalar de Tancredo surpreende o Brasil todo e pega Callado à saída de um teatro. Ali ouve de sua amiga Fernanda Montenegro a frase: "O Brasil não tem

---

* Nascida em Recife, Pernambuco, em 19 de maio de 1937, Ana Arruda Callado é doutora em Comunicação e Cultura pela UFRJ. Jornalista, escritora e educadora, ganhou o Prêmio Luiz Beltrão de Ciências da Comunicação 2004, na categoria Maturidade Acadêmica, concedido pela Sociedade Brasileira de Estudos Interdisciplinares (INTERCOM). Membro titular do Pen Clube do Brasil e da Academia Carioca de Letras, é autora de sete biografias de mulheres: *Dona Maria José*; *Jenny – amazona, valquíria e vitória-régia*; *Adalgisa Nery*; *Maria Martins*; *Lygia, a recordista*; *Darcy, a outra face de Vargas*; e *Bertha Ribeiro*, e de uma novela policial, *Uma aula de matar*.

sossego, Callado". Era o fecho perfeito para a história que ele escrevera – e foi acrescentado ao ensaio.

Não se assuste o leitor com esta introdução, achando que aqui vai ler apenas textos desesperançados, sombrios. É verdade que, no final da década de 1970 e início da seguinte, o Brasil não atravessava lá grande fase. Havia um início de abertura, mas as trevas da ditadura ainda não haviam se dissipado. Tanto que, em 15 de agosto de 1979, Callado dava a sua crônica o título de "Abertura presa no gargalo".

Muitos outros aspectos da personalidade do autor, porém, vão se revelando nestes textos. A começar pelo título de duplo sentido que ele escolheu para a coluna. As sacadas dos casarões das grandes famílias, aquelas com avô, tias e primos a que Antonio Callado tanto se refere em seus romances. O saudosismo do menino criado em uma delas e que guardava em casa, com orgulho, as esporas de gala e as medalhas ganhas pelo bisavô marechal. Mas havia o outro lado, o escritor antenado com seu tempo, com as gírias, com as necessidades dos jovens, com as mudanças do mundo. Sacou?

A religião é outra presença permanente na obra de Callado e não poderia estar ausente das crônicas de *IstoÉ*. Entre os patriotas que ele destaca, como Bernardo Sayão, Barbosa Lima Sobrinho, Alceu Amoroso Lima – sim, porque ele mesmo era um patriota, qualificação lamentavelmente tão fora de moda – estão os bispos e padres que se opuseram ao regime militar. E aos assassinados ele dá o nome de mártires.

Os amigos voltando do exílio, a permanente admiração por artistas e intelectuais como Oscar Niemeyer, Portinari, Paschoal Carlos Magno, Mário Pedrosa, Nise da Silveira e, principalmente, a defesa dos indígenas e de suas culturas, tudo isso poderá ser visto pelo leitor das crônicas aqui selecionadas.

Enquanto colaborador da *IstoÉ*, Callado fez uma viagem a Angola, em 1980, a convite do ministério da Cultura angolano, e passou o segundo semestre de 1981 como Visiting Professor na Universidade de Columbia, Nova York. Mas o Brasil continuava com ele, até porque os dois cursos que ele foi convidado a proferir em Nova York tinham como temas "A imprensa no Brasil" e "Os cinco pilares da literatura brasileira" (que para Callado eram: Machado, Alencar, Euclides, Guimarães Rosa e Clarice Lispector). Na catedral de St. Patrick, se deliciou com um concerto de música barroca mineira. Em Angola, conheceu o escritor Pepetela, então vice-ministro da Educação, que lhe contou ter lido *Quarup* em plena guerrilha contra os portugueses. E ficou encantado com o esforço do país para preservar as línguas regionais, ágrafas, dando-lhes um alfabeto. Pensou logo nas línguas de nossos povos indígenas, em desaparecimento, claro.

Observador atento da realidade, o autor das *sacadas* se dirigia com frequência também para os países vizinhos, para a América Latina tantas vezes padecente dos mesmos problemas que nosso país. As ditaduras do Chile, Argentina e Uruguai estão também nas crônicas, da mesma maneira que em seu romance *Sempreviva*, publicado em 1981, no qual denuncia a Operação Condor.

Enfim, Antonio Callado era um só: pai, marido, amigo, jornalista, dramaturgo, romancista, cronista, suas preocupações e crenças não mudavam. E neste livro a que a Autêntica Editora agora dá à luz, o leitor poderá, ao fruir seus textos, estar com ele, conversar com ele.

Tenham um bom papo.

Um país em branco

"Há uma zona na Paraíba – a do açude de Pilões – que é provavelmente a terra mais sem lei do Brasil. Vai para trinta anos que manda lá, com métodos de gângster, um aventureiro que é hoje deputado federal, Jacó Frantz. De quando em quando a União, tímida, intenta um processo anêmico contra esse grileiro instalado em terras públicas. Frantz está tão entediado dessa luta em que ganha sempre, sem maior esforço, que já pouco aparece por lá. Contenta-se em saber que sua terra de adoção continua atrasada e submissa."

Callado assim escrevia em 1959, em reportagem para o *Correio da Manhã*. No ano seguinte, esta e outras matérias que fez sobre a situação rural no Nordeste foram publicadas em livro com o título *Os industriais da seca e os "galileus" de Pernambuco* e o subtítulo Aspectos da luta pela reforma agrária no Brasil. Desde então sua luta pela propriedade justa da terra nunca esmoreceu.

Nem sua decisão de apontar os erros do país. ■

A China já tem muralha. Agora é a nossa vez

O nosso gigante anda se mexendo muito na cama

Apesar de só ter escrito sobre a China umas poucas páginas, intituladas *A grande Muralha da China*, um certo escritor judeu nascido em Praga, então capital da Boêmia, cultor do idioma alemão, passou a ser, nos dias que correm, meu sinólogo preferido. Esse escritor, Franz Kafka (1883-1924), apreendeu de tal forma a essência do tema chinês, que escreveu sobre a muralha como se tivesse sido um dos seus construtores. Quando se erguia a muralha, todos os chineses trabalhavam nela. Preparavam-se para essa carreira futura começando a erigir no jardim do colégio, com seixos, uma espécie de muro que o professor, em seguida, arrasava colérico com o pé para mostrar aos meninos como trabalhavam mal. Assim, desde a mais tenra idade, os colegiais aprendiam que boas muralhas, capazes de conter a marcha de invasores, começavam a partir de sólidos alicerces.

Muito tempo depois da morte de Kafka, um imperador chinês, o camarada Mao, retomou na China os planos da Coluna Prestes, fazendo uma longa marcha, também conhecida como a marcha da coluna que deu certo. Contra a coluna maoísta não houve muralha que funcionasse, o que prova, e isto é de suma importância, que, como supunha Kafka, a muralha não se destinava a conter coisa nenhuma e sim a conter, por dentro, os chineses.

A última frase do imperador. A muralha era erguida em seções que aos poucos iam se completando (ou que não se completavam nunca, pois havia trechos que ficavam por fazer) na esperança de que, como na Belém-Brasília, um dia se encontrassem a frente norte e a frente sul.

Por outro lado, mesmo nos trechos em construção, o trabalho provava depois ter decorrido em vão, pois as águas do degelo carregavam o que já fora feito, como na Transamazônica. O importante é que os chineses, então todos pedreiros, migravam dos mil recantos do império, aquecidos pelo ideal de construir para o irmão um muro, melhor como proteção do que um teto, uma casa. O país só pensava na unidade. "Ombro a ombro formavam todos um anel de irmãos, uma corrente de sangue que não se confinava mais aos limites estreitos da circulação num corpo só, e que sim, ao contrário, fluía docemente, e a si mesma refluía, através das infindáveis léguas da China."

Esta unidade em torno da muralha era indispensável, porque tantas são as ditas léguas da China que Pequim e, em Pequim, o imperador são impossíveis de conhecer.

Uma insistente parábola corre a China inteira. O imperador, em seu leito de morte, mandou um recado especial para você. Na câmara da morte todos os cortesãos viram quando o mensageiro se ajoelhou à cabeceira do leito, ouviu o que murmurava o monarca e repetiu no real ouvido os termos da mensagem. Tudo dito e entendido, o valente e infatigável correio imperial parte para bater à porta do súdito, à nossa porta, mas são tais as multidões a vencer que, durante o resto da vida, o mensageiro luta para sair dos mil aposentos do primeiro palácio, morrendo, portanto, ele e a mensagem, antes de chegar aos umbrais do segundo palácio.

O resultado, diz Kafka, é que os chineses não sabem que imperador, de que dinastia, reina no momento. "Imperadores mortos há muito tempo assumem o poder em nossas aldeias. Batalhas há muito travadas e olvidadas nos cobrem de angústia e dor, pois são novas para nós."

Torre de Babel do socialismo. O grande remédio é construir a muralha. E, de quando em quando, explicá-la. Uma das histórias correntes ao tempo da construção, por exemplo, dizia que o erro dos que tinham tentado erguer Babel não era aquele que comumente se alega, o do orgulho de querer chegar ao céu. O erro estava nos alicerces. Segundo Kafka, o autor dessa tese "asseverava que, pela primeira vez na história da humanidade, a grande muralha ia dar à torre de Babel as fundações necessárias. Primeiro, portanto, a muralha, e depois a torre. O livro, naquele tempo, andou de mão em mão, mas confesso que até hoje não percebi como é que o autor concebia a torre. De que maneira iria a muralha, que não formava sequer um círculo, mas apenas uma espécie de quarto de círculo, constituir o alicerce da torre? Só se podia entender a torre de uma forma espiritual. Mas, nesse caso, por que fazer a muralha propriamente dita, algo tão concreto, resultado do trabalho de miríades de seres humanos?".

Neste momento, no mundo do socialismo, a China parece empenhada em colocar, em cima de uma muralha que se constrói penosamente, dia após dia, um mundo inteiro, e sobretudo um país devastado pela cupidez de outras nações, como o Vietnã, uma grotesca torre de pagode.

Muralha no Brasil. Em termos de Brasil, a moral da história é que o gigante acorda de um longo sono e começa a se espreguiçar, faz muita tolice, quebra muita louça. O Brasil ainda continua ferrado no sono, mas também vai construindo muralha. São as fronteiras do país. O Brasil tem descuidado tudo, menos a fixação dos limites pátrios. Nomes como os de Alexandre de Gusmão, Rio Branco e Nabuco estão aí, para não me deixarem mentir. O que nem eles sabiam, e nós continuamos por saber, é para que queremos um país tão grande, de fronteiras tão definidas. Outro ponto curioso de comparação é que os brasileiros do interior, a massa, o povão, também não sabem qual é o imperador que nos governa. Tanto Maria Conceição D'Incao e Mello, em seu livro sobre os boias-frias, como Verena Martinez-Alier e Armando Boito Júnior, quando escreveram "1974: Enxada e Voto", comprovaram a defasagem que viça entre as massas rurais. Falam do imperador D. Pedro, na abolição feita por "Santa Isabel" e chegam até Getúlio. Em 1974, Martinez-Alier e Boito Júnior não encontraram no interior boia-fria de São Paulo quem soubesse da Revolução de 1964. Estavam ainda na de 1932.

Mas não há de ser nada. O gigante brasileiro anda se mexendo muito na cama ultimamente. Quando ele acordar, salve-se quem puder.

14 de março de 1979

Uma nação não se faz com fronteiras

A Europa, viúva de Monnet, esqueceu o marido

Acabam de se realizar as primeiras eleições diretas para o Parlamento Europeu, que terá 410 representantes das nove nações que formam a Comunidade Europeia. Pode-se dizer que, na melhor das hipóteses, a votação transcorreu distraidamente. Italianos, franceses, ingleses e todos os demais membros da Comunidade elegeram seus deputados a esse Congresso multinacional balançando a cabeça. Um pouco como um atarefado homem de negócios que, meio exasperado, cedesse aos rogos de uma viúva importuna para perder tempo com alguma obra improfícua.

Bem se pode dizer, aliás, que a Comunidade Europeia é viúva, pois morreu-lhe há pouco o marido, Jean Monnet, que muitos conheciam como "Monsieur Europe", de tal forma ele dedicou a vida ao projeto de criar os Estados Unidos da Europa.

Velha família. Pensei que as eleições, na França como nos demais países da Comunidade, fossem de alguma forma dominadas pela lembrança de Monnet, que morreu há três meses. Mas isto, quer dizer, o fato de parecer "Monsieur Europe" um tanto esquecido, ou escassamente lembrado por "Madame", provavelmente não é coisa de abalar, onde quer que se encontre Monnet, homem de bom humor e notável paciência, pertencente a uma velha família burguesa da cidade de Cognac.

Os Monnet sempre foram produtores de conhaque da gema, feito com as uvas e os métodos da região oficialmente definida por um decreto, datado de 1909, do governo francês: qualquer cachaça que não provenha dali mente descaradamente se se intitular conhaque. Monnet, nascido em 1888, começou a vida na firma familiar, buscando contratos para vender seu conhaque *fine champagne*.

Conhaque, carvão e aço. Desde cedo Monnet se interessou pela política mundial, que, ao tempo de sua juventude, tinha sólidas raízes europeias. Tanto assim que, já na Liga das Nações, fundada depois da I Guerra Mundial, ele ocupou o cargo de vice-secretário geral. No período das vicissitudes da França e da Europa, entre as duas guerras, foi amadurecendo o plano da Comunidade Europeia, que começou a tomar forma depois da II Guerra, com a Comunidade do Carvão e do Aço, em 1952, o Mercado Comum, em 1957, e, finalmente, no ano seguinte, o Parlamento da Europa, com membros nomeados pelos respectivos governos.

O cerne do sonho de Monnet era criar, entre os dois gigantes, Estados Unidos e União Soviética, uma terceira potência em escala mais humana, apaziguadora dos dois colossos, civilizadora do mundo. Se fosse possível reunir, numa federação efetiva, os países europeus, com sua cultura e seus recursos econômicos, o mundo estaria diante de um fenômeno de alcance incalculável. Monnet queria descobrir o novo mundo do pós-guerra no velho continente.

Excursão troiana. Apesar de terem surgido candidatos ao Parlamento Europeu como Willy Brandt, entre os alemães, e Enrico Berlinguer, entre os italianos, o pleito foi marcado por grande apatia. É verdade, por um lado, que ninguém sabe que espécie de influência esse Parlamento supranacional – em levitação sobre pátrias mais ciosas de suas peculiaridades do que dos traços comuns – possa vir a ter. Nações (o Brasil ainda não) têm originado belos e permanentes parlamentos. Mas algum parlamento já foi criado que, em seguida, engendrasse uma nação? No entanto, e apesar disso, não cabe perguntar por que evolve tão lentamente a fascinante ideia de Monnet?

É sem dúvida porque ela contraria uma ideia mesquinha mas muito mais forte, nascida e criada no próprio seio da *Europe des Patries* de que falava o general De Gaulle. Trata-se da ideia do nacionalismo.

Descobri, com certo espanto, ao ler a *Paideia* de Werner Jaeger, que o sofista Isócrates, contemporâneo de Platão, tinha uma interpretação bastante moderna para a lenda do rapto de Helena pelo troiano Páris. A recuperação de Helena seria a forma mítica assumida pelo anseio de unificação das cidades gregas em Estado: a Grécia inteira partindo para Troia era diferente da Grécia dividida num punhado de povoações independentes.

Também da Grécia. Pelo visto, a ideia nacionalista, como tudo mais, pelo menos em embrião, veio da Grécia também. Mas foi na Europa moderna, principalmente no século passado, que assumiu a plena força da sua selvageria.

O nacionalismo é mais agudo e violento – embora mais polido, sonso e disfarçado – nos países ricos do Primeiro e do Segundo Mundo. No Terceiro Mundo é desesperado, tosco, procurando bisonhamente se defender das elegantes trapaças, tipo remessa de lucros e exportação de mão de obra barata, e do maior truque de todos: o aluguel de escribas do Terceiro Mundo para rir e zombar do nacionalismo ingênuo das nações pobres a que pertencem.

Catherine Deneuve adiantaria? Mas a arma do nacionalismo tem dois gumes, ambos aguçados. Mesmo entre os civilizados povos da Europa Ocidental, a cegueira nacionalista impede que o sonho de Jean Monnet comece a criar vida. Exatamente por serem tão sofisticados, os países da Comunidade são igualmente imunes ao trabalho infuso dos mitos primitivos. Nenhum sequestro de nenhuma Catherine Deneuve, por mongóis ou texanos extraeuropeus, conseguiria mobilizar a Comunidade para uma nova guerra de Troia. Aliás, o mito de Helena e sua guerra não conseguiram unificar a Grécia – nem quando sua unidade era questão de vida ou morte. As cidades gregas preferiram a morte.

As eleições para o Parlamento Europeu fazem a gente temer que os Estados da Europa também prefiram o sossego eterno à dissolução e posterior ressurreição numa unidade federativa que poderia constituir o fato histórico mais fascinante dos tempos de hoje. Por outro lado, também pode ser que a ideia do esquecido "Monsieur Europe", como a bebida da família Monnet nos velhos tonéis de carvalho de Cognac, esteja adquirindo densidade e sabor. Esperemos que a Europa não vire vinagre.

20 de junho de 1979

O emplacamento dos bebês da beira-mar

A guerra das favelas e o tempo da tribo dos "emissários"

Há no momento nas praias do Rio um emplacamento de recém-nascidos. Mães, babás e mesmo pais em fins de semana empurram pelas calçadas à beira-mar os carrinhos que ostentam, como automóveis, placas que dizem: "Daniel – 2.2.79" ou "Cristina – 4.8.78". Dentro dos carrinhos, emergindo das roupas confusas como tubérculos ainda meio metidos na terra, desfilam Cristina, Daniel e outros bebês recenseados.

Tranquilizem-se. Não se trata de algum censo militar marcando as crianças, desde o berço, para estáveis exércitos de alguma época de ouro, além e acima de aberturas típicas que interrompem a marcha do país rumo à serenidade final. Nem se trata, muito menos, de uma tentativa de controlar o erótico mediante uma contagem heródica de cabeças para prevenir a desagradável possibilidade de nos nascer de repente um Messias de favela, a invectivar os Daniéis e as Cristinas que já nasceram motorizados e emplacados, chapéu de linho na cabeça e até oclinhos contra o sol.

Como não estou aqui para colocar exageradas ideias positivistas de ordem e progresso na cabeça de ninguém, declaro que minhas investigações de velho repórter não levaram a nenhuma conclusão mais inquietante. Cheguei (como o poeta Shelley, detendo um dia um recém-nascido numa ponte para lhe fazer perguntas sobre sua vida anterior, já que o saber é feito de lembranças que recapturamos de existências prévias) a me debruçar sobre um João que passava, emplacado dia 7 de agosto, e cuja cara rubra e contrafeita parecia indicar que ele dissolvia alguma rocha de sabedoria no esquecimento da nova encarnação. Eu ia perguntar o que é que ele tinha sido e do que se lembrava, quando o João deu um leitoso arroto no babador e mergulhou *incontinenti* num sono impenetrável, de pura pedra. Pedra contente, diga-se de passagem.

No entanto, se o inquérito entre os inocentes não rendeu reportagem, me rendeu um pesadelo-ficção, que passo para o papel praticamente sem retoque.

Depois da guerra das favelas. Ao tempo em que começou a se fazer sentir, sobre a população carioca, a pressão da tribo dos chamados *emissários*, ninguém lembrava ao certo quando tinha acabado a guerra das favelas. Havia quem dissesse que as últimas batalhas tinham ocorrido há doze anos, outros afirmavam que há quinze e muitos outros garantiam que a guerra propriamente dita se esgotara uns bons cinquenta anos atrás. O que continuara depois, de forma intermitente, eram choques armados entre máfias e maltas, nas quais não era mais possível distinguir os batalhões, outrora disciplinados, dos *barraqueiros*, de um lado, e, do outro, dos *dourados*. A guerra convencional tinha sido minada pelas desavenças surgidas no seio desses dois primeiros grandes grupos.

Os *dourados*, para exemplificar, tinham-se cindido entre os *coberturas* e os *kitchenettes*, passando estes últimos para o exército dos *barraqueiros*, os quais, por sua vez, sofreram o cisma de que resultaram os *sararás*, também chamados *oxigenados*, e os *bergmans*, que migraram para o campo dos *dourados*.

Da metrópole à necrópole. Mas houve pelo menos um breve momento de relativa paz e esplendor, que sucedeu à implosão simultânea, causada por gases desconhecidos, de quinhentos edifícios de Copacabana, tragédia que desembocou na grande epidemia. A inevitável ampliação da área fúnebre deixou apenas um anel de cidade dos vivos em torno da imensa e graciosa necrópole que surgiu pela união de todos os campos-santos. O governo civil da cidade passou então à mesa da Santa Casa de Misericórdia, instituindo, na sua plenitude, outro conceito positivista, o de que os mortos governam os vivos.

E o momento da paz a que me referi foi implantado com a divisão permanente e consentida da faixa de beira-mar, que continuava densamente habitada. Na faixa da areia, em tendas, moravam os *tatuís*; na faixa dos antigos canteiros, nos milhares de carros abandonados, os *leguminosos*; nos edifícios, finalmente, instalaram-se os *xaxins*, os únicos que ainda possuíam e guardavam objetos e cultuavam, como cartas de nobreza, enferrujadas placas que ainda ostentavam às vezes uns restos de nome e de número.

Fosse como fosse, o Rio, afinal pacificado da guerra das favelas, tinha chegado à população ideal, a da Atenas de Péricles, uns 250 mil habitantes. Aliás, para aumentar a semelhança, o Rio não tinha mais nem luz, nem força, nem transporte motorizado. *Tatuís, leguminosos* e *xaxins* viveram alguns anos de grande despreocupação arcaizante. A cítara foi reinventada. Surgiu um oráculo muito competente na praça Nossa Senhora da Paz. No entanto, como nada que é perfeito neste mundo dura muito, esses felizes cariocas começaram, aos poucos, a perder o acesso ao mar. Tinha início a época dos *emissários*.

Recomeça a história. A raça que tomara conta das ilhas, primeiro, e já começava a se firmar nas praias, vedando a franquia do mar a quem não fosse da tribo deles, era a raça dos *emissários*, uns pigmeus de furiosa energia, praticamente anfíbios. Tinham-se criado dentro do emissário de Ipanema e nas ilhas onde ele outrora desaguava sua carga, as ilhas predestinadas, pois muito antes da construção do emissário já se chamavam Cagarras.

Formou-se contra os *emissários* uma ampla coligação de tribos, onde havia até uns elementos da nação Grajaú e outros da obstinada gente Caxias. Mas o grosso da coligação eram os *humaitás*, os *botafogos*, os *rodrigo-palafitas*, da Lagoa, os *corcovados* e os esplêndidos guerreiros *flamengos*.

A verdade, porém, é que os *emissários* possuíam armas secretas, como os gases que haviam arrasado Copacabana. Fortes, frugais, alimentavam-se de peixe cru e sernambi. Só se deixavam subornar pelas placas enferrujadas dos *xaxins*, que adoravam colecionar, e pelas mulheres de terra firme, sobretudo as *bergmans*. À medida que se esgotavam as placas e as moças, os *emissários* entravam num crescendo de violência e intolerância. Um dia, nem mesmo os *flamengos* conseguiram deter suas hordas. Revelando, então, seu pleno intento, os *emissários* se puseram a reconstituir – tudo de novo – a história do Brasil.

1º de agosto de 1979

O país que não teve infância

Eça de Queirós mete o Brasil numa vasilha

No ano de 1911, quando os editores de Eça de Queirós, falecido em 1900, publicaram um volume intitulado *Últimas páginas*, que reunia manuscritos inéditos, veio à luz uma curiosa carta endereçada a Eduardo Prado. A carta, que foi a derradeira de *A correspondência de Fradique Mendes*, é do ano de 1888 e merece sem dúvida ser chamada curiosa. Eça a escreve como se estivesse regressando de uma viagem extensa pelo Brasil, quando aqui jamais pisou. Começa assim: "Meu caro Prado, a sua tão excelente carta foi recebida no devoto dia de S. João, neste fresco refúgio d'arvoredos e fontes onde estou repousando dos sombrios esplendores da Amazônia, e da fadiga das águas atlânticas". Mais adiante diz, como a confirmar a viagem: "Percorri todo o Brasil à procura do novo e só encontrei o *velho*, o que já é velho há cem anos na nossa Europa".

Na realidade, com sua missiva, tão apoiada em visita que nos fez, o Eça parece querer dar mais força às severas críticas que tem a fazer, por achar que "os brasileiros, desde o imperador ao trabalhador, cuidam a desfazer, portanto, a estragar o Brasil". Um artista, acrescenta, "pode moldar o barro inerte que tem sobre a tripeça de trabalho, e fazer dele, à vontade, uma vasilha ou um deus. Não desejo ser irrespeitoso, meu caro Prado, mas tenho a impressão que o Brasil se decidiu pela vasilha".

Sesmarias e multinacionais. E por que estaríamos, segundo Eça, tão extraviados? Porque nos recusávamos a "ser um povo rural", que morasse "em casas simples, caiadas de branco, belas só pelo luxo do espaço, do ar, das águas, das sombras".

Estaria o Eça, pelo fato de se dirigir a Eduardo Prado, que forneceu traços à composição do Jacinto, rascunhando com alguma antecedência *A Cidade e as Serras*, seu romance bucólico? Estaria apenas sentindo as primeiras fisgadas da saudade dos gordos campos portugueses, do solar de Tormes, dos cordeiros assando sobre a fogueira, varados por espetos de cerejeira?

Creio que não. A carta revela, num trecho importante, que o Eça não está vagamente imaginando que o Brasil devesse um dia, como Jacinto, voltar às serras, aos campos, a "um viver frugal e são". Sua preocupação é que o Brasil não teria a que voltar. Como os brasileiros não tinham criado nunca uma verdadeira e humana civilização rural, como não haviam estruturado as bases naturais para o futuro crescimento industrial, não teriam jamais um ponto passado de referência.

Era como se o Brasil, tal como visto pelo Eça no ano da abolição, tivesse recusado a própria infância. Vejam o trecho: "Só quereria que ele (o Brasil) vivesse duma vida simples, forte, original, como viveu a outra metade da América, a América do Norte, antes do industrialismo, do mercantilismo, do capitalismo, do dolarismo [...] quando os colonos eram puritanos e graves, quando a charrua enobrecia..."

O Eça vislumbrava, e se arrepiava, com o abismo de ganância e de cegueira que nos conduziria das sesmarias e latifúndios às fazendas multinacionais, sem jamais darmos terra aos que a cultivavam outrora, aos que hoje a cultivam.

A outra metade. Há pouco publicado pela editora Paz e Terra, *A crise agrária*, de Alberto Passos Guimarães, descreve, como se quisesse confirmar Fradique Mendes quase um século depois, a revolução agrícola que ocorreu nos Estados Unidos. É impossível imaginar situação mais diferente e danosa. Nos Estados Unidos, diz Passos Guimarães, a revolução agrícola começa "às vésperas da independência e, de fato, se integra no processo da revolução americana, cujos líderes se propunham a erradicação dos vestígios senhoriais e feudais que entravavam o progresso da agricultura. [...] O acesso à terra se tornou fácil para a grande parte dos antigos colonos e atraiu ondas sucessivas de imigrantes. [...] Os numerosos confiscos e desapropriações que sucederam às lutas pela independência resultaram na entrega gratuita, como prêmio aos ex-combatentes, ou a preços baixos a imigrantes e colonos, de grandes extensões de terras antes pertencentes aos *tories*, à coroa inglesa e aos legalistas em geral". E, finalmente, este belo resumo: "Desenvolvendo-se através de um período de setenta anos – desde a guerra da Independência até a guerra da Secessão –, a revolução agrícola nos Estados Unidos tomou grande impulso com o movimento pelo *homestead*, iniciado à luz dos ideais jeffersonianos de uma sociedade de pequenos e médios agricultores independentes".

O Homestead Act, de 1862, deu a mais de um milhão de famílias mais de cem milhões de hectares de terras, criando a moderna agricultura americana.

Eça de Queirós escreveu sua carta no ano abolidor da escravatura, quando pareceu que o Brasil, embora tardiamente, ia passar a respeitar seu trabalhador rural. Mas tratamos logo de colocar, como lembra Passos Guimarães, no lugar dos negros libertados, "mão de obra substitutiva, buscada nas regiões mais pobres do globo, e capaz de sujeitar-se a regime de trabalho quase tão opressivo quanto havia sido a escravidão".

Dizia o Eça, no fim da carta, que "mais vale ser um lavrador original do que um doutor mal traduzido do francês". Quando ouço o doutor Delfim,[1] sempre tão seguro de si mesmo, dizendo como ministro da Agricultura, que a reforma agrária é um problema para desocupados, ou que sete japoneses são necessários para botar um lavrador brasileiro a trabalhar, ou dizendo, agora, que os brasileiros devem tirar dinheiro da poupança para jogá-lo na bolsa, como se dirigisse um cassino e não o Planejamento, quando penso nesse mal traduzido doutor, quase ouço, do assento etéreo aonde subiram os dois, a voz de Eça dizendo ao amigo: "Com mil diabos, ó Prado, teus patrícios são de ananases, de derreter o unto! Confiou-me o Guerra Junqueiro, que vinha de cear com o Padre Eterno, que este mal abre as mãos para que não lhes escapem raios. Diz que os brasileiros, depois de esculpirem, em lugar de sua imagem, uma vasilha, querem agora transformar a vasilha num cuspidor, ó Prado, uma escarradeira".

31 de outubro de 1979

---

[1] Referência ao economista e político brasileiro Delfim Netto, que, entre outros cargos, ocupou vários ministérios ao longo de sua carreira. (N.E.)

O Brasil e seu exército de espantalhos

São Francisco serve soja aos pássaros de Assis

Eu me peguei neste fim de ano imaginando um presépio moderno, desagradável. Era bastante parecido com os presépios que havia, animados ou não pela eletricidade, nos meus tempos de menino, com reis e pastores bíblicos misturados a lenhadores e carpinteiros de hoje, mais a bicharada de costume. A diferença, nesse presépio que me ocorreu recentemente, é que os homens e os bichos estavam reunidos ao redor de nada. Se olhavam meio sem jeito, ou com decidido mal-estar, porque realmente não sabiam o que é que estavam fazendo ali, sobretudo os que tinham cara de ter vindo de longe. Os circunstantes pareciam prestes a ir embora, irritados, pois aquilo não era um presépio e sim uma maçada, uma perda de tempo.

Depois resolvi que essa lapinha – o quadro era vívido, lá isso era, e, se eu tivesse o menor jeito para a coisa, faria um desenho porreta – era fruto do vago remorso que me acomete no tempo das festas, porque eu nem mando cartões de Natal e, o que é pior, não agradeço os que recebo.

Natal dos trabalhadores. Este ano vou agradecer simbolicamente a todos os que me escreverem acusando o recebimento de um único cartão de boas-festas. Não ao acaso, no cara ou coroa. Escolhi o mais singelo e o mais tocante de todos. Me foi mandado pela Federação dos Trabalhadores na Agricultura do Estado do Rio de Janeiro, rua Visconde de Itaboraí, Niterói. O desenho mostra dois lavradores que se cumprimentam com um aperto de mão, cada um carregando sua enxada. Miúda, no fim da estrada, uma figura de motociclista. Uma legenda encima o desenho: "1980 – a terra nas nossas mãos produz mais". E um pequeno texto, semelhante àquele pedido que formulamos rápido ao avistar no céu uma estrela cadente: "Que este Natal traga a todos os trabalhadores rurais o que os quinze anos de Estatuto da Terra não trouxeram. Reforma agrária é um passo fundamental no caminho da democracia para todos os brasileiros".

Um espantalho humano. Pela primeira vez, em novembro passado, vi um espantalho humano, fotografado em Assis pela *Folha de S.Paulo*. Lá estava o boia-fria, igualzinho a um espantalho, uns restos de capim ou espiga no chapéu de palha, batendo com um pedaço de pau numa lata vazia, para enxotar os pombos que vêm comer soja. Os espantalhos ganham de 120 a 150 cruzeiros por dia para patrulharem os campos. Preferem, em sua maioria, que o fazendeiro lhes entregue fogos, para soltar em cima dos campos, em lugar de fornecer apenas pau e lata.

Pensei cá comigo: como boia-fria anda barato! Que excelente reserva de mão de obra conseguimos, fechando, como fizemos, interditando a posse da terra às massas que a cultivam! E a nova categoria, como é que se registrará no Ministério do Trabalho? Profissão espantalho?

Das pessoas que conheci, quem mais entendia de espantalho era Candido Portinari, que, filho de lavradores de café, tinha pelos camponeses uma funda compaixão fraterna. Candinho deve ter pintado uma centena de espantalhos e em vários dos seus poemas dos últimos anos de vida evocou, irmanando-se a eles, os espantalhos de sua infância na Alta Mogiana: "As almas penadas, os brejos e as matas virgens/acompanham-me como o espantalho,/que é meu autorretrato". Ou, então, "espantalho de beira-córrego/os pássaros pequenos não se intimidam".

No entanto, que eu me lembre, Portinari nunca me falou em espantalhos vivos, gente assombrando passarinhos nos campos. Tal prática, entre nós, deve ser mais uma realização do movimento de 1964.

Em matéria de homem-espantalho a gente pensa em *Judas, o obscuro*, de Thomas Hardy. Na dura Inglaterra de princípios do século XIX, meninos como Judas Pawley ganhavam uns tostões batendo matraca nos campos. Judas encerra sua carreira de espantalho levando uma surra com a própria matraca do seu ofício, que cumpria mal. De pura raiva do que fazia, Judas se sente de repente do lado dos passarinhos, os quais convida para se banquetearem com os cereais colhidos pelo fazendeiro seu patrão.

Daí a surra que leva e que certamente levariam os espantalhos de Assis se de repente, imbuídos do espírito de São Francisco, começassem a chamar os pombos: "Vinde, aves do céu, e participai do *boom* da soja".

No chorinho imortal de Zequinha de Abreu, *Tico-tico no fubá*, vertiginosamente gravado, para todo o sempre, por Ademilde Fonseca, a cantora, arrependida de ter enxotado o tico-tico, fraqueja e fica também do lado do passarinho: "Então eu tenho pena do susto que levou/e uma cuia cheia de fubá lhe dou".

Conspirar de novo. Foi em novembro de 1979 que o Estatuto da Terra completou seus ocos quinze anos de absoluta tapeação das massas rurais. Aliás, apesar de dizer o ministro Delfim Netto que a reforma agrária é um problema para desocupados, a verdade é que qualquer iniciativa que pareça de molde a implantar no país uma reforma fundiária põe logo em movimento – "contra" ela – gente em geral bastante ocupada com seus negócios. Como registra José Gomes da Silva em *A reforma agrária no Brasil*, mal o marechal Castelo Branco promulgou o Estatuto, a sociedade rural brasileira pôs as mãos na cabeça. Seu então presidente, Sálvio de Almeida Prado, exclamou: "Teremos que começar a conspirar de novo".

Em todo caso, nem tudo está perdido. Gomes da Silva observa, com muita razão, que em zonas altamente problemáticas do ponto de vista da miséria das massas rurais é que têm surgido movimentos revolucionários sérios, como em Caparaó, Conceição do Araguaia e Vale do Ribeira. O Manifesto de 1848[2] começava suas profecias avisando que um espectro rondava a Europa. Quem avisa amigo é. Eu acho que há um espantalho rondando o Brasil.

2 de janeiro de 1980

---

[2] Referência ao *Manifesto comunista*, de Marx e Engels, publicado em 1848. (N.E.)

No Brasil, o nazismo deu em mingau

A plantinha de Mangabeira e de crioulo do Lalau

"O Brasil de caos a caos" podia ser o título de um ensaio que cobrisse, feito uma mortalha, estes últimos dezesseis anos. O primeiro caos, que envolveu o país entre 1961 e 1964, é explicável, inteligível, como foi, por exemplo, o caos em que viveram os americanos no tempo de Watergate. Sempre que a interferência de um indivíduo é bastante nefasta para dominar as correntes históricas, as resultantes catástrofes, por terríveis que sejam, não assustam e desconcertam, como um enigma: são culpa do rei. Não ficam menos penosas, mas permanecem claras: um desequilibrado mexeu nas engrenagens históricas.

Shakespeare encarnou em mais de um personagem o mal intrínseco que é o poder absoluto. Em *Ricardo III*, no entanto, se preocupou menos com isto do que com a monstruosidade do trono, do poder. Ninguém imagina, ao ver a peça, que depois da morte de Ricardo a Inglaterra mergulhou no sonho de uma noite de verão, mas, isto sim, que acordou de um pesadelo. Dali em diante voltará a enfrentar as tristezas e alegrias comuns, o feijão com arroz da história.

Em 1964 sofremos as consequências do breve reinado de um Ricardo III bufo, Jânio Quadros. Com fumaças de rei absoluto, Jânio Quadros, ao montar sua corte, tentou uma inovação – e realizou-a com raro talento. Fundiu as duas figuras, a do rei e a do bobo da corte. Um dia o bobo fez o rei cair naquela situação de *charge* do saudoso Péricles, no *Amigo da Onça*: "Vamos fingir que renunciamos?", perguntou o bobo. E assim Jânio Quadros se depôs a si mesmo, cetro na mão, gorro de guizos na cabeça, aguardando em Cumbica não se sabe bem se os poucos que aplaudiam o bobo ou se os milhões de brasileiros que o haviam colocado no poder e acompanhavam os acontecimentos de cabeça baixa, mortos de vergonha.

Ora, convenhamos que depois de um Watergate como o da renúncia era natural que o país ficasse em estado de choque. Ainda que nossa democracia não fosse a tenra plantinha de que falava Otávio Mangabeira, um furacão leviano e néscio como Jânio Quadros é de abalar até um jatobá. Apanhado de supetão, pegado quase a laço para fazer, no palco de repente vazio, o papel de presidente, entre fogosos atores – substitutos que não queriam outra coisa (como Carlos Lacerda e Leonel Brizola) –, João Goulart não teve força para impedir que tomasse posse, ao seu lado, aquele primeiro caos. Amável, suave, bastante interessado no trabalhador, no povo, tentou inaugurar no Brasil uma democracia populista sem afastar do caminho os bois da sua estância e sem impor ordem sequer aos seus correligionários ou parentes afins.

Desapareceu um dia, como D. Sebastião de Portugal. Ele e os bravos militares que o apoiavam e lhe juravam fidelidade. Dois civis ficaram, enquanto persistiu uma réstia de esperança, em Brasília, com a cara, a coragem, a dignidade humana: Waldir Pires, o procurador da República, e o chefe da Casa Civil, Darcy Ribeiro.

Em cena, o caos inexplicável. Encerrado o primeiro período de caos, começou, sem solução de continuidade, o segundo, inexplicável. Alguém já viu, em qualquer latitude, uma ditadura militar como esta nossa, que em dezesseis anos não tenha melhorado em nada, ou sequer alterado um país? "De que foi que Jesus salvar-nos veio?", perguntava, num retórico fecho de soneto, o poeta Tobias Barreto, que Sílvio Romero tentou fazer crer que era maior do que Castro Alves. Tobias fazia sua indagação por ver no mundo os mesmos males anteriores ao sacrifício na cruz. E o Brasil padeceu dezesseis anos para quê? De que foi que o golpe de 1964 salvar-nos veio? Durante os longos anos da ditadura os golpistas se cansaram de repisar que a inflação janguista chegara a níveis intoleráveis, esquecendo-se, naturalmente, de acrescentar que era uma inflação muito bem-administrada e atiçada, inclusive com assessoria do embaixador Lincoln Gordon.

Mas como explicar que, ao cabo de três lustros de ditadura, o país volte ao seu atual arremedo de democracia com inflação praticamente igual àquela? Foram anos e anos juncados de mortos, desaparecidos, torturados em nome do equilíbrio da moeda, e agora temos todos entre as mãos esta moeda cadente, minguante, humilhada.

Quando assumiu o governo o marechal Castelo Branco, com aquele *physique du rôle* de Ricardo III, vi logo que a plantinha tenra do Mangabeira entrava em regime de pouca água. Mas imaginei, com um suspiro, que o país, na pior das hipóteses, podia adquirir a eficiência brutal dos regimes nazistas. Deu nesse mingau.

Samba do crioulo doido.[3] É fácil fazer troça do mágico do Planejamento, que perdeu o segredo da própria magia – o arrocho salarial garantido pelos quatro exércitos do país –, ou do pobre ministro da paralisia infantil e da sua Muletabrás. Seria mais fácil ainda denunciar a ditadura policial que se abateu sobre o país, ocupando, sorrateiramente, parte do lugar deixado vago, ao menos por enquanto, pela ditadura militar.

Mas o que me parece realmente importante é descobrir as razões de tanto desacerto, sob pena de nos resignarmos à condição de nação-mingau. Pessoalmente, acho que 120 milhões de brasileiros não podem ser governados e explorados em nome do bem-estar de uns 12 milhões. Esses 12 milhões querem viver como se o país já tivesse feito uma acumulação de capital e houvesse aqui a relativa paz social que há na Europa e nos Estados Unidos. A continuarmos valsando de caos a caos, não adianta imaginar que o caos vai virar, sozinho, algo diferente dele mesmo. A hipótese mais caridosa, se não tomarmos jeito, é a de uma revolução brasileira sem timão nem timoneiro, um samba de crioulo doido em proporções épicas.

23 de abril de 1980

---

[3] Referência à música "Samba do crioulo doido", escrita por Sérgio Porto, o Stanislaw Ponte Preta, o Lalau. (N.E.)

A cultura brasileira e seus municípios-zero

A que atribuir o desaparecimento, no Brasil,
do lenço de assoar nariz?

Quando traçou, no jornal *Leia*, o perfil do leitor brasileiro, o presidente da Câmara Brasileira do Livro, Mário Fittipaldi, mencionou as localidades habitadas do país onde não existe qualquer manifestação cultural, isto é, não tem rádio ou televisão, imprensa periódica, cinema, teatro, museu ou biblioteca. São chamadas municípios-zero. O espantoso é que dentro dos 3.951 municípios brasileiros Fittipaldi encontrou 1.897 que são zero. Os percentuais de tais municípios de trevas são os seguintes, por regiões geográficas: 60% no Norte, 65% no Nordeste, 46% no Leste, 32% no Sul e 61% no Centro-Oeste. Em 1.174 municípios existem bibliotecas, mas, segundo o estudo, não passam, muitas delas, de "simples e inúteis amontoados de livros". Isto, na estação da seca. Quando chove, em geral fecham, pois não aguentam a luta contra as goteiras e desabamentos. Mesmo assim, o número de tais bibliotecas tem diminuído nas regiões Nordeste e Leste. Fittipaldi encerrava suas observações com a seguinte frase: "É gravíssima a indiferença do poder público para com um item da infraestrutura tão importante".

E aqui chegamos à incógnita cultural de um país atrasado como o Brasil, à sua esfinge, o poder público. Esta nossa esfinge é um tanto grossa. Quando se aborrece com a democracia, não pergunta nada, não tem aquela de "decifra-me ou te devoro". Devora logo, e quem quiser que se queixe ao bispo, ou à Conferência Nacional dos Bispos do Brasil (CNBB).

Livros emprestados. Em recente debate em São Paulo, sobre as relações entre o Estado e a cultura, houve quem quisesse atribuir ao Estado uma função cultural que só seria tolerável se o Brasil se situasse na Europa Ocidental, e houve quem, como Plínio Marcos, não quisesse a presença do Estado em nenhuma manifestação cultural. O Estado que tratasse de dar meios de vida decente ao povo em geral, que o povo saberia, através dos intelectuais, cuidar da cultura. Ninguém sofreu mais do que Plínio às mãos da Censura, e, entre as duas posições extremas, fico com ele.

Mas acho que existe uma posição média, macunaímica, porém controlável. Devemos tentar obter do governo brasileiro, durante seus acessos de democracia, o máximo de auxílio ao desenvolvimento mental do país. Ao menor sinal de que o governo ameace ficar bom da febre e voltar ao seu estado normal, devemos estar prontos para o imediato corte de relações. Em três terrenos podemos exigir do governo uma presença permanente na cultura do país, sem perigo maior para a liberdade de criação em geral. O Estado precisa prestar um auxílio substancial às bibliotecas, aos museus e à música.

Cedendo a um arraigado hábito de repórter, antes de comparecer à mesa-redonda de literatura na Sociedade Brasileira para o Progresso da Ciência (SBPC) dei um pulo à biblioteca que a prefeitura do Rio mantém no meu bairro, a Biblioteca Regional da Lagoa, e não fiquei desanimado com o que vi. Sobretudo num terreno saí de lá positivamente animado. A atividade da seção de empréstimo de livros é muito grande e, segundo a bibliotecária que a dirige, muito menor que a mesma atividade na regional Copacabana, por exemplo. E uma das professorinhas com quem conversei na Biblioteca da Lagoa me disse que ela própria em grande parte fez seus estudos graças aos empréstimos de livros que conseguia em caminhões das bibliotecas volantes da Secretaria da Cultura. É claro que bibliotecas desse tipo não são museus de livros, assim como um museu moderno não é sarcófago de relíquias.

Quanto à música, a música brasileira de todas as épocas, a erudita como a popular, mas sobretudo a erudita, devia ela contar com estímulo muito maior das autoridades. É claro que a qualquer momento livros que não sejam do gosto das autoridades podem ser retirados de bibliotecas públicas, por exemplo, como músicas populares foram retiradas de lojas de discos. No Brasil, até um quadro de um jovem pintor, Volpini, já foi autuado em flagrante de exposição e seu autor preso e condenado. Mas nosso país é esse aí mesmo, e até certo ponto temos que nos ajeitar com ele.

Coriza viva. Depois da telenovela *O Rebu*, de Bráulio Pedroso (na qual o grande Ziembinski tinha um excelente papel), *Água viva* é provavelmente o melhor romance policial brasileiro. Com um pormenor curioso. O espetáculo, de suspense, resiste ao fato de, pelo menos um mês antes do final, saberem todos quem é o assassino e continuarem com o televisor ligado, fingindo a maior curiosidade.

No entanto, e já que andei falando em cultura brasileira, por que será que ninguém usa lenço – lenço de assoar o nariz – num folhetim em que todo mundo chora copiosamente? Choram todos e fungam, fungam muito, produzindo aquele característico ruído desagradável, e, quando não têm mais como estancar a coriza, passam a enxugar o nariz na manga da camisa ou da blusa. No próprio braço, quando não há manga. Em se tratando de mocinhas elegantes, como Glória Pires, ou de uma bonita mulher como Natália do Vale, a gente ainda vira a cara e encontra desculpas para a fungação. No caso de um sólido marmanjo como o Cláudio Cavalcanti, é muito mais difícil compreender, perdoar. Em tempo: Tônia Carrero, que também chora, usa em cena um lindo lenço. Aposto que perfumado.

Conselho a Gilberto Braga e Janete Clair. Quando mandarem seus personagens chorar, metam o lenço na rubrica e o nariz deles no lenço. "Sandrinha não contém o pranto. Enxuga o canto dos olhos e as narinas num lencinho." Um lenço verdadeiro – linho ou algodão – é preferível. Mas serve o Yes, o Kleenex e até guardanapinhos de papel.

13 de agosto de 1980

De como os tanques acabaram por arar a terra

O general-presidente só cumprirá sua promessa
se rasgar a cédula amarela

Quando um movimento histórico tem plena razão de ser, é inútil pretender liquidá-lo, sem mais nem menos. As recentes iniciativas grevistas da Zona da Mata de Pernambuco representam a regeneração do tecido histórico dilacerado pelo golpe militar de 1964. Estava em marcha, ali, uma experiência vital, expressa no esforço governamental de Miguel Arraes, no movimento sindical de Gregório Bezerra,[4] nas Ligas Camponesas de Francisco Julião.[5] O golpe se esmerou em arrasar e depois desmontar tudo aquilo, com violência e paciência, com brutalidade e método. A ideia era fazer com que as massas de trabalhadores rurais nunca mais tivessem o topete de querer virar gente.

Pois não é que não deu certo? Não é que a mania de virar gente continua a medrar entre os pés de cana? Os plantadores de cana da Zona da Mata, unidos de novo em seus sindicatos, lá estão fazendo greve, tenazes, lutando pelos seus direitos. A súbita força dos camponeses (a designação de camponeses pode ser meio forçada para as lutas do campo brasileiro, mas o termo irrita tanto os usineiros que não custa conservá-lo) merece explicação. Parecia que estava tudo morto no Nordeste. Mas as greves de agora, sólidas, tranquilas, bem-organizadas, provam que os tanques de 1964 arrasaram tudo o que encontraram pela frente, mas sem querer foram arando a terra também.

---

[4] Referência a Gregório Lourenço Bezerra, político brasileiro que, após ter tido seu mandato de deputado federal constituinte cassado em 1948, organizou núcleos sindicais no Paraná e em Goiás. (N.E.)

[5] Referência a Francisco Julião Arruda de Paula, advogado, político, escritor e líder das Ligas Camponesas (organizações comunistas que lutavam pela reforma agrária e pelos direitos dos camponeses). (N.E.)

A socióloga Lygia Sigaud acaba de publicar pela Paz e Terra *Greve nos engenhos*, com a intenção explícita de elucidar o que está ocorrendo na Zona da Mata de Pernambuco. Lygia se ocupa da greve de outubro de 1979, que preparou a de outubro de 1980, mostrando o perfeito sentido de retomada histórica que assume o movimento de agora: "[...] em todo o período posterior a 1964 os patrões e as forças repressivas conseguiram inculcar nos trabalhadores [...] a ideia de que as greves realizadas no tempo de Arraes eram ilegais, justificando-se portanto as medidas de força contra os trabalhadores e seus líderes por ocasião do movimento militar. Desta forma o próprio ato de fazer uma greve passou a significar um desrespeito à 'lei' e a palavra grevista transformou-se em sinônimo de 'agitador', 'comunista' e 'subversivo'. A situação era tal que os trabalhadores, todas as vezes que se opunham de alguma forma às condições de trabalho em que viviam, sentiam-se na obrigação de deixar claro que não eram 'grevistas'".

Cores em luta no auriverde pendão. Os trabalhadores seguiram escrupulosamente tudo o que manda a Lei de Greve, n° 4.330, pois, embora ela tenha sido feita "para dificultar a greve, representa um reconhecimento de fato do direito de greve".

Cerca de setenta mil trabalhadores rurais (camponeses) participaram diretamente da decisão de decretar a greve. E por acaso a votação, tal como a descreve Lygia Sigaud, assumiu um certo simbolismo. "O trabalhador tinha que escolher entre uma cédula verde, que indicava aprovação e que foi logo identificada com a cédula do trabalhador, e uma amarela, que indicava recusa e que foi logo identificada como a cédula do patrão. Durante toda a votação, a equipe integrada pelos dirigentes dos sindicatos e da federação procurava manter o ânimo dos trabalhadores, com esclarecimentos em relação às reivindicações, como cantadores recitando em verso os problemas dos trabalhadores [...]. Os trabalhadores, após votarem, exibiam a cédula que não tinham usado, a amarela e a inutilizavam ostensivamente."

Curioso esse racha entre o verde-camponês, verde-lavoura e cana, e o bilioso amarelo-usina. Não foi por nada que o Otto Lara, num momento de iluminação ecológico-psicológica, disse que o

Brasil está cada vez mais amarelo e menos verde: os pernambucanos também acham, mas estão dispostos a virar a maré. E, já que falamos de escritores e poetas, tiremos, de *Greve nos engenhos*, uma amostra dos versos que, durante a votação da greve, escreveu Severino Domingos de Lima, o Beija-Flor, líder sindical e poeta: *Existiam duas chapas,/ uma boa e outra ruim/ amarela dizia não e a verde dizia sim./ O povo dizia sim/ não voto na chapa não/ vou votar na chapa verde/ que é nossa salvação/ a verdinha é da pobreza,/ amarela é do patrão.*

Promessas presidenciais. Falando em Imperatriz, no Maranhão, o general-presidente da República disse que até o fim do seu mandato vai resolver o problema da terra no Brasil. Fez mal em prometer tal coisa. Não vai cumprir; promessa muito mais fácil de cumprir foi a de dar ao país o nome ou os nomes dos que mataram dona Lyda,[6] na OAB, e até agora os assassinos continuam acobertados pelo silêncio oficial.

O general-presidente declarou, na mesma ocasião: "A terra é para quem dela tira o seu sustento, e não pode ficar improdutiva nas mãos de quem só espera valorização". Pode. Vai continuar improdutiva, esperando valorização.

Em 1951, ao fundar a Comissão Nacional de Política Agrária, o presidente Vargas disse coisas muito parecidas, fez promessas praticamente iguais. Quando se suicidou, em 1954, mal conseguira, aqui e ali, distribuir, como moedinhas, uns títulos de propriedade entre camponeses miseráveis – tal como fazia em Imperatriz o general-presidente entre camponeses do extremo norte. Enquanto isso, no curso dos últimos trinta anos, a propriedade da terra no Brasil só fez concentrar-se mais ainda, num processo de adstringência que ninguém parece capaz de deter.

Se o general-presidente de fato pretende encaminhar a sério a vindoura solução do problema da terra no Brasil, volte sua atenção, e sua emoção, para gente de alta qualidade, como esta da Zona da Mata de Pernambuco. É gente fina e valente. Rasgue sua cédula amarela, general. Adote o verde que por aí o problema se resolve um dia.

29 de outubro de 1980

---

[6] Secretária do presidente do Conselho Federal da OAB, vítima de um atentado à bomba na sede da entidade. (N.E.)

O Brasil de 1981, visto dos cumes de Canela e Gramado

Entranhado é o amor dos brasileiros por ditaduras e censura

Tive a sorte de começar a contemplar o crepúsculo do ano de 1980 dos altos de Canela, Rio Grande do Sul. Dali, usando o arroio Chuí praticamente como frio encosto, imaginei divisar o Brasil até o Oiapoque. E, visitado pela inspiração, como Zaratustra em sua montanha, senti que um grande pensamento me ocorria, o qual tomou a seguinte forma ditirâmbica: "Que barato de país, que pátria da pesada poderíamos fazer entre o Oiapoque e o Chuí se tivéssemos um mínimo de inclinação para a coisa". Visão e profecia, assim como as hortênsias, dão com grande naturalidade em Canela. Daquela vertiginosa sacada, ou camarote, comecei a assistir aos acontecimentos brasileiros de 1981, representados nos vários palcos talhados na rocha do gigantesco anfiteatro. Mas nem depois eu conto o quê, já que esta é uma coluna de respeito, que conhece de sobra os limites entre arte e pornografia. Xô, 1981!

Hortênsias e chocolates. Segundo o cronista Carlos Reverbel, do *Correio do Povo*, as Nações Unidas acabarão por tomar conhecimento da guerra surda que lavra entre Canela e Gramado, já que a estrada de sete quilômetros que as separa em breve as unirá numa cidade só: a cidade então se chamará Canela ou Gramado? Brigam também porque ambas se consideram a cidade das hortênsias, que brotam por ali com aquele vigor azul e rosa com que brotavam em Petrópolis, RJ, antes que o clima local se alterasse com o desmatamento. A estrada – futura avenida – entre Gramado e Canela quase não usa tijolos para seus muros. Usa hortênsias. As encostas não se defendem dos deslizamentos de terra com barreiras de concreto. Escoram-se em maciços de hortênsias. Se o tempo fecha e nubla, há sempre um céu azul plantado na estrada, no acesso às casas e hotéis.

Como os dois produtos locais são as hortênsias e o chocolate, eu, caso me convidassem para árbitro da grave questão, proporia que as gêmeas serranas se chamassem, respectivamente, cidade das hortênsias e cidade do chocolate.

Estivemos em Canela, um grupo de escritores, para entregar prêmios aos jovens escritores do concurso anual que promovem o *Correio do Povo*, a Prefeitura e a Apesul. Mordomia sólida, de lei, no Hotel Laje de Pedra. Além das revelações do ano, foi também homenageado Fernando Sabino. Fernando levou tantos decênios a percorrer o caminho que vai do seu primeiro ao seu segundo romance que ganhou o prêmio Jabuti. Os gaúchos, que sem dúvida gostariam de uma promoção mais regular de *Encontros* e *Mentecaptos*, deram a Fernando Sabino um troféu não exatamente sutil: um cavalo de bronze dourado.

O momento tocante da cerimônia foi aquele em que a mesa pediu ao poeta-revelação do concurso, um rapazola, que entregasse a Mário Quintana um troféu atribuído ao vate, ao poeta mais alto e mais velho. Parecia a abertura de uma olimpíada: o poeta-menino acendendo seu verso na chama do poeta-patriarca.

No bar, depois, ouvi Rubem Braga e Reverbel rememorando o passado. Moraram, muitos anos atrás, num hotel de Paris, que se intitulava apenas Residence e que tinha sido "Hotel Particular". Ali morreu Marcel Proust. Hoje uma placa afixada ao muro celebra o fato de que ali foram escritas e revistas, na corrida contra a morte, as últimas páginas do mestre. Olhei os dois cronistas reminiscentes com uma vaga, indefinível inveja, como se tivessem um pouco a ver com a obra *À la Recherche du Temps Perdu*. O endereço é *rue* Hamelin, número 44.

Quando o óbvio não é tão óbvio assim. Em Porto Alegre, antes de subir a Canela e Gramado, participei, na Associação Médica do Rio Grande do Sul, de uma mesa-redonda sobre o escritor como agente de mudança social. O debate foi presidido por Luiz Carlos Osório, coordenador do Centro de Estudos Humanísticos da associação. Ao meu lado, na mesa de debates, sentavam-se Cyro Martins, que acaba de publicar os contos e relatos de *A dama do Saladeiro* e que é médico ele próprio, Moacyr Scliar, outro médico, que há pouco lançou seu romance *O centauro no jardim*, e mais Josué Guimarães, que acaba de publicar *Camilo Mortágua*.

A discussão não fez nascer a luz – e nem se esperava que o fizesse. Houve um ponto de unânime acordo: o escritor, como tal, não se considera uma figura capaz de influir no desenvolvimento da sociedade, sobretudo onde esta sociedade é em grande parte de analfabetos. E há mais: o escritor não deseja, não porfia por influir no processo social mediante sua obra de ficção. O primeiro cuidado do escritor é com a escrita, com a forma que imprime àquilo que escreve.

Quanto à possível atuação do escritor – como cidadão – na sociedade é que houve matizes e divergências. Eu acho que a responsabilidade do escritor no grande debate político que se trava nos países incertos de si mesmos, como o Brasil, é bem maior do que a do cidadão em geral. Mesmo que, como artista, ele escolha o caminho da máxima sofisticação e do hermetismo, seu simples ofício de guardião e ourives das palavras da tribo lhe cria obrigações diferentes, muito mais severas.

Isto de se dizer que o debate em torno da posição do intelectual na sociedade é, na melhor das hipóteses, um tedioso exercício de chover no molhado – visto que ninguém é a favor da ditadura e da censura –, este argumento me parece no mínimo distraído, frívolo ou escapista. Como se pode dizer que não há ninguém a favor da censura e da ditadura se o Brasil, por dá cá aquela palha, se atola de novo numa e noutra? O argumento pode ser válido na Suécia ou na Holanda. Entre o Oiapoque e o Chuí, o que não falta é gente que gosta e que se lambe de Catão e Caxias.

7 de janeiro de 1981

Terror à moda da casa

O segredo do viço, da durabilidade de *Casa-grande e senzala* reside no fato de que, desde o título, o livro continua a nos retratar até hoje. A "sociedade patriarcal" que Gilberto Freyre descreve como parte do nosso passado continua viva em suas raízes. Abdicando das lutas e das agonias de se transformar num país grande, o Brasil conservou, em compensação, o ritmo confortável e elitista de uma sociedade dividida entre senhores e escravos. O momento culminante foi, como todo mundo sabe, a abolição, feita de maneira sonsa, incompleta, pois não demos aos escravos então libertados nem terra, nem educação. Os escravos trocaram de *status*, como se diz hoje, mas não trocaram de miséria.

É claro que o Brasil mudou, dos tempos da sociedade patriarcal para os dias de hoje. Até que se sofisticou e se civilizou bastante. Mas reparem que foram obras de melhoramento da casa-grande, que além do vinho e do linho que importava antigamente passou também a importar máquinas e patentes. Como não sou bom de estatísticas, não vou nem tentar utilizá-las aqui, mas garanto que a proporção entre senhores e escravos há séculos não se altera no Brasil. Entre nós, uns 20% da população sempre viveram à custa do resto. A consequência disto é uma atitude mental elitista em todos os terrenos.

Vejam, por exemplo, o moderno terrorismo mundial e a contribuição que estamos fazendo a ele. A única feição do terrorismo que apresenta uma certa e rude dignidade é o risco imenso que correm aqueles que tramam e executam um gesto de terror. O próprio Terror, com letra grande, da Revolução Francesa eliminava brutalmente não só as vítimas como os algozes, os chefes. Os grandes líderes do terror eram quase reis enquanto conservavam o poder. Mas a marca, neles, da nova sociedade que criavam é que corriam riscos que um monarca jamais correria. Eram, ao mesmo tempo, senhores e escravos da guilhotina.

O terrorista, aliás, em qualquer nível, é um homem quase certo de que vai morrer do seu gesto de terror. Sequestrando um avião ou atirando uma bomba, ele sabe que está andando no fio da navalha. É um homem de briga, de cólera. Mesmo quando morre em greve de fome, estirado numa cama, o terrorista é um ser violento. É difícil transformar em mártires os valentes rapazes e moças do IRA, das Brigadas Vermelhas, do Baader-Meinhof. Com seu sonho, sua pregação, sua guerra limpa e sua morte calma o Che foi, ele sim, um mártir. Até hoje seu exemplo e sua morte inspiram sentimentos de esperança e de vida. Pode ser difícil explicar, mas acho que é fácil de compreender: há um parentesco muito mais claro entre os jejuns que fazia o Gandhi e a morte do Che do que entre os mencionados jejuns do Mahatma e os dos irlandeses do IRA. O ódio tira o brilho dos sacrifícios. Tira deles aquela ternura de que falava Guevara.

Seja como for, e fiel ao modelo de casa-grande e senzala que nos rege, estamos implantando no país um modelo todo especial de terrorismo, um modelo songa-monga, disfarçado. Seu objetivo principal é exercer sem qualquer risco o terrorismo, ou, por outras palavras, limitar o risco às vítimas. Trata-se de um terrorismo bem hierarquizado. O comando, nos altos da casa-grande, não faz terror: manda fazer, pelas ordenanças. Trata-se de uma ordem, como seria dada por um senhor de outrora a um preto, para lhe matar algum desafeto numa encruzilhada. Como a casa-grande garante as circunstâncias da operação a executar, o esquema é excelente. Mesmo pessoas que amem muito a própria vida, para jamais pensar em arriscá-la, podem privar de vida os outros sem o menor perigo.

Exceto, naturalmente, quando o tiro sai pela culatra e quando não se tem a sorte de achar, para incriminá-lo, um mandante ideal, como foi Gregório Fortunato[7] no atentado da rua Tonelero. Gregório não

---

[7] Chefe da guarda pessoal do presidente Getúlio Vargas, acusado de ser o mandante do crime. (N.E.)

era só de extração humilde: era preto. A perfeição. Nosso modelo histórico, no caso, se confirmava sem qualquer metáfora.

Mas nem sempre as coisas ocorrem assim, o que torna o atual terrorismo à brasileira por vezes incômodo e aborrecido para os mandantes. Não escapam ao contratempo de ir à missa de sétimo dia dos ordenanças.

20 de maio de 1981

Pedro e o púlpito no telhado

Nunca se terá visto com clareza maior do que agora que só existem no Brasil dois poderes, dois partidos, a Igreja e o Exército. O poder do Exército prescinde de definição no momento. Definir é limitar e esse poder é ilimitado. Basta o general-presidente dar alguma demonstração de que pretende "civilizar-se" para que logo o poder que o gerou prove que ainda não lhe deu a chave da porta. Como demonstração de austero exercício do poder paterno, o episódio do Riocentro é exemplar. O general-presidente foi forçado a abandonar, do dia para a noite, a campanha da rapaziada civil à qual se acostumava. Ele continua com estatuto de menor. Não foi emancipado. Más companhias, não.

Só a Igreja se mantém como a outra rocha neste país de areia. Esta divisão do poder no Brasil vem desde os tempos da proclamação da República. Durante mais de meio século, no entanto, passou despercebida. Acomodada, gorda, vivendo à tripa forra ao lado dos poderosos nas fazendas, nas fábricas, nos palácios governamentais, a Igreja funcionava como um mero ministério do além. A transfiguração da Igreja Católica tem uma data. Ocorreu entre 1958 e 1963, isto é, durante o pontificado de João XXIII, este sineiro que pôs a repicar ao mesmo tempo todos os sinos da cristandade. O Brasil ficou cheio de padres estremunhados, acordados com o barulho. Não eram ainda, comprovaram com alívio, as trombetas do juízo final. Mas a advertência dos sinos era grave: a Igreja estava mais precisada dos desamparados do que eles da Igreja. Acontece que os desamparados são gente incômoda, que precisa ser atendida à vista de todo mundo, no meio da rua e dos campos. Para voltarem ao meio deles os novos padres não tiveram outro remédio senão se dessacralizarem, quer dizer, abandonaram roupas e atitudes de xamãs e seres sobrenaturais. E assim formaram esta Igreja que temos diante de nós, anunciada por dom Hélder Câmara e plenamente realizada por bispos como Pedro Casaldáliga, Tomás Balduíno, Waldir Calheiros e outros. Sem batina e sem língua latina, os padres do povo puseram mãos à obra.

Só que, despertando os brasileiros para a luta, invadiram a área do outro poder, o Exército, que à guisa de compensação e cobrança de danos morais, chamou a si o caráter sagrado que a Igreja abandonava. Reparem como qualquer comandante de Exército fala hoje em sua missão como quem faz um sermão sobre a vida eterna. Os padres usam palavras diretas e claras. O Exército fala nebuloso e misterioso como o Deus do Antigo Testamento. E seus chefes invectivam os novos padres, servos do mal, do Marx, guardas do seu santo sepulcro, que fica em Highgate, no Norte de Londres. Aos poucos o exército ocupou o céu vazio que os padres abandonaram. Quanto à Igreja, ela não pode nem quer se militarizar, em contrapartida. Ao contrário, quando se livrou dos enfeites do sagrado, se espiritualizou muito mais, mergulhou em si mesma, nas suas raízes.

Para meu gosto, o símbolo maior dessa espiritualização é dom Pedro Casaldáliga, general (no sentido espanhol e jesuítico) do desarmado mas não inerme exército posto a serviço dos desvalidos. Pedro irrita os militares porque coloca suas bombas de zelo e carinho na própria estrutura do fatalismo brasileiro. Os brasileiros sofrem de desesperança crônica. Não acreditam que possam mudar o próprio destino. Pedro, ao contrário, acha que montanhas só foram feitas pela alegria que os homens têm de tirá-las da frente. Magro, intenso, olhos faiscantes, Pedro constitui, ele próprio, um explosivo artefato de fé. O texto evangélico que ele mais me faz lembrar é o de São Lucas: "O que falaste ao ouvido, no gabinete, sobre os telhados será apregoado". Apregoando suas verdades do alto das casas, Pedro preocupa mesmo grandes figuras da Igreja, como dom Ivo Lorscheiter e dom Luciano Mendes de Almeida. Mas telhados não servem só para cobrir, e sim também para abrir cabeças, quando do alto deles, como de um púlpito, alguém grita forte. Somos um país em que todos berram quando conversam porque ninguém escuta bem. Nossa centenária docilidade deu em surdez. Deixem dom Pedro gritar.

8 de julho de 1981

O país dos sesmeiros e farofeiros

O conflito entre comodidade e ideologia: uma meditação de Cinzas depois do Carnaval de Maricá, onde não há água para os sem-terra

Sempre que passo o Carnaval em Maricá, crio um conflito entre ideologia e comodidade. O caso é que a praia e a lagoa de Maricá, a uns sessenta quilômetros do Rio, estão ainda beatificamente desertas. Já existem ali alguns pavorosos edifícios de apartamentos, mas muito espaçados e de poucos andares. Mesmo nos fins de semana, só o canto da praia chamada Ponta Negra atrai gente que acampa e os ônibus de farofeiros, temidos pelos que têm casa em Maricá, como João Saldanha, Ricardo Cravo Albin, Raul Ryff, Ana, minha mulher, e mais alguns felizardos.

Acontece que, durante o Carnaval, a praia e a lagoa de Maricá se transformam numa vasta e delirante Ponta Negra. Os barraqueiros e farofeiros – como nós, moradores, os designamos – começam a chegar na sexta-feira de tarde, armam suas barracas e se instalam pelos campos e sobretudo pelas areias da praia durante a noite. Quando alvorece o sábado, já realizaram a ocupação de todos os espaços. Diante dessa fulminante invasão e posse da terra maricaense, o Barão do Rio Branco falaria no *uti possidetis* que os brasileiros invocavam para roubar e guardar terras hispânicas. Traduzida em carnavalês, essa expressão latina que dizer "daqui não saio, daqui ninguém me tira".

O pior é que os barraqueiros, com quatro dias pela frente, trazem poderosas lanternas elétricas, quase holofotes, trazem a família inteira, inclusive crianças de peito, de colo, trazem portentosos fogareiros, onde cozinham de tudo, mas não trazem água potável. Contam, em grande parte, com os instintos de hospitalidade dos moradores, já que existem poucos bares e motéis naqueles vinte quilômetros de restinga entre mar e lagoa. Até começarem pedidos de água – a água dos poços de Maricá é excelente –, nós, moradores, podemos suspirar, balançar a cabeça, mas aguentamos as turbas acampadas como o flagelo efêmero que são. A partir do momento em que a multidão invasora se personaliza em pessoas com baldes e garrafões a encher – aí começa, pra valer, o conflito entre comodidade e ideologia. Ou a gente atende ao assédio e dá, evangelicamente, de beber a quem tem sede, ou, o que é mais provável, a gente inventa que quebrou a bomba que puxa água do poço, ou alega, com maior cinismo ainda, que o poço secou.

A verdade é que Maricá, no Carnaval, daria um ponto de partida para que fizéssemos, no Brasil, uma história profunda, uma *história das mentalidades*, como fazem, na França, gênios da historiografia moderna como Lucien Febvre ou Philippe Ariès. A ideia é recuperar o espírito de épocas passadas, surpreendendo-o nas cartas, nos testamentos, nos cartórios, nas sacristias. A história do Brasil que nos retrataria de corpo inteiro seria a da nossa mentalidade em relação à terra, à posse da terra. A história íntima do país é a de uns poucos moradores que não querem se mover nem para dar água aos sem-terra. Desde o descobrimento, o Brasil se divide entre sesmeiros e farofeiros.

Todavia, enquanto essa história expiatória não sai, rogo ao prefeito de Maricá que construa lá um chafariz como o que o Conde de Bobadela deu aos cariocas no século XVIII.

10 de março de 1982

Visita a Campo Grande e Corumbá

Mato Grosso do Sul, uma terra em transe de introspecção.
Ou de como o federalismo que o governo
central tentou esmagar floresce nas letras regionais

No Brasil, o princípio da Federação, que o governo finge honrar e respeitar, só se mantém vivo graças ao florescimento cultural dos estados. Quando fundou seu Estado Novo em 1937, Getúlio Vargas mandou armar uma pira enorme no largo da Glória e nela fez incinerar cada uma das bandeiras estaduais. O mundo nunca tinha visto um auto de fé de pano colorido. Também nunca terá havido um simbolismo mais óbvio e radical em toda a história do Brasil: o ditador, o poder central por excelência, reduzia a cinzas a autonomia dos estados. Acrescentemos que, no caso, Getúlio Vargas teve apenas a coragem de transformar em teatro o que se faz no dia a dia do viver do país. Apesar de se intitular República Federativa, o Brasil não é Brasil, é Brasília.

Exceto no terreno cultural. Acabo de voltar de uma visita a Mato Grosso de Sul – à capital, Campo Grande, e a Corumbá, cidade que situo entre as mais habitáveis do país – e tenho ainda a sensação da novidade, do Brasil diferente. Diferente que aprofunda sua diferença para dar uma contribuição original ao país de todos nós – e essa seria, por definição, a manifestação do espírito federativo. Jovens universitários da região vão com frequência fazer seu mestrado ou seu doutorado em São Paulo, mas o tema de suas teses é invariavelmente local. A ávida pesquisa das origens vai impondo aos arquivos, bibliotecas e museus da terra uma modernização, uma repulsa à traça e à preguiça. E o esforço não se restringe a um campo. Se a investigação histórica original resulta em trabalhos como *Coronéis e bandidos em Mato Grosso*, de Valmir Batista Corrêa (candidato a vereador em Corumbá pelo PMDB), acaba de produzir um disco de grande interesse, chamado *Prata da Casa*, coordenado pela professora Glorinha Sá Rosa, da Universidade Federal de Mato Grosso do Sul. Nesse disco surge, entre os nomes da região, o de Tetê Espíndola, que já virou gorjeio federal.

E eu não saberia resumir a visita sem falar numa escultora, uma artista de Corumbá que se chama Saga Marina e que já devia estar na lista maior da arte do país. Acho que nunca senti, diante de uma série de esculturas, uma impressão mais nítida da necessidade que pode levar um artista da expressão figurativa à abstrata. Não como quem passa, mediante uma escolha racional e pensada, de uma escola a outra, e sim como uma ave que passa do solo ao espaço. Saga Marina fez santos e santas – fitas de metal enroladas no próprio arrebatamento – que só podiam ter progresso e continuidade quando a escultora deixasse a forma identificável, por mais bonita que fosse, no chão. É o que Saga Marina está fazendo, na sua arrojada e rigorosa pesquisa.

Não tenho elementos para dizer se foi melhor para os mato--grossenses a divisão do Estado em Mato Grosso e Mato Grosso do Sul. Como pura especulação, eu diria que valeu a pena e que outros estados deveriam ser formados no seio das unidades maiores da Federação. Num país que Alexandre de Gusmão e o barão de Rio Branco tornaram tão sólido e harmonioso, o aprofundamento de variedades regionais só pode ser bem-vindo. A julgar pelo que observei na rápida visita a Mato Grosso do Sul, a reflexão regionalista se enriqueceu com a divisão. É verdade que o Mato Grosso inteiro, desde Cuiabá, está ligado à misteriosa força criadora do Pantanal, mas isso é outra conversa.

25 de agosto de 1982

As árvores com modelo 19

O povo de Tiradentes briga com Burle Marx por algumas velhas casuarinas, árvores que, como os missionários estrangeiros, medram nossos piores solos

O pintor e paisagista Roberto Burle Marx fez há algum tempo, para a cidade de Tiradentes, antiga São José del-Rei, um projeto de reconstituição histórica. Burle Marx, que nada cobrou pelo seu trabalho, passa agora pelo dissabor de ver os tiradentinos contra o projeto, porque este condena à extirpação seis casuarinas que lá vicejam. Argumenta o paisagista que na São José de dois séculos atrás não havia casuarinas. Não havia casuarinas no Brasil. Quase se poderia dizer que não as havia nem na Austrália, de onde nos foram trazidas. A Austrália só começou a propriamente existir depois que lá desembarcou Cook, em 1770, época em que São José del-Rei dava banquetes e saraus, com o ouro das minas. O próprio dentista cujo nome seria dado à cidade um dia já contava então 24 anos de idade.

Mas, apesar de tudo, devo confessar que meu coração fica do lado dos habitantes de Tiradentes. Fica com as casuarinas. Tenho, para isso, uma razão pessoal, uma casa em Maricá, quase dentro do mar, em cujo quintal de areia as únicas coisas verdes e verdadeiramente viçosas são as casuarinas. O resto, para brotar, exige a compra de terra, um insano esforço e decepções em pencas. Verdes, esguias, ciciosas, as casuarinas, ao contrário das demais plantas consideradas de beira-mar, extraem do areal sei lá que nutrição, curvam-se, amáveis, à ventania, e vão em frente. Ou melhor, vão para o alto, sempre para o alto, transformando sua inacreditável dieta de areia e vento em densas sebes de quinze, vinte metros de altura. Dizem que passarinho não frequenta eucalipto (o outro grande imigrante australiano), e a casuarina, com seu jeito elegante de pinheiro, também não parece ter espaço nem paciência para aguentar ninhos. Mas, bem na orla do mar, onde não medra nem pitanga, nem caju, nem cacto, a casuarina atrai as aves com sua sombra e com o relvoso tapete que cria a seu redor.

Eu pediria, em suma, que em definitivo libertássemos a casuarina da sua carteira modelo 19 e lhe concedêssemos plena cidadania brasileira.

No seu *Dicionário das plantas úteis do Brasil*, volume 2, de 1931, M. Pio Corrêa já escrevia no verbete das casuarináceas que eram "todas originárias da Austrália e introduzidas no Brasil desde há longo tempo". Se fôssemos tratar com muito rigor uma imigrante tão antiga, correríamos o risco de ver alguma perseguição nacionalista visando expulsar de nossas matas e pomares a mangueira, por exemplo, que veio da Índia.

Aliás, eu tenho pensado muito na casuarina ao acompanhar pelos jornais o julgamento e condenações dos padres franceses Aristides Camio e François Gouriou, cidadãos hoje em dia tão brasileiros quanto a baraúna ou o ipê. Fico pensando em outro padre francês, o admirável François Jentel, que trabalhou entre os índios Tapirapé durante vinte anos e que acabou preso e expulso do país pelo ministro da Justiça, mancomunado com latifundiários. Jentel era réu, como Camio, como Gouriou, do crime de amar como padre, como pai, esses milhões de órfãos que compõem a população do interior do Brasil. Penso no meu amigo Pedro Casaldáliga, bispo de São Félix, que nos veio da Catalunha para dar sombra e frutos na terra cruel do Araguaia. Como as casuarinas, esses homens caridosos e enérgicos sabem medrar em nossas piores terras. Estrangeiros, antibrasileiros, inimigos da pátria são os que os condenam e querem arrancá-los da terra que civilizam.

15 de novembro de 1982

O muro de Berlim e o nosso

Desde 1822 se alternam no poder conservadores e liberais que governam um pequeno país, o Brasil das elites. Nas eleições, é preciso romper esse acordo

O preço que o Brasil pagou para encerrar o ciclo sangrento das guerras civis que estouraram depois da proclamação da Independência, em 1822, foi o tácito acordo de limitar a dita independência aos habitantes de um pequeno país, o Brasil das classes dirigentes. Seu imaginário texto dizia mais ou menos o seguinte: Se entrar em atividade a plena energia de um país desse tamanho, é provável que em breve surja aqui um império admirável, contido em si mesmo, sem precisar de colônias ou possessões. Mas os riscos e sofrimentos imediatos são grandes demais. Se, ao contrário, em lugar de liberá-las, usarmos essas forças criadoras mas incontroláveis como pura massa de trabalho, disciplinada e ignorante, nós, classes dirigentes, impediremos, é verdade, que apareça, por enquanto, o tal império interior: em compensação, que boa vida vai ser a nossa neste pequeno país tropical.

Desde 1822 se alternam no poder conservadores e liberais que tomam banho todos os dias e comem carne duas vezes por dia. Governam um Brasil de uns trinta milhões de habitantes que também se lavam e se fartam diariamente. Agora, nas urnas, uma vez mais as partes contrastantes de 1822 tentarão preservar o muro que separa o brasilzinho de bolso que fizeram (e do qual se envergonham quando estão no estrangeiro, diga-se de passagem) do império interior que nunca fomos.

Pensei outro dia nas nossas eleições e no nosso muro, ao transpor, passaporte em punho, o muro que divide Berlim Ocidental de Berlim

Oriental. Pela primeira vez julguei compreender aquele verso de Kipling que ficou famoso por ter, na aparência, o vigor obscuro de uma profecia: "Ai, o Oriente é o Oriente, o Ocidente é o Ocidente e jamais se encontrarão os dois". Kipling não estava dizendo nada de muito sério. Estava apenas formulando sua visão imperialista do mundo, de poeta da Commonwealth. Previa, numa balada, o muro político e social que as práticas imperialistas acabariam por transformar em muro de concreto e ferro, separando o mundo farto do mundo necessitado. O Oriente, para Kipling, que conhecia tão bem a Índia, era o mundo da ineficiência pitoresca, de malandros e mendigos, de faquires, de cobras que dançam quando ouvem flauta. Tudo muito interessante, mas que era melhor separar, com um bom muro, de império branco, limpo, eficaz.

Nosso muro brasileiro é muito pior que o de Kipling, que o de Berlim, porque a divisão está dentro de nós. Nosso "Ocidente" criou e escravizou nosso "Oriente". Não se trata de uma divisão topográfica, e sim esquizofrênica.

Faço votos para que agora, indo às urnas, o Brasil se manifeste no sentido de fortalecer, a partir de São Paulo, o partido do Lula. No PMDB, assim como no PDT, há candidatos que podem começar a regenerar este pobre país aviltado por dezoito anos de brutal arbítrio. Mas o PT do Lula me parece ser o rompimento daquele acordo que fez de nós um país gigantesco com mentalidade de anão. Acho que o Lula e seus companheiros, como uma equipe de desativadores de bombas, poderão desmontar, pedra a pedra, nosso muro. Caso contrário, a explosão será "federal". Eu me incluo, por fatalidade social e por preguiça, entre os trinta milhões de privilegiados que mencionei acima. Mas palavra que se chegarmos à explosão vou dizer: "Bem feito".

17 de novembro de 1982

Nossos mártires

"Portinari era pintor de uma inesgotável paciência com os pormenores da obra que tivesse diante de si, no cavalete [...] Para os quadros históricos fazia, baseados em suas leituras e pesquisas, esboços, croquis, até se satisfazer com a expressão que devia dar ao rei, ao bandeirante, ao mártir". Callado escreveu isso a respeito do painel *Tiradentes*, criado por Portinari para o Colégio de Cataguases, em Minas, e hoje exposto no Memorial da América Latina, em São Paulo.

A pedido de Flávio Rangel, Callado fez também um roteiro de audiovisual que deveria contar ao mesmo tempo a história de Tiradentes e da confecção do painel. Mas esse trabalho nunca foi filmado.

Joaquim José da Silva Xavier, o mártir retratado no painel, é um consenso. Mas Callado percebeu o martírio em outras vítimas da recente ditadura militar e de regimes arbitrários anteriores. ■

Festa no cerrado

A missa pela morte vivida do padre Burnier

Dia 11 de outubro fui a uma missa em Diamantino, cidade do Mato Grosso que fica duzentos quilômetros ao norte de Cuiabá. A missa celebrava o segundo aniversário do assassínio, pela PM de Ribeirão Bonito, do padre João Bosco Burnier.

No interior, quando se ouve falar da morte de alguém, pergunta-se se a morte foi morrida ou matada. Em relação a de João Bosco, diz Pedro Casaldáliga que não foi uma coisa nem outra. Foi uma morte vivida. É uma terceira categoria. Quando chegou a Diamantino para as solenidades – em Diamantino, no seminário jesuíta, há o pequeno cemitério que recebeu os despojos do jesuíta João Bosco –, Casaldáliga cumprimentou primeiro uma das irmãs do padre morto, que conhecera na celebração do primeiro aniversário. E saudou-a dizendo: "De novo nos encontramos. E agora vai ser assim todos os anos. O martírio virou festa".

O Brasil imenso. A festa, como tudo que depende da organização do bispo Pedro, de São Félix do Araguaia, exige das pessoas muita fé e muita saúde, ou, no caso de não ser a fé das mais ardentes, uma saúde acima de qualquer suspeita.

O cerimonial completo atraiu a Diamantino, que não fica propriamente perto de nada, gente das barrancas do Araguaia, dos cafundós de Mato Grosso e Goiás, de São Paulo, do Rio, de Belo Horizonte, do Rio Grande do Sul. E não existe maneira confortável de viajar por lá: as linhas aéreas nacionais somem ali perto, detêm-se. A melhor opção, ao alcance de poucas bolsas, para viagens longas é o táxi aéreo.

O programa traçado por Pedro era: dias 7 e 8 de outubro, Diamantino; dias 11 e 12, Ribeirão Bonito, também Mato Grosso, onde o padre foi assassinado. Bem, as pessoas que escolhessem suas distâncias. Podia-se, por exemplo, de Diamantino voltar a Cuiabá, duzentos quilômetros; de Cuiabá ir a Barra do Garças, uns quinhentos quilômetros, e, em Barra, tomar o ônibus da Viação Xavante e andar 720 quilômetros. A França tem de altura novecentos quilômetros e de largura quase mil, me dizia Irmã Mada, alsaciana, que já viajou inúmeras franças no Brasil.

Dois crimes de morte. Há vários anos que estas gigantescas prelazias brasileiras já chegavam de forma polêmica aos jornais. Ou talvez devêssemos dizer que os jornais, habituados a ver bispos e padres ao lado de fazendeiros e grileiros, adotaram primeiro um tom "sentido". Depois, à medida que a nova Igreja do Concílio Vaticano II ia assumindo seu papel (minha impressão é que a tarefa central desta nova Igreja é tornar os homens conscientes da sua grandeza humana até o ponto em que não verguem mais a cabeça diante de ninguém), o tom sentido foi ficando muito desabrido. No transcurso do ano de 1976, dois brutais assassínios entraram feito machadadas na própria carne da nova Igreja. Dia 15 de julho de 1976, quando cuidava, em Meruri, dos índios Bororo, padre Rodolfo Lunkenbein, salesiano, foi abatido a tiros por fazendeiros que se achavam donos da terra dos índios. Ao seu lado, caiu morto também o índio Simão.

Menos de três meses depois, em Ribeirão Bonito, a bala de um soldado da PM despedaçava a cabeça do jesuíta João Bosco Penido Burnier. João Bosco fora com Pedro Casaldáliga pedir clemência, na delegacia, por duas mulheres do povo, cujo espancamento interminável enchia de gemidos a cidade. Padre João Bosco, que passava por Ribeirão Bonito, fez questão de ir com Pedro Casaldáliga à delegacia, para intervir em favor das mulheres. A cólera, os insultos, mas principalmente a brutal simplicidade com que João Bosco levou uma bofetada, uma coronhada, um tiro mortal, sugerem uma predisposição ao crime. Aliás, esse bravo servo da lei, Ezy Ramalho Feitosa, foi preso em flagrante, como não podia deixar de ser. Mas fugiu fácil. Está lá pelo cerrado, depois de ganhar sua batalha.

Não é o tamanho que faz a Bastilha. Cometido o crime, a polícia fugiu de Ribeirão Bonito. Os gemidos que haviam escapado às duas torturadas tinham ficado na memória do povo. Uma música sinistra, incessante, no formato da cadeia. O primeiro ombro contra a porta, o primeiro tacão de bota que marcou a parede, a primeira janela varada por uma pedra perderam-se. Mas a fúria popular que derrubou a cadeia de Ribeirão Bonito naquele dia 19 de outubro, depois da missa de sétimo dia de João Bosco, foi, à beira de um córrego, num matagal, a queda duma Bastilha que ainda vai ter seu lugar entre nossas demolições significativas. Mesmo a nossa historiografia oficial vai acabar percebendo que num punhado de certas caliças há mais vida do que na úmida areia dos garimpos.

Seara recente. Em torno desses dois martírios é que o bispo Casaldáliga montou as celebrações de 1977 e as deste ano. A Igreja tem muitos mártires, e pelo seu calendário, estabelecido com larga antecedência, está celebrando alguns este ano. Mas um mártir novo é outra história. Na igrejinha do padre João Bosco em Ribeirão Bonito (derrubou-se a cadeia e fez-se igreja grande) há uma animação de quermesse o tempo todo. No seu túmulo, em Diamantino, João Bosco não tem monumento nenhum. Existem, isto sim, dois pés de caju à cabeceira do cemitério (há mais dois mortos enterrados lá com João Bosco) e um de manga-rosa do lado oposto. O túmulo do padre Rodolfo, na sua Meruri de muitas águas e árvores, repousa não longe do milho e da mandioca dos índios Bororo.

São ainda mártires do pomar, da horta, acabados de colher. E sua história coincide, no país, com a de outros martírios. Vale a pena prestar atenção a estas zonas onde antigas forças se empenham em transformar o homem brasileiro ou em ensiná-lo a transformar-se, e, naturalmente, a transformar o mundo ao seu redor. Num mundo pequeno, como aquele, casas que tombam ou que se erguem têm ainda um significado pré-imobiliário carregado de augúrios e lições.

8 de novembro de 1978

Qual seria a nacionalidade de Caim?

A pista pode estar mais perto do que pensamos

Em outubro do ano passado, sentado no pequeno avião, cujo piloto era dom Tomás Balduíno, bispo de Goiás Velho, vi lá embaixo, apontado por dom Tomás, um povoado, um aglomerado de casas e de ocas ao redor de uma vasta construção sombreada de árvores. Voávamos para leste de Diamantino, ao norte de Cuiabá, para Goiás Velho, e, lá das alturas, o Brasil parece vazio e desocupado.

Mas, enquanto dom Tomás apontava as casas no solo, falando alto para dominar o ruído dentro da cabina, eu pensava: se a gente descer aqui, de paraquedas, em qualquer lugar, encontra na certa um lavrador sendo tocado, aos tapas e coronhadas, de algum palmo de terra, pois não tem chão no Brasil sem dono e a cupidez da terra é a constante fundamental da História do Brasil.

O bispo piloto deixou o avião perder algumas centenas de metros de altitude e insistiu comigo para que prestasse atenção. O nome do lugar, ouvi afinal, era Meruri.

O crime número um. Não é à toa que essa reportagem psíquica sobre a espécie, o livro do Gênesis, flagra, logo no capítulo IV, Caim derrubando Abel com uma cacetada. A irrupção da brutalidade, do assassinato, da destruição dos mansos, sobretudo quando servem diretamente à vida (Abel cuidava das ovelhas, porque ainda não havia gente precisando dele), surge sempre nas páginas inaugurais.

Ali, na brenha divisada de mil e tantos metros de altura, já havia um começo de cidade, isto é, um assassinato, um martírio. Em julho de 1976, um típico Abel chamado Rodolfo, um padre alemão, alto, atlético e extremamente manso, segundo todos que o conheceram, foi abatido a tiros por grileiros furiosos com a demarcação de terras dos índios Bororo. Acompanhado de quarenta homens armados, o fazendeiro Marques de Oliveira, apelidado João Mineiro, veio com o frio intuito de provocar um conflito e matar o padre Rodolfo. João Mineiro, diga-se em louvor, atingiu em cheio seu objetivo e seu alvo.

Caminhão de assassinos. Ouvi a descrição do assassinato nas palavras do padre Ochoa, que estava ao lado de Rodolfo quando chegou o caminhão de assassinos.

Três meses depois, em Ribeirão Bonito, foi a vez de assassinarem o padre João Bosco Penido Burnier. Desta vez o assassino foi o cabo da Polícia Militar Ezy Ramalho Feitosa. João Bosco morreu ao lado do bispo de São Félix do Araguaia, dom Pedro Casaldáliga, ou morreu no lugar deste, pois para o ministro da Justiça, era muito melhor que morresse Casaldáliga. A verdade é que, com dois Cains no primeiro capítulo, e consequentemente dois Abéis, já se pode esperar que surja uma grande cidade nas vastidões do Brasil Central.

Padre Rodolfo Lunkenbein, que Casaldáliga sempre lembra quando lembra João Bosco, tem a devoção dos Bororo. No entanto, é menos lembrado entre seus irmãos salesianos, que removeram, mesmo, de Meruri, o padre Ochoa, para de certa forma encerrar o assunto. Ao que me disseram em Mato Grosso, os salesianos gostam de cuidar dos índios como se estes estivessem matriculados num colégio interno da Ordem, e não como quem trata de homens que querem ser respeitados em seus direitos e exigências. Consideram-se inspetores e, no máximo, professores de índios e não irmãos deles, como Rodolfo.

Julgamento em Barra do Garças. Neste momento em que escrevo estão sendo julgados, pelo Tribunal do Júri de Barra do Garças, João Mineiro e mais dois autores da chacina de Meruri. Barra do Garças e Aragarças são a mesma cidade, uma diante da outra na confluência do rio das Garças com o Araguaia, ambas com o mesmo ar desaforado de tantas cidades do interior, com um pequeno e próspero comércio de carros e eletrodomésticos e uma fantástica miséria nas ruas.

Os botequins de Barra do Garças vivem cheios de índios "aculturados", quer dizer, bêbados.

No caso do julgamento dos assassinos do padre Rodolfo pode-se garantir que o tribunal estará cheio de índios de verdade, não desse pobre lixo autóctone de Barra do Garças. Bororo e Xavante estão vindo de suas terras no interior para fiscalizar os civilizados que vão julgar João Mineiro. Espero que os brasileiros, de um modo geral, também estejam de olho no julgamento de Barra do Garças. Um povo cria seriedade e grandeza na medida em que protege, no seu seio, os que são fracos e desprotegidos, como os índios e como o louro Bororo de olhos azuis nascido na Alemanha, Rodolfo Lunkenbein.

Vamos ficar atentos porque o assassino do padre João Bosco continua solto depois de ter fugido da prisão sem maiores problemas. E, quanto a Rodolfo, há toda uma corrente de opinião inclinada a achar que João Mineiro apenas liquidou um desses padres que se metem em política e que talvez até sejam comunistas. Quem defende terra de índio contra fazendeiro é o quê? "Nem canivete eles tinham consigo", disse, logo depois da morte de Rodolfo e do índio Simão, o cacique Bororo Eugênio. No entanto, agora, no noticiário do julgamento de Aragarças, houve jornal que disse que o padre estava armado.

Quem é que é brasileiro aí? Acho que toda esta terra brasileira devia de fato prestar atenção ao júri de Barra do Garças. O que está realmente em questão, no tribunal, é o aferimento do nosso estágio de civilização, da nossa duvidosa existência, no plano moral, como país. Pela brutalidade com que tratamos os pobres, os menores abandonados, os índios, os grevistas, damos a impressão de viver ainda num limbo pré-histórico. Corre por aí que Deus é brasileiro. Que nada, coitado, pura blasfêmia. Brasileiro é Caim mesmo, porrete na mão, cercado de Joões e Rodolfos mortos e dando ao Senhor a resposta que é desde então a marca registrada dos de sua espécie: "Por acaso eu sou o guardião do meu irmão?".

4 de abril de 1979

Os assaltos no casarão à beira-mar

No de 1971 o morador sumiu. Para sempre

Uma das primeiras casas do Leblon (a qual é igualmente uma das últimas casas da praia) sofreu dias atrás um assalto ousado e impune, no grande estilo dos dias cariocas que correm, felizmente encerrado sem derramamento de sangue. A casa é graciosa e data dos tempos relativamente recentes em que o Leblon resistia à invasão e ocupação territorial, hoje consolidada nos edifícios de todos os tamanhos e estilos.

Como conheci a casa do tempo dos moradores, que lá ficaram até princípio de 1971, resisto à ideia de entrar nela hoje, que é restaurante e se chama La Cave aux Fromages. Não que o meu amigo que lá morava se incomodasse de porventura me ver ali, no restaurante. Com seu perpétuo charuto e seu infalível sorriso, suas bochechas rosadas, Rubens Paiva não era homem de fazer qualquer objeção a quem encontrasse entre queijos e vinhos. O constrangimento é meu.

Mas vamos ao assalto de dias atrás, que é o segundo sofrido por aquela casa da avenida Delfim Moreira.

Pioneiro de bangue-bangue. Em várias mesas do La Cave aux Fromages, sentavam-se pessoas que tinham acabado de assistir ao *show* de Gal Costa, no Teatro dos Quatro, e que, por um momento, imaginaram que aquilo era outro *show*: três homens armados de revólveres, dois postados na varanda e outro marchando, objetivo, para o caixa, pediam dinheiro em cima das mesas e bom comportamento geral. Todos se puseram a obedecer. Houve apenas o caso do freguês que, nervoso, se levantou para fugir mas foi severamente chamado de volta à mesa e a si, ao comando de "Senta! senta!" Mesmo assim um breve momento de delírio. É que do piano subiu uma música típica da hora da perseguição à diligência, ou de luta final de *saloon*, música como a que tocavam no escuro os pioneiros do cinema mudo: quando ouviu a balbúrdia, o pianista do Cave, que é cego, disse a si mesmo, suspirando, que se tratava de alguma luta entre bêbados, e fez o seu comentário melódico. Mal sabia ele que, no caso, cabia o cartaz *Don't shoot the pianist*, que foi exatamente o que quase fez um dos bandidos, desconfiando que a música era mesmo de chamar o xerife.

Comoção. Os presentes foram devidamente depenados de dinheiro e joias. A caixa ficou vazia. Metódicos, os assaltantes tomaram a chave do carro de um dos fregueses e partiram, mas não sem levar o gerente para um passeio. Solto meia hora depois, o gerente ainda encontrou o Cave em polvorosa, os assaltados rememorando os lances. Letícia Lacerda, sorridente, tinha achado o segundo *show* da noite mais emocionante.

Meu amigo José Aparecido de Oliveira, que já viveu momentos muito mais perigosos, observava, com certo enfado, que o assalto tinha sido rápido demais para meter medo a alguém. Sérgio Britto, que chegou ao restaurante logo depois da comoção, foi acusado pelos amigos presentes de ter arquitetado o golpe, aparecendo logo depois, para álibi. E para um *fromage*, com o dinheiro do Cave.

O trágico assalto número 1. Ao contrário do *vaudeville* aí descrito, o outro assalto que sofreu a casa, o primeiro, foi trágico. Começou hipócrita, discreto, para terminar em brutalidade e sangue, num escalonado assassínio que teve início em dependências da Aeronáutica e seu desfecho na polícia.

Até hoje, com desdém, as autoridades militares, se recusavam a dizer qual foi exatamente o calvário percorrido pelo ex-deputado Rubens Paiva, depois de ser preso, ao voltar de seu banho de mar na praia fronteira, numa manhã de janeiro de 1971. Com mentiras pueris, que os próprios autores não levaram a sério, o regime militar, na sua plena violência do governo Médici, informou que o ex-deputado, detido em sua residência, fora depois sequestrado por desconhecidos entre uma prisão e outra, na floresta da Tijuca, ou coisa semelhante. Diante do relato, só faltava se ouvir o brigadeiro Burnier rindo das próprias lorotas.

Torturador inábil. O brigadeiro Burnier, então comandante da 3ª Zona Aérea, entrou em tão furioso processo de violência (queria que o Para-Sar fizesse explodir o gasômetro do Rio para em seguida botar a culpa nos comunistas), que foi denunciado ao presidente Médici pelo brigadeiro Eduardo Gomes. Só depois disso é que o governo exonerou de suas funções o sequestrador de Rubens Paiva. Com o brigadeiro Burnier aconteceu o mesmo que, no governo Geisel, aconteceria em São Paulo com o general Ednardo: o que prova que é uma balela isto de dizer que a tortura tem ocorrido no Brasil contra a vontade dos sucessivos generais-presidentes, que dela não teriam notícia. Os generais-presidentes, têm tido conhecimento de tudo. Tanto assim que, quando implicam com um torturador inábil, descuidado, demitem-no sem apelação. Quando esperam que um torturador, mantido com todas as honras no seu posto, morra afogado, por exemplo, é porque o torturador continuava prestando serviço com força total do governo.

A marca e a cor. Largo tempo depois, antes da total desesperança, entre a angústia das meias-esperanças, angústias nutridas pelas mentiras do ministro Buzaid, Eunice Paiva continua batendo às portas da Justiça, determinada a esclarecer as circunstâncias do sequestro e do assassínio de Rubens Paiva. Eunice terá lido, como eu li há dias, em notícia vinda de Brasília, que um certo coronel Bravo da Câmara, da Aeronáutica, teve confirmada sua sentença de seis meses de prisão pelo Superior Tribunal Militar: em 1971, o coronel guardou e recusou-se a restituir o carro Volkswagen que apreendera de uma subversiva. Comentário do almirante Hélio Neves, ministro do Superior Tribunal Militar (STM) e revisor do processo: "No tempo do Burnier era comum a apreensão de carros pertencentes a subversivos, e a determinação do brigadeiro era de que não fossem devolvidos".

Quando um dia se revolver direito todo o entulho destes anos de ditadura, talvez aflorem casos de detenção e morte tramados e executados menos por suspeita de subversão que pela marca, ou, quem sabe, a cor, de carros subversivos.

23 de maio de 1979

Visita aos quatorze "mahatmas" do Instituto Penal

Dias e noites de greve de fome na rua Frei Caneca

Neste momento de paz interna no Brasil, só um pequeno grupo de pessoas põe em risco a própria vida para insuflar, na tranquilidade ainda tão chocha, tão desconfiada de si própria, um sopro, um sopro de brio. Refiro-me aos quatorze presos políticos do Instituto Penal Milton Dias Moreira que, desde às dezessete horas do domingo, 22 de julho, entraram em greve de fome para tornarem a anistia do governo verdadeiramente ampla, geral, irrestrita, e não essa *demi-vierge* que anda por aí, dando o braço aos torturadores e virando a cara aos bravos jovens que lutaram por suas ideias num momento em que ter ideias no Brasil era pior que ter varíola.

Eu, pela parte que me toca, confesso que, falando no Instituto Penal com os jovens *mahatmas* (*mahatma* significa alma grande), me sinto mais em contato com o Brasil, que um dia há de furar a casca do ovo blindado em que o meteram, do que se falasse não importa com que outro grupo atual de brasileiros.

E, no entanto, o que não têm em idade, têm os nossos *mahatmas* em penas de prisão a cumprir. O fino poeta que é Alex Polari de Alverga chegou, no auge das suas condenações, à sentença verdadeiramente fabulosa de prisão perpétua com um acréscimo de cinquenta anos. Durante meio século de morto, Alex ainda estaria sendo punido pelo governo militar, esse mesmo governo que ele agora ajuda, mediante sua greve de fome, a ser menos medíocre e medroso diante da mítica linha dura. Alex ainda está cumprindo três condenações de dois anos cada e mais trinta anos pela sua parte no sequestro do embaixador da Suíça. Perly Cipriano está condenado a 84 anos porque participou da Ação Libertadora Nacional (ALN). Manoel Henrique Pereira, que deu uma mãozinha no sequestro do embaixador Ehrenfried von Holleben, está cumprindo 58 anos. Nélson Rodrigues Filho (tão alto que escapou à tortura de uma solitária em que, positivamente, não coube), a 84 anos.

Ora, pergunta-se, que anistia é essa que deixa de lado esses moços valentes, condenados por um governo odiento a apodrecerem na prisão até que suas barbas embranqueçam como as do abade Faria e do conde de Montecristo?

Dia de visita aos "mahatmas". Fui outro dia, dia de visita, tomar a bênção aos jovens *mahatmas*, quando lá se encontravam igualmente Oscar Niemeyer, Antônio Houaiss, Darcy Ribeiro, Mário Lago, Alberto Dines, Ziraldo. Conversando conosco e com o representante do Sindicato dos Médicos, os grevistas, que a todos prometeram guardar disciplinadamente o leito, para poupar forças, não assumiam pose de heróis ou mártires. Antes pareciam empenhados em salvar, com sua fome, o projeto governamental, que fica absolutamente ridículo naquele ambiente de moços ansiosos pelo privilégio de tornarem o Brasil grande e democrático. Porque são coerentes, os grevistas. Um Brasil grande e democrático era o que queriam durante o momento mais obscurantista da ditadura militar. A única forma de luta que podiam então adotar era aquele curioso misto de clandestinidade e intensa publicidade: o sequestro, e, *presto*, um embaixador preso num quarto, feito uma flor numa estufa, e ao mesmo tempo ocupando as manchetes da imprensa mundial.

Eles tiveram, inclusive, capacidade de invenção e sobretudo estilo. Em termos dos sequestros, não creio que tenham sequer, hoje em dia, o rancor de Elbrick, de Von Holleben, Bucher ou Nobuo Okuchi. Organizaram tudo tão bem que forçaram o próprio governo a se comportar, de um modo geral, bem.

Onde entra Clutterbuck. O grande especialista em "terrorismo" do mundo é Richard Lewis Clutterbuck, um general inglês aposentado, hoje em dia professor da Universidade de Exeter, no Devon inglês, onde mantém um seminário sobre violência política. Logo que se propôs aos estudantes de Exeter o autor de *Living With Terrorism* como membro do corpo docente quase houve revolta no *campus*. Mas hoje em dia as aulas de Clutterbuck vivem apinhadas de estudantes. Militar e membro de uma família de militares (até o sogro é general), Clutterbuck tem grandes interesses históricos e literários, como se vê pelo seu "perfil", tal como traçado há algum tempo pelo *New Yorker*.

Uma das distinções importantes que faz Clutterbuck é entre violência, pura e simples, e violência política. Os americanos, argumenta ele, são um povo violento, através da sua história, e, hoje em dia, dentro de suas cidades. "Detroit tem uma população praticamente igual à de toda a Irlanda do Norte. No entanto, apesar dos mortíferos conflitos entre o Exército Republicano Irlandês (IRA) e seus adversários, houve 250 homicídios na Irlanda do Norte em 1973, contra 751, no mesmo ano, em Detroit; em 1977 a proporção aumentou de três para quase cinco para um." Como se explica que não exista, nos Estados Unidos, violência política significativa? A principal resposta, que se pode encontrar num outro trecho do "perfil" de Clutterbuck, é a descrição que ele faz da melhor maneira de enfrentar manifestações de violência política: "[...] Em primeiro lugar, ter uma sociedade que 'se move' – isto é, sensível a novas aspirações e novos padrões de vida – em vez de uma sociedade rígida". Os Estados Unidos terão os pecados que quisermos, mas nunca o de constituírem uma sociedade rígida como a sociedade militarista criada no Brasil em 1964. No presídio Dias Moreira, na rua Frei Caneca, a gente encontra, ao atravessar o pátio de jogos que leva ao alojamento de presos políticos, a pequena multidão dos presos comuns. Estes podiam estar num presídio americano, inglês, francês.

Mas só num país totalitário se poderia encontrar o grupo comovente dos *mahatmas*, que a desnutrição começa a descorar, a fazer perder peso e vitalidade, jovens que já cumpriram dez anos de cárcere, que foram brutalmente torturados mas que nunca perderam o ânimo ou a altivez. Tropa da nossa elite espiritual, brasileiros de primeiríssima classe, *vips* de raça e da raça, é isso que eles são, esses rapazes que passavam fome quando os vi outro dia e que, quando este artigo for lido, espero que já estejam anistiados e alimentados.

8 de agosto de 1979

Meu candidato a santo é o Conselheiro

Anchieta tem um pescoço francês guardado no armário

Se o papa Wojtyla deseja, como parece ser o caso, obter mais êxito do que Sinatra com sua visita ao Brasil, devia encaminhar a canonização não de José de Anchieta, e sim a de Antônio Conselheiro. Não tenho nada contra Anchieta, que foi um bom exemplo de santo da sua época, mas, como veremos, o Brasil, que vive adiando tudo, deixou passar o momento e o século certos de lançar a candidatura à santidade daquele admirável canário de Deus.

A hora, podem crer, é a do Conselheiro, que capta cada vez mais a imaginação popular, graças à semente que ficou plantada no seu evangelho segundo Euclides (*Os sertões*) e, mais tarde, segundo Rui Facó (*Cangaceiros e fanáticos*).

Poucos candidatos à moderna santidade disputariam, com possibilidades sérias, a palma a Antônio Vicente Mendes Maciel. Santos e mártires de data mais recente, como Camilo Torres e o Che, não apresentam a mesma "imagem" do Conselheiro, que, trajando sua túnica severa e já meio desencarnado por ocasião dos derradeiros combates em Canudos, deve ter subido, com uma segurança tranquila de quem sabe onde pisa, a escada de Jacó. Além disso, o Conselheiro de fato dedicou sua vida a uma comunidade camponesa faminta de terra. Sua tremenda atualidade provém do fato de que as massas do interior brasileiro continuam desterradas da terra que lhes pertence por direito natural.

A perfeita profecia. Bem sei que, conhecendo o papa que têm no momento, os sacerdotes brasileiros mais lúcidos e patrióticos não vão insistir na feição revolucionária do Conselheiro. Wojtyla é um elegante Santo Padre do Primeiro Mundo, que, quando ainda bastante jovem, deve ter balançado mais de uma vez a cabeça, um tanto chocado, durante o reinado de João XXIII.

Minha ideia seria a de contar a João Paulo II alguns milagres e várias profecias do Conselheiro, sobretudo, entre estas, a mais extraordinária de todas, a que vive hoje na boca do povo, na coluna dos jornais e revistas e nas reportagens de TV: a de que o sertão vai virar mar. O desmatamento, aumentando a força das enchentes, e a própria açudagem — bem-intencionada em si, mas que acaba só beneficiando uns poucos proprietários e, frequentemente, por mal planejada, alagando várzeas que devia apenas fertilizar — estão aguando o sertão.

No caso de Canudos propriamente dito, o arraial do Conselheiro, a profecia é espantosa. Nos dias triunfalistas do governo Médici, um certo açude, Cocorobó, cobriu Canudos com suas águas. Cocorobó é um vasto lençol d'água tapando uma safadeza que o povo não esquecerá nunca. Mas isso também não é para se informar ao papa. Cite-se apenas a profecia de que o sertão virou mar.

O paraíso e o Nobel. Bem sei que tem um eleitorado importante o venerável José de Anchieta, que o papa pretende transformar em beato (título perfeito para o Conselheiro) antes de, eventualmente, santificá-lo de vez. O eleitorado é grande porque há muito humilha o Brasil o fato de não ter até hoje produzido nenhum santo e nenhum Prêmio Nobel. Não possuímos, pelo menos devidamente oficializados, nem um fazedor de milagres e nem um doador de esperma. Não fazemos parte da comunhão dos santos e não ingressamos na comunidade dos sábios.

Anchieta ainda não nos rendeu um santo devido a um fato realmente paradoxal. O que até hoje impede sua canonização é o que dele escreveu quem mais o admirou e louvou, o padre Simão de Vasconcelos; S. J. Simão fez de Anchieta uma hagiografia, muito mais do que uma simples biografia. As viagens, as canseiras, os sacrifícios de Anchieta foram decerto bem descritos, com amor e mesmo com talento, apesar dos muitos milagres e portentos relatados.

Acontece que Simão, fundamental autoridade sobre o padre Anchieta, narra também no seu livro a malfadada execução do protestante francês João de Bolés. Condenado como herege, Bolés ia ser executado. Pouco antes Anchieta o converteu. Acontece que o carrasco era novato e Anchieta temeu que o Bolés se desconvertesse. Resolveu, então, ensinar ao carrasco o seu ofício. Eis o trecho: "[...] o algoz, quando foi a execução do castigo, como era pouco destro no ofício, detinha o penitente no tormento demasiadamente, com agonia. José que via este erro tão grande e arreceava que por impaciência se perdesse aquela alma [...] repreendeu o algoz e instruiu-o, ele mesmo, de como havia de fazer seu ofício. Ato de fina caridade; sabia muito bem José a pena nas leis eclesiásticas, que suspendem de seu ofício a todo aquele que, sendo sacerdote, acelera a execução da morte, em qualquer ocasião que seja, ainda que pia. Porém preponderava com ele mais a caridade". É isto que se lê na página 135 da *Vida do Venerável Padre José de Anchieta*, por Simão de Vasconcelos, Imprensa Nacional, 1943. A primeira edição é de 1672.

A oportunidade da santidade. Se a causa de José, que nasceu nas Canárias e veio ser apóstolo no Brasil, tivesse sido defendida quando mal saíra o livro desastrado de Simão de Vasconcelos, haveria ainda esperança. Bastaria acentuar que a execução "caridosa" do herege Bolés tinha ocorrido ainda em tempos inquisitoriais, isto é, nos tempos do AI-5 da religião romana. Ainda em fins do século XVI tivemos, na Bahia e em Pernambuco, visitadores do Santo Ofício em busca de feiticeiros e cristãos-novos. O Santo Ofício indiciou aqui muita gente, mas nunca fez executar ninguém. Se se alegasse que, por não haver aqui um tribunal da Inquisição, o padre José tinha tomado o lugar do algoz, talvez ele tivesse passado no seu exame de santidade. Perdida a oportunidade, revogado o AI-5, a candidatura de José ficou durante séculos abalada.

Seja como for, o pescoço do francês nos separa até hoje do céu, onde continuamos sem representação. Proponho o início da campanha de Antônio Conselheiro.

9 de abril de 1980

Missionários do século XVI e mártires de 1976

O barroco católico e o padre-nosso embutido
na cultura tupi

Para meu gosto, a melhor manchete de jornal inspirada pela visita do papa saiu no mensário *Porantim*, de Manaus. Dizia assim: "Rodolfo: o santo que deve ser canonizado agora". Como já tive ocasião de dizer nesta coluna, a canonização de Anchieta – prejudicada através dos séculos pela ajuda que o padre José deu à execução de um herege francês – perdeu sua oportunidade. Está muito distante de nós Anchieta, muito apagada sua imagem de tuberculoso contra o fundo de areia branca, a escrever versos que ninguém lê.

Quanto ao salesiano Rodolfo Lunkenbein, seu sangue recente ainda umedece as hortas de Meruri, em Mato Grosso, onde ele foi assassinado há exatamente quatro anos, dia 15 de julho de 1976. Rodolfo, que nasceu na Alemanha em 1939 e que era um sereno e louro gigante, foi morto diante de outro padre, Gonçalo Ochoa, e dezenas de Bororo, sumariamente fuzilado por fazendeiros grileiros. Estes foram absolvidos em 1979, em Barra do Garças. Se a Igreja de Roma está querendo rejuvenescer com genuíno e garantido sangue de mártir, trate do de Rodolfo, que é da melhor qualidade. Aliás, não falta a Rodolfo nem mesmo o toque profético. Escrevendo aos pais em maio de 1976, disse ele: "Dentro de um ou dois meses vai começar a demarcação da reserva indígena. Nesses dias, pode acontecer que disparem tiros; alguns já ameaçaram [...], mas estamos sempre na mão de Deus e fazemos tudo para evitar injustiças".

Dois mártires em um ano. É incrível que o Brasil não tenha até hoje um único santo reconhecido pelo Vaticano. Para que o

Santo Ofício comece a reparar a injustiça, não basta o prêmio de consolação de beatificar Anchieta. Ocupe-se dos mártires de agora, que põem sal neste Brasil insosso de ditadores militares. Três meses depois da morte do salesiano Rodolfo, ocorreu no Araguaia o assassínio do padre João Bosco Penido Burnier, jesuíta. Ao lado de Pedro Casaldáliga, foi à delegacia do povoado de Ribeirão Bonito para pedir que cessasse a tortura infligida a uma pobre mulher. Fuzilou-o à queima-roupa um cabo que até hoje não foi julgado. A vida de missionário do padre Burnier também foi, toda ela, uma legenda áurea, uma vida de santo. Padre Burnier morreu dia 11 de outubro. Assim, em menos de cem dias do ano de 1976 produzimos no Brasil dois excelentes mártires, missionários. Por que ir buscar, para santo, um missionário do século XVI?

O barroco católico. Dom Tomás Balduíno, vice-presidente do Conselho Indigenista Missionário, protestou contra a ideia de se oferecer ao papa Wojtyla, durante a visita a Manaus, um espetáculo de dança e música indígena. A dança e a música são ritos sagrados dos índios, e não *show business*. Realmente, o que de melhor podemos fazer pela música indígena é gravá-la, estudá-la, mas deixá-la o mais possível em paz nas matas, nas aldeias. Os irmãos Villas-Bôas fizeram anos atrás um belo disco de música indígena e dessa música Egberto Gismonti tem tirado inspiração. Mas tanto a música como a dança das tribos se extinguirão se forem transformadas em espetáculo, em desfile de rancho, em bloco de índio e de sujo.

Se for devidamente protegida e respeitada, a música dos índios talvez mereça um dia um monumento escrito, como acaba de merecer o barroco musical mineiro. A PUC do Rio, o MEC, a Funarte e a Xerox se juntaram numa conspiração cultural para que o historiador e pesquisador Elmer C. Corrêa Barbosa produzisse um formoso livro, com o longo título de *O ciclo do ouro: o tempo e a música do barroco católico*. O livro é na realidade o catálogo de um arquivo de microfilmes que em si contém a fantástica produção musical das Minas Gerais no século XVIII e princípio do XIX.

Exigência litúrgica. O livro tem uma introdução de Otto Lara Resende, aptamente intitulada *Prelúdio*, e um belo *Estudo Histórico* de Corrêa Barbosa. Num contexto como esse é que vamos recuperar — em sua pureza, na sua época — figuras como a de Anchieta ou de conterrâneos seus. Os padres da Companhia de Jesus aqui chegaram, por assim dizer, cheios de música. Diz Corrêa Barbosa: "Os cinco padres que acompanharam o padre Nóbrega, quando ele aqui chegou, eram cantores, embora sem capacidade de regência. O resultado da presença desses cantores no Brasil se fez sentir um ano depois do desembarque do grupo, quando, em 1550, se ouviu cantar o padre-nosso em tupi. Desta fase ficaram nomes como os dos padres Leonardo Nunes, que foi o primeiro regente de coro, João de Azpilcueta Navarro e Salvador Rodrigues, que trabalharam com indígenas usando música, e Antônio Rodrigues, conhecido como o Orfeu brasileiro, o mais insigne organizador de coros. Compreende-se a preocupação da Companhia em trazer cantores e músicos instrumentistas, pois era a música uma exigência da liturgia".

Exatamente como a música dos indígenas é uma exigência da liturgia deles também, poderia acrescentar dom Tomás Balduíno. De certa forma, o que fazem os missionários de agora — Lunkenbein, Burnier, Balduíno ou Casaldáliga — é extrair o padre-nosso de dentro do tupi. É fazer com que a Igreja Católica respeite, entre os indígenas, a verdadeira chama do Espírito Santo, que arde em cada homem e não se acende pelo lado de fora.

Passei virtuosamente, como veem, os dias da visita papal entre os artigos de *Porantim*, que são todos, como diz o cabeçalho do jornal, "em defesa da causa indígena", e o texto exemplar de Elmer C. Correa Barbosa, enfeixando a música do barroco católico. O catolicismo antigamente dominava o indigenismo. Agora, pelo menos no Brasil e nas dioceses certas, são mundos irmãos.

9 de julho de 1980

O grande bispo entre os selvagens do rio

Grave advertência aos que falam mal de Pedro Casaldáliga

Ouvindo segunda-feira passada, no auditório do Clube de Engenharia, a conferência de Pedro Casaldáliga sobre a Amazônia, no mesmo dia em que um pobre deputado estadual pedia que o governo o expulsasse do país, pensei no muito que devemos à Igreja por nos dar cidadãos como o bispo de São Félix do Araguaia. Dá-nos esses esplêndidos "brasileiros" prontos e acabados. A grandeza e o poderio dos Estados Unidos se devem, quase que antes de mais nada, à sua atitude liberal diante da imigração. E mesmo hoje, quando devem restringir, mediante cotas, a imigração, os americanos são bastante inteligentes para jamais recusar a cidadania americana a cidadãos que venham enriquecer, com sua mera presença, a sua comunidade. O Brasil sempre deu provas quase que da disposição contrária. Mesmo diante de casos dolorosos, a envolverem personalidades de projeção internacional, nos inclinamos para o fechamento, o ciúme, a exclusão. Todos se lembram ainda do patético – e para nós tão lisonjeiro – esforço que fez o escritor Stefan Zweig buscar, durante a guerra, a nacionalidade brasileira. Não houve jeito de alterar a férrea indiferença das autoridades. Zweig precisava residir cinco anos no Brasil antes de conseguir o excelso privilégio de uma carteirinha de brasileiro concedida pela polícia. Stefan Zweig morreu – suicidou-se, aliás – apátrida. Encerrou seus dias em Petrópolis, contemplando do alto da serra o Rio de Janeiro, que amou como poucos.

Agora, no entanto, a Igreja de Roma nos supre, até mesmo quando as autoridades torcem o nariz, de gente da mais alta qualidade. De vez em quando, como ocorreu no caso do padre Jentel, o governo consegue manter seus padrões de estupidez e ferocidade. Expulso do

Brasil em 1974, depois de anos de admirável trabalho entre os índios Tapirapé, Jentel morreu no exílio, isto é, na França, sua terra, mas já então muito menos do que o Brasil.

A massa de imigrantes que fez a grandeza e o poderio dos Estados Unidos buscava, lá, a fortuna, o enriquecimento rápido. Os imigrantes que a Igreja nos fornece agora vêm para o Brasil para continuarem pobres entre os pobres, para enfrentarem as autoridades, os mosquitos, o possível martírio, como o alemão Lunkenbein, morto a tiro, em defesa dos índios Bororo, em 1976.

O bispo e seu imperial bispado. Pedro Casaldáliga, catalão, cidadão de Roma e do mundo, é miúdo, frágil, mas tem, no Araguaia, uma prelazia com as dimensões de um império. Pedro é provavelmente o maior latifundiário deste país, mas tira todos os dias, de um poço, a água do seu banho.

Olhando Pedro no auditório apinhado de gente, falando, contando casos, como sertanejo que já é, lendo os poemas que escreve entre duas viagens por terra da sua diocese majestosa e miserável, fiquei pensando nos que ousam criticar os seus motivos, ou julgam ver nele um homem sedento de poder. Pessoalmente, acho que nunca vi um padre mais padre em minha vida, mais voltado para o seu sacerdócio. Na conferência de outro dia, assim como na conversa de todos os dias, quando Pedro fala em sua fé, quando fala em Deus, chega a mudar de tom. Só então a gente percebe que a conversa dele, divertida e inteligente, seus próprios atos, sua vida são, por assim dizer, uma parte menor. Quando fala em Deus, Pedro se transforma e nos perturba. Como se ele, distraidamente, estivesse dedilhando um violino como se fosse um violão e só a partir daquele instante, arco em punho, começasse o concerto de verdade.

Aliás, quando se anda com Pedro pelo Araguaia, nas viagens que ele faz de ônibus, e principalmente a pé, esse fenômeno assume uma expressão palpável e concreta. Pedro se veste como qualquer caboclo e só leva consigo uma muda de roupa, para poder lavar a que está usando. Mas numa maleta especial carrega seus paramentos de sacerdote, as roupas da missa. Essas são imaculadas, extraordinariamente bem-lavadas, engomadas. Quando Pedro sai de suas sandálias e da roupa da estrada e surge diante de um altar, improvisado às vezes em pleno mato, com suas vestes de sacerdote, sente-se logo a troca de nível. Começou o violino.

Os que sonham com Biafra. Estou evocando esta extraordinária figura de Pedro Casaldáliga na esperança de não ouvir mais, nem ler a seu respeito, as tolices escritas por jornais ou ditas por generais. Não que calúnias e bobagens tirem o sono do bispo. Só os pobres, os miseráveis, os humilhados são capazes de entristecê-lo. Os poderosos lhe dão tédio.

Acontece que eu, pela parte que me toca, fico na maior irritação com tais sandices e muito desanimado com o futuro do país. Se não conseguimos sequer respeitar e louvar o trabalho que faz um homem como o bispo em questão, é que, na realidade, odiamos o Brasil e não queremos que nada de bom aconteça aos brasileiros. Se suprimimos o que se poderia chamar o espírito de Casaldáliga, a sua missão – que é a de despertar a imagem desse Deus que mesmo nós, ateus, praticamente vemos arder no bispo Casaldáliga –, é porque realmente sonhamos com um Brasil de esqueletos, uma sinistra Biafra. *Malditas sejam todas as cercas. / Malditas sejam todas as leis / amanhadas por umas poucas mãos / para ampararem cercas e bois / e fazer a terra escrava / e escravos os humanos. / Outra é a terra nossa, homens, todos, / a humana terra livre, irmãos.*

Com uma poesia assim, enérgica, e a extraordinária força espiritual que não sei como cabe num homem de físico tão etéreo, Pedro não precisa, para continuar, da gratidão de ninguém. Mas aqueles que vivem a xingá-lo que se cuidem. Transformando o Brasil num inferno, estão reservando o seu lugar no outro.

5 de novembro de 1980

Os ateus de farda e batina que querem enterrar a Igreja

Grandes jornais transformados em hospitais de *Cidadão Kane*

Falando uns quinze dias atrás, em Manhattan, dom Hélder Câmara proclamou aquele truísmo que tantos fingem ignorar, principalmente nos grandes jornais do Brasil. Descrevendo a Igreja, declarou: "No tempo em que nós nos preocupávamos em ajudar a manter a autoridade e permanecer perto dos governos, ninguém nos acusava de fazer política. Hoje, quando é impossível deixar de denunciar as injustiças, embora o façamos sem pregar a violência, somos acusados de subversivos-comunistas". Quando a Igreja bate palmas a César, tudo bem. Se pisca timidamente o olho a Deus, querem interná-la e lacrá-la num convento, como se fosse uma freira assanhada dando vexame em praça pública.

As grandes forças do ateísmo no mundo moderno são a hierarquia conservadora da Igreja e os governos de corte direitista, como os do Cone Sul da América Latina. Esses coveiros de batina e farda, se pudessem, enterravam a Igreja, para lhe construir depois um mausoléu monumental e horrendo como aquele que erigiu o general Franco para si mesmo e seus fascistas, no Valle de los Caídos. Aliás, a Igreja estava virando um mausoléu franquista, de geladas pedras que se desconjuntavam, quando João XXIII brotou no Vaticano como uma trepadeira forte, uma buganvília camponesa e devota. Soldou e secou as pedras e ainda por cima deu flor nelas, as casaldáligas e as balduínas do Brasil e outras.

Antes e depois de João. O jardineiro Roncalli[8] fez com que as forças do ateísmo saíssem da toca. Se não agissem com rapidez, iam perder a luta. Bastava, por exemplo, o caso de Pernambuco – onde hoje floresce Hélder – para revelar o perigo. Quando lá fui, no decênio de 1950, para entrevistar, a serviço do *Correio da Manhã*, Francisco Julião e os líderes de um engenho revoltado, a religião católica só marcava ali sua presença através do nome do engenho amotinado: Galileia. A igreja mais próxima ficava a léguas de distância. Os padres de Vitória de Santo Antão nem ousavam chegar perto daqueles hereges que queriam um bem material como a terra. Imaginem só. Lavradores querendo terra para lavrar.

Quando, em fins de 1963, voltei a Recife para entrevistar Miguel Arraes para o *Jornal do Brasil*, havia, por todos os lados, padres a dar com um pau, como se alguém tivesse destampado um imenso formigueiro de batinas pretas (ainda se usavam). Essa extraordinária energia liberada pelo papa Roncalli é que apavora os fascistas e a adamada hierarquia dos que se sentaram, durante séculos, à mesa dos ricos, dos que ainda gostam de rezar em latim, para que os fiéis fiquem de porre sem entender o que ouvem (fase histórica do ópio do povo), enquanto os da hierarquia sonham com risonhos claustros cheios de fontes, como o claustro em que morreu, caçando um anjo vivo, aquele cardeal Pirelli, de Ronald Firbank.

A grande imprensa enferma. Outra instituição capitalista que, apesar de forte e rica, corre, como os tiranossauros da pré-história, sério risco de extinção é a imprensa opinativa, sobretudo os jornais. Surgirá algum inspirado João XXIII leigo, capaz de salvar os grandes diários, cada dia menos aceitos pelo povo? Surgirá algum Hearst ascético ou um Chateaubriand abstinente e jejuador?

Almocei outro dia no Rei dos Peixes, praia do Leme, Rio, com um correspondente do *The Times*, de Londres, na América Latina. Ele comeu apenas, sem acompanhamento, ou só com vinho branco, um prato de camarão que o cardápio chamava "à paulista", enormes camarões encalhados em alho. Perguntei-lhe, enquanto ele

---

[8] Alusão ao Papa João XXIII. (N.E.)

me perguntava se a abertura era para valer, como é que o *The Times* ainda aguentava financiar *roving reporters* e camarões "à paulista" (ele é que estava pagando a conta), já que as finanças do *The Times* andam como se as administrasse o ministro Delfim.

Pois fiquei sabendo, com satisfação, que talvez o velho "trovejador", como era chamado o imperial *The Times*, talvez se salve copiando, até certo ponto, *Le Monde*. Se *lord* Thompson, o proprietário, conseguir comprador endinheirado, vende, num pacote, ou peça a peça, *The Times*, *The Sunday Times*, *The Times Literary Supplement* e demais publicações do grupo. Caso contrário, os jornalistas que ora trabalham em *The Times* pretendem continuar a publicá-lo, após tentarem obter, em várias fontes, o financiamento necessário – desde que conservem eles, jornalistas, diante dos financiadores, a maioria das ações, o governo da redação. Um jornal com eleições internas, dirigido por jornalistas.

Acho possível que, assim como *Le Monde* saiu das cinzas de *Le Temps*, o *The Times* saia das suas próprias. Existem várias explicações para a impiedosa dizimação de jornais que assola a Inglaterra e os Estados Unidos, tais como as exigências dos sindicatos, a concorrência da TV, as altas tarifas postais. Acho que são meias explicações, apenas. Assim como a China se cansou um dia do ópio – ópio, o das papoulas –, os povos do Ocidente estão-se cansando do ópio de jornais ou igrejas ligados ao *establishment*. Os jornais bem que se defendem contra o veneno de sua própria opinião, aumentando suas seções de esporte, artes e ofícios, música *pop* e dodecafônica. Mas, enquanto continuam apenas levemente críticos, ou entusiasticamente a favor quando a rosca aperta um pouco, vão perdendo leitores, como a Igreja fiéis. Enquanto insistirem em produzir a própria doença, vão morrendo a olhos vistos, em sedes cada vez maiores, em luxuosos hospitais dignos de qualquer *Cidadão Kane*. A verdade, alegre verdade, é que chegou ao fim, na imprensa, o direito divino, quer dizer, a vontade exclusiva do dono.

24 de dezembro de 1980

Nossos heróis

Em fevereiro de 1959, em artigo para a revista *Visão*, Callado escrevia: "Foi às oito horas da noite do dia 16 que aterrissou no aeroporto de Brasília o avião que trazia o corpo de Bernardo Sayão. Era enorme a multidão que esperava o avião fúnebre desde as duas horas da tarde naquela sexta-feira que um São Bernardo leigo transformara no primeiro dia santo de Brasília. Levaram Sayão para a capela Dom Bosco, e lá foi velado a noite inteira. Uns quatrocentos carros, jipes e caminhões, se haviam deslocado atrás do caixão. No sábado foi a romaria ao cemitério-virgem de Brasília - tão virgem, que durante toda a noite da véspera uma ponta de estrada de dois quilômetros de comprido e seis metros de largo fora construída para levar e enterrar ali Bernardo Sayão. Enxugando a cara dura e máscula, mas molhada de lágrimas, um candango disse: 'Quando o doutor Sayão marcou este cemitério, perguntou a nós quem é que ia inaugurar ele. Ele é que ninguém havera de dizer que ia'."

Callado incluía Bernardo Sayão entre os brasileiros que de fato amavam o país e podiam ser considerados, além de patriotas, heróis. ■

Bernardo Sayão e os "containers" de Botucatu

O dia em que até os caminhões puseram luto

Li em alguma parte, no princípio do ano, que o município de Botucatu ia substituir as choças que serviam de escola em sua zona rural por *containers*. Nada menos que quatro escolas devem ter começado aulas dentro dos ditos *containers* (parece que a expressão brasileira cofre de carga não está se impondo), em cada um deles cabendo, a saber, mesa para a professora, quadro-negro, ventilador e carteiras para quinze alunos. O Departamento de Ensino da prefeitura de Botucatu declarou na ocasião, imperturbável, que onde houvesse muitos alunos seriam instalados *containers* duplos.

À raiz da ideia, que me parece original e muito boa, está o fato de que em Botucatu existe uma fábrica de *containers*. País pobre, onde faltam as coisas, é fogo. Por isso não custa lembrar que, se a moda pega e o governo federal e o Movimento Brasileiro de Alfabetização (Mobral) descobrem esse uso para os *containers*, estes em breve escassearão para o transporte de carga. Ou, criada a confusão, enganos sérios poderão sobrevir, como a chegada ao Havre ou a Buenos Aires de *containers* que levem, em lugar de café ou banana, um grupo escolar inteiro, com alunos, professora e ventilador.

O bandeirante e sua ponte de ar. A notícia dos *containers* – ilustração perfeita do princípio de que quem não tem cão caça com gato – me fez lembrar a ponte heroica que Bernardo Sayão construiu, entre Ceres e Rialma, Goiás, com tambores vazios de gasolina. Quando fundava Ceres, nos anos 1940, Sayão, enquanto aguardava que o Ministério da Agricultura, no Rio, liberasse as verbas para a construção de uma ponte de concreto sobre o rio das Almas, retinha, colecionava os tambores que comprava, depois de consumida a gasolina. Os fornecedores, naturalmente, acabaram por descobrir que os tambores – cobertos de tábuas, amarrados entre si, e as tábuas, por arames fortes, presos a mourões em cada margem – davam passagem tranquila a peões, a bois, a veículos. Atravessada de automóvel, a ponte cedia um pouco, flutuava, dando ao veículo um *frisson* um tanto anfíbio.

Aos demais processos administrativos que atormentavam Bernardo Sayão naquela época – mil burocratas liliputianos a formigarem em torno do gigante, tentando amarrar as mãos que iam fender o Brasil em dois, com a Belém-Brasília – juntou-se o das companhias de petróleo que queriam de volta seus latões, seus *containers*.

Um molde que não usamos. Por que será que o país não produz gente como Bernardo Sayão, talhado na escala de um país grande como este? Os americanos, que até hoje cultuam seus pioneiros, sempre acharam Bernardo Sayão uma figura do maior interesse jornalístico. Alto, atlético, Sayão, além de ter tanto que contar, já parecia, fisicamente, estar estrelando um filme sobre suas realizações no interior do Brasil. Naqueles tempos o jornalista brasileiro Hernane Tavares de Sá, que era incumbido pela revista *Time* de trabalhos no Brasil, fez sobre Sayão uma boa matéria. A curiosidade despertada no público americano foi tão grande que *Life*, pouco depois, enviou a Goiás o escritor John dos Passos, para um trabalho aprofundado sobre Sayão, que a revista publicou com destaque merecido por entrevistado e entrevistador.

Em 1949 fui a Goiânia para fazer a cobertura da I Conferência Brasileira de Imigração e Colonização, mas desisti dos debates quando por lá apareceu Bernardo Sayão, a contar a história da estrada que tinha aberto entre Ceres e Anápolis. Ceres era, então, uma colônia agrícola do Ministério da Agricultura com escassos milhares de habitantes. A estrada não era da competência do ministério e Sayão nela investira verbas que deviam ter sido empregadas em projetos que o enfureciam – um chalé suíço para visitantes VIP, um lago para criar trutas, não lembro mais o quê – e que lhe aumentavam o rol dos processos administrativos. Diga-se, em honra deste país de cataplasmas e panos quentes, que muitos no ministério, e às vezes o próprio ministro, defendiam a "rebeldia" de Sayão e nunca esteve em causa a sua honestidade.

Mas tanto lhe infernaram a vida e lhe encheram os tambores que Sayão deixou o serviço público para trabalhar em fazendas alheias, até que os goianos o fizeram vice-governador e Juscelino o descobriu, transformando-o no inspirado e comovido trator que ligou a Novacap[9] a Belém do Pará. Enquanto ia fazendo suas estradas menores, Sayão não parava de sonhar com a transbrasiliana idealizada por Paulo de Frontin, em fins do século passado. JK lhe deu a oportunidade de construir a Belém-Brasília.

Crepe no radiador. Dia 15 de janeiro de 1959, quando as duas frentes da transbrasiliana Belém-Brasília estavam prestes a se encontrar na altura da cidade maranhense de Imperatriz, um acidente, um galho que se desprendeu de uma árvore abalada, matou Sayão. Quando a notícia chegou a Brasília, crepes pretos, de luto, apareceram até no radiador dos caminhões. Sayão foi o morto inaugural, a primeira pessoa a ser enterrada no cemitério de Brasília. O chofer de seu jipe, que morreu do coração ao receber a notícia, foi o segundo. Chamava-se, aliás, Benedito Segundo.

Até hoje me dá uma pena danada pensar que Sayão estivesse no caminho daquele galho de árvore que lhe fendeu o crânio. Ele nunca seria, em nenhum país, um homem vulgar. Mas no Brasil era raríssimo. Entre nós, praticamente só quem não tem outro remédio é que aceita viver uma vida de grande aventura. O país aí está, imenso, por domar, em grande parte, e até por descobrir. Mas tem muita árvore pela frente, além de mosquito. Ainda falta muito machado, serra elétrica, repelente.

Confesso que, um pouco à la Diógenes, fico atento ao aparecimento de gente da raça Sayão. Depois da morte dele, do Noel Nutels, e depois da aposentadoria de Cláudio e Orlando Villas-Bôas, o tipo não tem medrado muito não. O último que achei da mesma raça e dentro de especificações semelhantes é, de origem, catalão, um certo Pedro Casaldáliga. Mas não há de ser nada. Talvez saia gente como Sayão dos *containers*, como saíram até cidades dos tambores de Ceres.

13 de setembro de 1978

---

[9] Empresa criada em 1956 por Juscelino Kubitschek com o objetivo de construir Brasília, tendo se tornado também o apelido da cidade, a nova capital, naquela época. (N.E.)

Quinteto de violoncelos

No quadro de Djanira, surge, de repente, JK

Quando preciso de um tônico, moral, cívico, ou ambos, vou visitar Djanira. Em Petrópolis, onde tem casa na Samambaia, ou no seu apartamento de Santa Teresa, onde está agora. Djanira, com seu cavalete onde há sempre uma pintura em progresso, e ao redor do qual secam outras telas, é uma garantia de que, apesar do que sugiram as aparências, o mundo permanece nos eixos e a vida continua a valer a pena. Onde quer que esteja, na cidade ou nas serras, Djanira vive cercada de cães, de pássaros, de plantas, e desconfio que seu cavalete, arbóreo, não para de elaborar o quadro que se encontre em marcha, mesmo quando a pintora dorme.

Reparei também que, no seu apartamento, os beija-flores demonstram que ainda acreditam no Rio, pois comparecem em chusma aos bebedouros de água com açúcar que Djanira coloca nos arbustos do seu pátio. Em certas horas, o pátio fica um verdadeiro bar de colibris. No momento, Djanira tem também num viveiro pequenas cacatuas australianas, miniaturas das outras. Mereciam um daqueles jardins *bonsai*, nipônicos. Dentro de casa, um dos flancos do pátio está forrado, de alto a baixo, de azulejos de Djanira. No fundo, o grande estúdio, quadros e mais quadros, o óleo ainda reluzente de novo.

Nesse estúdio estivemos, em grupo, conversando, dias atrás. Djanira passou há pouco uma temporada no hospital, o que não representa nenhuma novidade em sua biografia. São muitas as operações graves a que já se submeteu. Acho que o excesso de vida que possui e que reparte tão generosamente entre aqueles que entram em contato com ela, ou com sua arte, exige demais de sua pessoa física. Uma voltagem de criatividade alta demais, o que resulta em acidentes circulatórios, por exemplo. De qualquer forma, Djanira desfruta das mais risonhas convalescenças de que há notícia. Mal refeita da nova provação e do sofrimento, começa de novo, como se diz, a vender saúde naquilo que fala, naquilo que pinta. E não guarda nenhum rancor das operações. Uma cachorrinha sua de estimação, de raça tibetana, chama-se Safena.

Exportação de montanhas. A safra atual de quadros de Djanira provém de inspiração colhida em Diamantina e Itabira e anotada em cartões, durante a viagem que empreendeu. A alternância é estranha e de grande efeito, entre as ruas claras da cidade da Xica da Silva, Helena Morley e Juscelino Kubitschek e os castelos de ferro do poeta Drummond. Em Diamantina, gente na rua e no mercado, burricos com jacás cheios de verdura e frutas, casas antigas mas de ar contente. Em Itabira até o sobrado do ouvidor exprime sua elegância colonial em cor de chumbo, uma casa carrancuda, cheia de preconceitos.

A maior experiência itabirana de Djanira foi sua dificuldade em pintar as montanhas de ferro. Quando retomava, no dia seguinte, os cartões desenhados na véspera, havia muito mais céu por trás do monte. As máquinas alteram a paisagem o tempo todo, afundam os morros, cortam o ferro que em seguida moem, transformando em grandes estacionamentos com saibro de ferro a cordilheira que depois de mastigada foi embarcada nos vagões da Vale do Rio Doce. Quando terminado, o quadro é uma espécie de mentira. A montanha já era.

A conversa de Djanira é extraordinariamente concreta. Suas observações são nítidas como o traço nos cartões em que foram projetados os quadros. A miséria do interior brasileiro, que sobe à medida que as montanhas se rebaixam, surge nos pormenores vívidos de suas descrições. O que mais Djanira pinta é o trabalho dos brasileiros, tanto de brasileiros da floresta até outro dia, como os índios Canela, que conheceu no Maranhão, como dos mineiros de carvão, da mandioca branca, que a pintora acompanha em suas metamorfoses nas casas de farinha, ou como dos mineiros de carvão de Criciúma, que ela seguiu até o ventre preto das jazidas.

Fiquei, lá pelas tantas, pensando nesta terra de enjeitados, brutalmente retratada outro dia na revista *Time*, que nos fez campeões do abandono do menor em toda a América Latina, título nada desprezível, se tivermos em conta a feroz concorrência. Ao mesmo tempo, e como se isto nada tivesse a ver com os menores que tratamos feito lixo, que dormem no lixo, a Polícia Militar publicava com certa coragem, a seu próprio respeito, estatística que o *Jornal do Brasil* reproduziu. Somente este ano, a PM já expulsou dos seus quadros, por envolvimento com o crime, 144 soldados, cabos, sargentos e até oficiais. A cada 42 horas, um policial é expulso por crimes que vão do tóxico à tortura e ao assassínio, sobretudo ao assassínio sem qualquer motivo, gratuito.

A explicação, naturalmente, é que os meninos saídos do lixo de ontem são os policiais de hoje. Querer industrializar o lixo moral de um país de forma a extrair dele guardiães da lei é construir, quase cientificamente, uma nação de párias e pulhas.

Aniversário de JK. Felizmente os bons fluidos de Djanira, e dos seus quadros, iriam levar a conversa às ladeiras diamantinenses de Juscelino. Nossos dois candidatos militares, empenhados ambos em enaltecer os dias de 1964 e da cassação heroica dos direitos políticos de ex-presidentes, não têm tempo de relembrar a grande figura democrática de JK – sigla amiga escorraçada até, quando o ex-presidente era humilhado por figuras já olvidadas, do nome de um automóvel pusilânime. Prova dos bons fluidos é que enquanto falávamos em JK estava praticamente ocorrendo seu 76º aniversário de nascimento, 12 de setembro, comemorado com missa solene, serenata e "Peixe vivo" naquela cidade que contemplávamos em Santa Teresa, refletida na pintura de Djanira.

E tem mais. As virtudes curativas da visita tiveram um ponto final perfeito quando Djanira mostrou-nos ainda um quadro, novíssimo, grande, representando um quinteto de violoncelos, os músicos em linha contra um fundo multicor de formas geométricas luminosas. Do quadro, posto de pé, dos violoncelos em fila, parecia brotar, numa adaptação camerística, o próprio *Peixe vivo*. Djanira não faz por menos.

20 de setembro de 1978

A inútil paixão do capitão Agildo Barata

Algumas reflexões propícias ao dia 27 de novembro

Várias razões podem levar um homem a escrever as memórias. A razão principal do capitão Agildo Barata terá sido a da legítima defesa. Seu livro *Vida de um revolucionário*, publicado em 1962, põe um alegre brilho de espada de mosqueteiro nas soturnas celebrações anuais do 27 de novembro de 1935. Traçando seu próprio perfil quixotesco, bastante estabanado, e formulando, sem dúvidas ou vacilações, julgamentos de pessoa possivelmente injustos, Agildo só parece fazer questão de uma coisa: de que o leitor o veja tal como foi. E de que, vendo-o como era, veja também que não era homem de matar ninguém que estivesse dormindo.

Aliás, como duas tentativas de rebelião acabavam de ser dominadas pelo governo Vargas, em Natal e no Recife, a prontidão se alastrara pelos quartéis do Rio. No 3º Regimento de Infantaria, era seríssima. Quem havia de dormir com um barulho desses? Conta Agildo: "Os oficiais percorriam os estreitos corredores entre as filas das tarimbas, empunhando suas pistolas e vigiando os soldados. Ninguém podia levantar-se da tarimba sem expressa licença de um dos oficiais da Companhia. Mesmo para ir ao WC a tal licença tinha de ser solicitada". A tensão no 3º R.I., pouco antes do levante, era tão grande que, quando soube de um revolucionário que pegara no sono, Agildo farejou traição. Mas concluiu, com estupefação, o seguinte: "A realidade, porém, é que Tourinho, de fato, estava dormindo. Posso afirmar, com absoluta certeza, que dos setecentos homens que compunham o 3º R.I., o único que estava dormindo era o tenente revolucionário Tourinho. O sono de Tourinho não tinha segundas intenções. Era sono mesmo. Na hora H ele estava desperto e..."

Um morto de cada lado. Com irritação e persistência Agildo lutou contra essa acusação. Cita, em apoio de sua tese, o próprio relatório da polícia de Filinto Müller e sublinha: "Quero chamar a atenção do leitor para esse fato: durante o levante do 3º R.I., na noite de 27 de novembro, 'só se verificaram duas baixas por morte': a do tenente Meireles, do lado da revolução, e a do major Misael, do lado do governo". E adiante: "Reafirmo: Tomás Meireles e Misael de Mendonça foram as duas únicas mortes 'durante o levante'. E sobre os outros mortos: 'É certo que houve outras baixas, mas foram ocasionadas pelo pesado bombardeio a que submeteram o quartel com tiros diretos de obuses de calibre 155, e por tais baixas é responsável exclusivo o comandante que ordenou o bombardeio – o general Eurico Gaspar Dutra'".

Onde aparece o Barão de Itararé. Durante a breve lua de mel da democracia brasileira (dutrista, no caso) com o Partido Comunista, Agildo Barata foi eleito vereador da Câmara Legislativa do Rio, então Distrito Federal. E, num belo dia de 1947 – sempre por causa dos homens mortos enquanto dormiam –, travou-se seu combate com Adauto Lúcio Cardoso.

Espicaçado, num debate, pela ironia um tanto rombuda de Agildo, Adauto o acusou de ter estado preso por crimes comuns. Intimado por Agildo a falar claro, Adauto disse que ele fora condenado "por haver matado colegas seus, dormindo". Agildo respondeu lançando um repto: "Se o vereador Adauto afirma isso, se ele tão audaciosamente aponta o criminoso, deve poder também declinar o nome ou os nomes dos defuntos". E Adauto, dramático: "Eu trarei o nome de sua vítima, amanhã". Durante alguns dias, com Agildo a cobrar-lhe a promessa como se do seu cumprimento dependesse sua própria vida (era sua honra que dependia, mas Agildo nunca aprendeu a diferenciar vida e honra), Adauto explicou que compulsava o volumoso processo de 1935, mas pedia um prazo. E, finalmente, entregou os pontos. Não encontrara o defunto. Adauto resolveu, então, valer-se da mediação de um vereador que era amigo de Agildo e dele também. Pediu ao Apporelly, o alegre Barão de Itararé, que apresentasse suas desculpas a Agildo. Realmente não encontrara no processo o crime que atribuíra ao colega, no calor do debate.

Itararé se desincumbiu do que lhe pedia Adauto, mas, nem é preciso dizer, Agildo fez questão fechada de contar tudo ao plenário da Assembleia, a partir da mediação. Tinha sido insultado aos gritos, não ia receber desculpas de cochicho. Adauto disse, pálido: "O senhor é muito deselegante". E Agildo, tranquilamente filosófico: "As coisas melhoraram muito: passei de assassino a deselegante".

As vidas ardentes. Além da contribuição que resolvi dar às celebrações anuais da Intentona, por que me detive tanto no exame deste livro que nasceu sem amigos?

Se, por um lado, Agildo é antipático por definição ao *establishment*, anarquista que era no fundo de sua bela alma, por outro lado, diz cobras e lagartos de Luís Carlos Prestes, por exemplo, e narra em tom apaixonado seu repúdio ao Partido Comunista. Não conseguira engolir as acusações que fez Kruschev ao finado Stalin, no XX Congresso do PCUS, e assimilá-las. Havia D'Artagnan demais na sua composição para que tal digestão intelectual fosse possível. Aliás, quando perdeu as esperanças de que as denúncias fossem, como imaginava, pura invenção do Departamento de Estado, pediu demissão do PC e do Comitê Central, mas o fez sentindo nas próprias vísceras sua vida estraçalhada. Sofreu nas tripas, pois não era um homem elegante: "Afastadas as últimas dúvidas, tive um choque ainda mais violento que o anterior: tive um intenso derramamento de bílis e fui para a cama, suando frio e com as extremidades geladas".

Acho que falei tanto sobre esse livro enjeitado, que irrita gregos e enfurece troianos, devido à compaixão – e ao grande respeito – que se sente pelos que nunca se instalam na vida, nunca se aconchegam nela, como quem acha que tem direito a ela. Vivem a serviço da vida, ardentes, perigosos. E um dia se apagam, simplesmente. Adormecem, como o tenente Tourinho. "O homem é uma paixão inútil", disse Sartre. Deve ser isso mesmo.

29 de novembro de 1978

Minhas pequenas aventuras com o beato Julião

Agora que é hora do recreio e já se pode falar...

A leitura da entrevista que Francisco Julião deu ao *Pasquim* me fez, primeiro, evocar um episódio: fiquei me lembrando do dia em que o levei à embaixada do México, país que lhe concedeu asilo, em 1965. Ênio Silveira proporcionou contato meu com o primeiro-secretário Cantu, da embaixada do México, que prontamente concordou em receber Julião. No dia seguinte pela manhã fui, no meu Volkswagen, buscar Julião num endereço de Santa Teresa.

Estava combinado que Julião se disfarçaria a capricho, para não corrermos o risco de ser ele porventura identificado antes de chegar à embaixada, que, infelizmente, não era alguma casa com jardim, onde, atravessando um portão, estaríamos tecnicamente em território mexicano. Era no 10º andar de um edifício na praia do Flamengo. Havia que estacionar o carro em algum lugar próximo, chegar ao edifício a pé, chamar o elevador, subir ao décimo, sair do elevador, tocar a campainha da embaixada. Só quando se abrisse a porta e a transpuséssemos é que começava a valer extraterritorialmente, só então teríamos chegado ao México.

Pois muito bem. Quando aportei, para pegar o Julião, ao apartamento de Santa Teresa onde ele se homiziara, comprovei que ele de fato se disfarçara, como tinha prometido. Sua cabeleira, que era negra e basta mas não muito longa, fora alisada, a poder de brilhantina, pescoço abaixo. Em lugar do terno escuro, discreto, que invariavelmente trajava, Julião arranjara de empréstimo uma camisa de listras largas, um tanto grande para ele. Em resumo, consistia o disfarce no fato de que Julião se agravara, se aprofundara, se fantasiara de Julião ou de beato Julião.

Não tive coragem de desiludi-lo quanto ao talento de ator que ele porventura imaginasse possuir. E nem havia tempo para que lavasse e secasse o cabelo, por exemplo, para recompor o grave Julião da vida de todos os dias. Levei-o como estava. Descemos o morro de Santa Teresa, estacionamos bem na esquina do prédio da embaixada e, graças sem dúvida à Nossa Senhora de Guadalupe, subimos sem novidades até o México, até o amigo Cantu, que nos sorriu amável e fechou suavemente aquela porta-fronteira que nos separava do Brasil.

Estava entregue Francisco Julião, na sua variante de Super-Julião.

Sabe com quem está falando? Outra imagem, bem mais triste, que a entrevista de Julião me trouxe à mente foi a da brutal violência com que são tratados no Brasil os pobres, as pessoas sem importância e o povo, quando o povo ousa querer ser capitão do próprio destino. A repressão de 1964 no Nordeste, especialmente em Pernambuco, foi a mais violenta entre todas. O Pernambuco do socialista democrático Miguel Arraes, do socialista romântico Francisco Julião e do comunista Gregório Bezerra era o Estado que mais medo infundia aos que só querem a imobilidade social do Brasil. No centro do Nordeste, onde vive, em grande miséria, um terço da população do país, Arraes, pela primeira vez, garantia justiça aos desvalidos, enquanto Gregório e Julião organizavam e conscientizavam as massas rurais. Um escândalo. Por tudo isso, a ação militar sobre Pernambuco foi singularmente *vicious*, como diria o embaixador Lincoln Gordon.

Ainda assim, como sempre acontece no Brasil, as pessoas de prol e proa, mesmo quando extraviadas pelos atalhos da esquerda revolucionária, frequentemente sobrevivem e podem até ter uma segunda oportunidade. O próprio Gregório Bezerra, que suportou com esplêndida bravura as violências e humilhações públicas a que foi submetido, escapou com vida e está até hoje em Moscou, esperando voltar a este país que tanto ama e ao qual tem servido com tanto valor. Arraes, homem pobre e chefe de uma família bem nordestina, de tão numerosa, refez com esforço sua vida no exílio, firmemente apoiado, de início, pelos seus amigos e hospedeiros argelinos. Julião continua até hoje no México, que o acolheu em 1965.

Mas e o povo? Que fim levou? Que aconteceu com os corajosos líderes do grande Sindicato Rural de Palmares, arregimentado por Gregório? E os chefes das Ligas Camponesas, que conheci em 1959, e revi quando viajei com Julião pelo interior pernambucano, em 1963? Que fim levaram? Onde estão aqueles caboclos de cara franca, armados apenas de peixeira e foice, mas cujos olhos pareciam ver a liberdade já raiando no horizonte do Brasil?

A Henfil, a Betinho, aos demais que o entrevistaram outro dia no México, disse Julião, falando nas Ligas Camponesas como movimento: "Imediatamente depois do golpe foram postas na ilegalidade, e começaram a perseguir e a prender camponeses, assassinaram vários, enforcaram, queimaram... Pedro Fazendeiro, da Liga de Sapé, foi pendurado numa árvore e queimado com gasolina pelos latifundiários... Queimaram o secretário da Liga, um pretinho de que não me lembro o nome... Caiu muita gente. Não tenho a relação das pessoas que foram assassinadas. Se houvesse armas nesse momento, os camponeses não se deixariam matar assim..." Falando outro dia a *IstoÉ*, Gregório Bezerra dizia também: "Mas nós não tínhamos condições de resistir, porque não se pode enfrentar tanques, metralhadoras, fuzis e aviação com estrovengas, foices e enxadas".

Quem paga o pato é o povão. Por mais dedicado e responsável que seja um líder de massas no Brasil, o que se tem visto até hoje é que, no caso de golpe como o de 1964, funciona, quase que automático, o pacto tácito das elites, que poupam mesmo os que se dispõem a morrer. Quem paga o pato é o povão. Agora, que é hora do recreio e todo mundo tem licença de dizer o que pensa e contar o que sabe, há, infelizmente, notícias de todos, ou quase todos, cassados, exilados, banidos. Fica apenas aquele resto irredutível dos que julgaram que soara a vez da maioria, do povo, e que desapareceram sem deixar traço ou nome. Como diria também o embaixador Gordon, *the rest is silence*.

24 de janeiro de 1979

Um jantar para Diaféria

Convite para o desagravo de um "desagravo"

Como não conheço pessoalmente o jornalista Lourenço Diaféria e não tenho seu telefone, valho-me desta coluna para um convite. Peço ao Diaféria que, quando vier ao Rio, entre em contato comigo. Quero que venha jantar em minha casa, com minha família. A razão do convite é que dia 29 de agosto, no Clube Militar, realizou-se o almoço que a Ordem dos Velhos Jornalistas ofereceu ao Exército. Pelo noticiário dos jornais, entendi que o almoço foi em desagravo ao Exército, que não teria gostado de um artigo do Diaféria, escrito há um ano na *Folha de S.Paulo*.

O comandante do I Exército, general José Pinto Rabelo, declarou, à sobremesa, em seu discurso de agradecimento, que via "neste acontecimento mais um desagravo que uma homenagem ao duque de Caxias" e que "o Exército e a nação já perdoaram o redator que buscou detrair a memória do nosso maior soldado".

Por que falar em nome de quem não se consultou? Ora, fiquei preocupado com o que poderia pensar de mim Lourenço Diaféria. Eu nada tenho a ver com a Ordem dos Velhos Jornalistas, mas, como sou jornalista, e, ai de mim, velho jornalista, quem sabe o Diaféria não imaginaria que eu estava no meio deles e, portanto, entre os que acham que os jornalistas não têm o direito de escrever o que pensam?

Por outro lado, como todo e qualquer brasileiro, sou membro da nação brasileira, e o Diaféria poderia pensar que o comandante do I Exército, falando como falou, tinha me consultado antes de pronunciar seu discurso no Clube Militar, para saber se eu perdoava ou não o jornalista processado pelo general Sylvio Frota. Quero deixar claro aqui que o general Rabelo não me consultou. Caso o fizesse, eu lhe teria dito que estou de pleno acordo com o juiz-auditor Nélson Guimarães, que rejeitou a denúncia, não vendo crime no artigo que o jornalista escreveu.

Onde eu enxergo, já não digo crime, mas, digamos, culposa falta de boas maneiras, é na sem-cerimônia com que, neste Brasil tutelado pelas Forças Armadas, transformado num grande colégio interno desde 1964, pessoas e entidades falam em nome dos outros, assumindo uma representatividade que ninguém lhes concedeu.

Almoçaram Diaféria, como nos tempos de Staden. Por exemplo: como é que essa Ordem dos Velhos Jornalistas resolve, sem, ao que tudo indica, consultar ninguém, oferecer um almoço de desagravo ao Exército? Sobretudo um almoço de cunho belicoso, desagradável, em que se pretendia devorar um jornalista? Qual terá sido a motivação desta Ordem dos Velhos Jornalistas? Seria o fato de ser Diaféria um jovem jornalista? Quereriam herdar sua força, seu tutano, como na antropofagia ritual dos tempos de Hans Staden, de Jean de Léry ou do bispo Sardinha? Ou quereriam começar a pôr em prática, só que, ao contrário, um romance de Bioy Casares, no qual vão sendo caçados na rua e exterminados, por serem velhos, os velhos de Buenos Aires? Com algum intuito assim, obscuro, teriam pedido a baixela e os cristais do Clube Militar para se banquetearem de forma simbólica com Lourenço (São Lourenço foi lenta e caprichadamente grelhado, de costas e de frente, pelos soldados do imperador Valeriano) Diaféria?

Uma declaração de guerra à imprensa livre. Não sei. Passados todos esses dias, não vi, em lugar nenhum, qualquer protesto que fosse contra a realização de tal almoço. Não se manifestou a Associação Brasileira de Imprensa, nada disse o Sindicato dos Jornalistas Profissionais. Aparentemente não tiveram a curiosidade de saber, dos velhos jornalistas, o que é que os teria levado a promover esse banquete, que foi, assim, feito uma declaração de guerra à livre imprensa.

Não foram, tampouco, pedidas explicações ao general Pinto Rabelo, que "perdoou" Diaféria em nome de "Caxias, o Exército e a nação". Ora, é claro que Caxias não lhe disse nada, que é altamente improvável que o Exército inteiro tenha ficado aborrecido com o artigo do Diaféria, e que, sobretudo, só depois de um plebiscito poderia o comandante do I Exército falar em nome de todos nós, que somos a nação brasileira.

O fato é que no Brasil um cidadão está arriscado a despertar, uma bela manhã, representado por pessoas ou entidades que imaginam poder falar em seu nome, como se, menino, ele estivesse acordado numa cama do velho Colégio Caraça, ou, soldado raso, numa tarimba da Vila Militar.

Dito isto, não vou me arrogar o direito de falar em nome de quem quer que seja. Mas, à minha casa, faço questão de convidar o Diaféria, para meu jantar particular, de desagravo, aqui no Leblon, rua Aperana.

P.S.: *Como fecho, e depois de tantas considerações sobre representação e delegação de poderes, vale recordar um episódio que prova que as nações mais civilizadas podem até exigir representação mediante ingerência nos negócios internos de países amigos. Em 1964, era candidato republicano à Presidência dos Estados Unidos o senador Barry Goldwater, tão linha-dura que se temia que, caso fosse eleito, levasse o mundo a um confronto nuclear.*

Irritado com os ataques que lhe fazia o jornal londrino The Observer, *Goldwater lhe perguntou em carta que direito tinha um jornal inglês de se imiscuir, em termos tão sectários, numa eleição presidencial americana. Respondeu* The Observer *que, diante da possibilidade do aniquilamento nuclear da espécie, pretendia continuar fazendo oposição a Goldwater. Tinha esse direito. E cunhou, para explicar sua posição, esta frase:* "No annihilation without representation". *Diante da ameaça de aniquilamento, queria sua representação, seu voto, seu direito de protestar.*

21 de fevereiro de 1979

O país da ciência *prêt-à-porter*

O melífluo apelo à volta dos nossos cientistas exilados

Outro dia me perguntaram, num programa de televisão, o que é que eu achava do apelo feito pelo novo governo para que regressem ao Brasil os cientistas punidos por atos emanados do golpe que açambarcou o poder em 1964. A resposta que dei foi cortada num ponto, numa frase que mencionava nomes. Eu tinha acabado de dizer que, antes de voltar, deviam receber alguma espécie de garantia cientistas como José Leite Lopes, punidos duas vezes pela "revolução".

Como sabemos todos, o atual governo não é diferente daquele que cassou os cientistas. Não foi eleito pelo povo. É, isto sim, o herdeiro e continuador dos governos militares usurpadores do poder civil. Depois de mostrar aos telespectadores a capa do livro *O massacre de Manguinhos*, do cientista Herman Lent (Ed. Avenir), eu o abri na p. 46, onde o autor narra o final da campanha obsessiva, doentia, que moveu contra o Instituto Oswaldo Cruz o dr. Rocha Lagoa, médico medíocre, pesquisador idem, mas um consumado gênio na arte de destruir o trabalho criador dos outros e o patrimônio de um país inteiro.

Demolindo Manguinhos. Ao chegar ao cargo de ministro da Saúde, logrou seu intento de demolir, científica e espiritualmente, Manguinhos. Fez cassar e aposentar dez cientistas da instituição. E, na sua lamentável faina, só encontrou resistência no chefe da seção de segurança do Ministério da Saúde, general Armando Barcelos, que nunca aceitou a ideia das cassações. Ao ser feito ministro, Rocha Lagoa precisou afastar o general Barcelos para, então, derrubar, pedra por pedra, o instituto onde era humilhado pelo brilho dos outros.

Foi assim que, nos primeiros dias de abril de 1970, foram cassados pelo AI-5, aposentados, expelidos do país como indesejáveis, dez cientistas de Manguinhos, entre os quais Herman Lent. Os atos punitivos foram assinados pelo presidente Médici e seus ministros.

Os que sabiam que não deviam assinar. O que importa acentuar, no momento em que são melifluamente chamados de volta ao país os cientistas, por um canto de sabiá duro de resistir por ouvidos de exilados, é que entre os ministros responsáveis, em 1970, pela punição, alguns são de novo ministros. Quem garante que não assinarão novo decreto de cassação, se ventos parecidos com os de 1970 se puserem a soprar uma vez mais, como já sopram entre os operários do ABC paulista? Pode-se mesmo perguntar se, a soprarem de novo tais ventos, não estarão esses senhores obrigados, por coerência, por ideologia, a firmar novos decretos cassatórios e aposentadores?

Entre aqueles que expeliram do país os cientistas de Manguinhos são de novo ministros os srs. Antônio Delfim Netto e Mário David Andreazza, enquanto o sr. Jarbas Passarinho é o líder do governo no Senado. A imaginarmos que assinaram o decreto considerando-o justo e certo, veriam o retorno, agora, dos punidos com alguma grave apreensão. Se esses pesquisadores mereceram, há tão pouco tempo, sentença tão drástica, é altamente improvável que estejam regenerados ou suficientemente contritos.

No entanto, o que todos imaginamos é que homens públicos como Delfim Netto e Jarbas Passarinho, inteligentes, perfeitamente articulados, sabiam que não faziam o que deviam ao assinar, sem um pio que se ouvisse, o decreto de 1970. Sabiam que não deviam, mas puseram o nome.

O vento levou atos e fatos? Os que eram então ministros, que poderão declarar agora, de modo a tranquilizar um pouco os que desejam empreender a viagem de retorno? Dirão, talvez, que foram tempos desagradáveis, que todos devemos agora deslembrar, enterrar, fazer de conta que não existiram? Certamente não hão de dizer que papel assinado o vento leva, o que é um conceito certamente indigno de homens afeitos a ideias. Dirão que, extinto o ato, com ele se extinguem igualmente os fatos que um dia originou?

Problema difícil, intratável. Vejam, fora do âmbito de Manguinhos, o caso do físico Leite Lopes, igualmente fulminado pelos atos revolucionários. Hoje, na França, ele é professor de física nuclear em Estrasburgo e chefe de pesquisas no Centro de Pesquisas Nucleares de França.

Leite Lopes quer voltar, como disse a *IstoÉ*, mas é gato escaldado. Como sabe que vão deixá-lo trabalhar em paz, no bom trabalho de tentar colocar o Brasil de novo no mapa da física nuclear mundial, com Mário Schenberg, com Jacques Danon, com César Lattes? Os poderosos que o cassaram e que só não o levaram ao desemprego porque qualquer país sensato dá graças aos céus quando recebe um cientista adulto, pronto e acabado, continuam aí mesmo. Deve ele ou não deve deixar Estrasburgo?

Patentes e laboratórios *prêt-à-porter*. Como diz Leite Lopes, um país dependente, colonial, pode exilar seus cientistas, fechar seus centros de pesquisa e suas universidades, já que pouco inventa e cria: compra tudo pronto. Além disso, expulsando os melhores cientistas que possui, não só continua néscio, isto é, sem ciência, como reforça, exportando cérebros, exatamente a sabedoria e tecnologia dos países que nos vendem tudo empacotado. É, de certa forma, um círculo perfeito, traçado com científico rigor.

Questão de consciência. No fundo do problema existe o fato inquietante de que nos quinze anos já decorridos da ditadura militar que nos governa não tenha sequer surgido, nos círculos do poder, a figura do *conscientious objector*. Ninguém, nos ministérios, fez objeção, por uma questão de consciência, a qualquer ato que fosse do governo. Aprovaram, ratificaram, puseram o jamegão em tudo.

O professor Leite Lopes deve ficar onde está, é o meu palpite. Não porque ainda não exista aqui o excelente vinho branco alsaciano e o *foie gras* com trufas de Estrasburgo, o melhor do mundo. Aguarde um pouco, até ver se rebrota no Brasil, depois de quinze anos, a tenra plantinha da consciência dos homens.

11 de abril de 1979

Uma juriti que não caiu do galho

Uma carta de Lamarca, o Che estabanado

Dia 17 de setembro de 1971, morreu no alto sertão sanfranciscano da Bahia o capitão Carlos Lamarca. Pode-se dizer que até chegar aos jornais a notícia do seu fuzilamento, num encontro com a tropa policial que, hoje sabemos, era dirigida pelo delegado Sérgio Fleury, a figura de Lamarca só era vagamente conhecida dos brasileiros.

Capitão, instrutor de tiro, Lamarca, como outros oficiais do Exército em nossa história, fez-se de coração revolucionário de extrema esquerda. Foi grande figura do Movimento Revolucionário 8 de Outubro, que celebrava em sua data emblemática o dia da morte do Che Guevara. Sabia-se que era bravo, talvez até temerário. Correu certa vez a notícia de que Lamarca desafiara Fleury para um duelo a pistola. Como Lamarca era bom de tiro, Fleury só teria aceito o repto à sua moda. Em Brotas de Macaúbas, local onde morreu Lamarca, havia, de um lado, Lamarca e seu companheiro Zequinha, exaustos e famintos. Do outro lado, uma luzidia caravana de policiais e soldados armados até os dentes. Não houve, assim, o combate singular exatamente.

Carta do Che estabanado. Seja como for, o importante a fixar é que a personalidade de Lamarca era essa: um cabeça quente, um mosqueteiro um tanto irresponsável, um Che estabanado. Pessoalmente, confesso que até hoje eu teria guardado essa impressão não fosse um documento, um papel, uma carta-diário que ele escreveu no sertão da Bahia, antes de morrer. Trata-se de uma carta íntima, dirigida à mulher que amava apaixonadamente, Iara Iavelberg. A carta foi escrita entre 29 de junho e 16 de agosto.

Ao interceptar a carta, a polícia mandou cópia dela aos jornais – e assim garantiu a sobrevivência, na memória dos brasileiros, de um outro Lamarca, um Lamarca em construção espiritual, tocante em sua busca de uma abrangente virtude que atendesse aos anseios da revolução e às penas do coração, amando com fervor o povo pobre, seu irmão (sapateiro do morro de São Carlos, o pai de Lamarca o educou com os maiores sacrifícios) e Iara, que estava esperando filho dele.

A carta-diário devia ser publicada agora, na íntegra, por si só ou dentro de algum estudo sobre Lamarca. Guardei a página de *O Globo* de 20 de setembro de 1971, pois toda ela é ocupada pela carta. Mesmo assim, cortes foram assinalados na composição do jornal.

Não vou sequer tentar resumir a carta-diário, com trechos já quase indecifráveis de política da época, embora tudo que está ali escrito reflita a bela preocupação central de Lamarca – que era a de se aperfeiçoar, como gente, para melhor poder servir aos outros. Fique aqui apenas uma amostra de como o rude capitão, à espera da morte na desolada caatinga, tratava Iara com infinita delicadeza. E como esse amor sacrificava, a despeito da negra fome, até seu apetite, como verão no episódio da juriti que escapou à pontaria do capitão de tiro.

A carta se dirige à "minha neguinha" e começa: "Não pretendo fazer um diário, mas sinto a necessidade diária de te falar [...] Resolvi escrever e eis-me: a mesa uma pedra, a cadeira o chão, a cuca aí contigo e aqui também [...] Sobre o esforço que fiz para chegar, foi realmente impregnado de amor. A força está nos músculos e tendões, porque eles doem muito depois, está na cabeça, que fica desanuviada e feliz. Um dia deixaremos de exaltar esses esforços, eles serão a compensação em si próprios [...] Estejamos onde estivermos, haverá uma realidade a transformar, agora e sempre. Criar as condições para isso é a nossa tarefa de revolucionários. O nosso amor também é uma realidade que veio transformada – hoje atinge um nível nunca por mim sonhado [...] A tua situação é terrível e a tua necessidade afetiva, muito grande, e, se não houver possibilidade de nos encontrarmos mais, tenho de abrir mão do nosso relacionamento, no que se refere a você – dar a você a liberdade de se relacionar com outro companheiro. No nível que atingiu meu amor por você, não posso admitir a possibilidade de me relacionar com outra pessoa, nunca mais [...] Hoje, 12 de agosto, aniversário de meu pai. Dia do julgamento do processo VAR em São Paulo. Estou chateado pelo que escrevi ontem e volto atrás: não abro mão do relacionamento 'p. nenhuma'. Não quero isso, nem tenho direito – é um desrespeito a você. Fui egoísta pra burro e imaturo. Peço que me desculpe de verdade. Não altero a carta para não ser desonesto; acho justo você penetrar no meu pensamento, mesmo que ele seja temporário".

A juriti que não caiu do galho. Em regime de quase fome, Lamarca, na caatinga, procurava aceitar de bom grado a ascese da alimentação, como observa dia 4 de julho: "Domingo. Bom dia. O companheiro trouxe comida e café à noite e só volta às nove da noite. Mantenho o espírito crítico para não deixar que a comida seja o centro das preocupações". Mas quem enxota a fome por pura disciplina? "Adaptando-me à comida. Não me deixam sem café, trazido numa garrafa que no lugar é conhecida como 'quente-frio' (ora veja), uma por dia é dose. Rapadura (nem sempre), arroz, banana verde bem picadinha passada na gordura, ovos às vezes, carne de porco ou de boi, salgada, às vezes também, bolacha com café e laranja [...] Parei para almoçar: macaxeira cozida, beiju, rapadura e laranja."

E um dia: "Aqui muitos pássaros lindos de variegadas cores – perto está uma juriti pronta para tomar um tiro no peito, mas não darei o tiro e a vida dela continua em homenagem a ti. Ela voou".

Quando escreveu a última palavra da sua carta-diário, Carlos Lamarca já teria sabido da morte da destinatária, Iara Iavelberg, dia 6 de agosto, quando foi suicidada em Salvador.

11 de julho de 1979

Responso cívico pela volta de Miguel Arraes

O sábado em que a democracia ocupou o Galeão

O Aeroporto Internacional do Rio, que tomou, há poucos anos, o lugar do velho Galeão, teve sábado passado, dia 15, seu batismo de democracia: o verdadeiro comício, em duas fases, com que foram recebidos o ex-deputado carioca Márcio Moreira Alves e o ex-governador de Pernambuco Miguel Arraes. O aeroporto, que poderia ter sido inventado como *set* de filmagem para *Alphaville*, de Jean-Luc Godard, resistiu como pôde ao novo e insólito uso a que estava sendo submetido, como se sua vocação fosse outra, entre aqueles alcantilados e reluzentes corredores de mármore cinza-escuro, suas inumeráveis portas de célula fotoelétrica, as lojas de artesanato guarani e tucuna ou de máquinas Nikon e, sobretudo, o generalizado silêncio, apenas aprofundado pelo som bem-educado de vozes que dirigem passageiros a Curitiba ou Frankfurt, ou por Muzak, a típica música empresarial da qual se extraem, com ciência, todo sentimento ou paixão, para que não cometa o crime musical por excelência, que é libertar o espírito humano das canseiras do trabalho que escraviza.

Márcio e depois Arraes foram recebidos com faixas pedindo anistia ampla, geral e irrestrita e por uma sólida multidão, que, pela primeira vez na minha experiência, fizeram o aeroporto pequeno. Márcio foi carregado para fora, para lá das portas fotoelétricas, que quase se deixaram ficar abertas, atônitas de ouvir alguém falando tão alto naqueles que morrem de fome no Brasil ou que morreram da outra calamidade, a ditadura. A pista dos carros e ônibus ficou desimpedida, mas sempre se obstruía um pouco de vez em quando, e até os radiadores de alguns automóveis tinham a cara apreensiva, como se do lado de dentro algum estivesse pensando: "Pronto, começou tudo outra vez".

O cantochão e os corais de Arraes. Tinha, de fato, começado tudo outra vez, já que se via ali, sem qualquer presença policial ostensiva, o povo aplaudindo vozes de que só guardara, através dos anos, os ecos. A comemorar esse reencontro do povo com suas lideranças, houve a derrota do dragão da maldade Muzak pelos corais Arraes.

Miguel Arraes foi recebido com delirante entusiasmo e literalmente carregado em ombros ao desembarcar do avião e ao se retirar, depois de falar dentro e fora de *Alphaville*. Política e popularmente, do ponto de vista das personalidades presentes e do da massa, Arraes foi recebido pela velha capital como líder. E teve uma luzida representação do PTB a homenageá-lo, inclusive meu caro José Gomes Talarico, que foi um dos suportes, cariátide de Arraes na sua marcha triunfal entre os penhascos de mármore do aeroporto. Talarico segurou uma das pernas de Arraes e não largou, a perna esquerda.

Arraes falou ao povo do lado de fora e, a seguir, dentro do aeroporto, aliás, entre vozes de comando do povo, que queria vê-lo, além de ouvi-lo. O povo se sentou no chão frio, deixando entre suas hostes umas veredas, uns riachos limpos para que saíssem os passageiros empurrando seus carrinhos de bagagem, e os que ficaram longe mandavam os demais sentarem para que Arraes não desaparecesse do seu campo de visão. Primeiro eram só os gritos de "senta! senta!" Depois, como pessoas importantes às vezes conseguiram varar as massas e chegar ao líder, os brados de comando variavam, passavam a "senta, deputado!", "senta, senador!"

Assim, seu fino e grave perfil sertanejo à vista de todos, Arraes pela primeira vez falou aos brasileiros, depois do exílio comovido, convicto. Do lado de fora, como o ruído tornava difícil escutá-lo mesmo ao microfone, o povo inventara um sistema novo de *relay*. As frases que Arraes pronunciava eram repetidas por aqueles que o cercavam. Um responso patriótico, alegre, vivo. Quando Arraes de novo falou, dentro de *Alphaville*, era em princípio muito mais fácil ouvi-lo. Mas o coral improvisado ao ar livre foi tanto ou mais necessário, porque Muzak entrou em cena. Alguma ideia policial discreta de dissolver a voz do líder naquela pasta melódica feita para aumentar batidas de máquinas de escrever? Até que eu me inclino a pensar que não, que quem aumentou o volume da música esterilizante e empresarial foi Muzak, ele próprio, foi a voz insossa e ofendida do aeroporto com horror daquela praça pública fundada no espaço de uma manhã na nave da catedral de matéria plástica. Acontece que os corais de Arraes, que me disseram ter sido ideia inicial do deputado Modesto da Silveira, já tinham agora tradição. Ninguém reclamou contra a música do dragão da maldade, que escorria dos muros da caverna – o coro se limitou a alterar a voz. Superpuseram-se mil timbres, com todos os sotaques do Brasil, àquele esperanto,[10] àquele volapuque[11] do monólogo musical multinacional.

Garças e petróleo. Quando cheguei ao aeroporto para abraçar Miguel Arraes e Márcio Moreira Alves, a manhãzinha estava chuvosa, cinzenta. A pobre ilha do Governador, onde se situa o aeroporto, já foi limpa, boa de praia. Hoje é um centro de poluição, uma vítima dos despejos de óleo que fazem os navios. Por isso esfreguei os olhos ao ver, empoleirado na primeira ponte da ilha, um bando de garças. Devem ser de gesso, pensei. Algum saudosista resolveu encomendar, a um desses escultores de obras fúnebres, garças para o túmulo das outrora saudáveis praias de Governador. Mas eram de verdade, e nem eu, amigo como sou de Márcio e de Arraes, ousaria sugerir que elas ali estavam também à espera de quem as levasse de volta a um Brasil menos poluído. Mas nem por isso vou deixar ninguém escapar ao simbolismo da revoada de garças. Se ali pousavam, é que continua a haver vida, peixes, mesmo em águas sofridas como aquelas. O leitor que se vire, que arranque das alvas garças a pluma régia, a egrete de um símbolo que resuma o regresso, sábado, da democracia ao Rio.

---

[10] Língua artificial criada pelo polonês Ludwig Lazarus Zamenhof, médico e estudioso de línguas, morto em 1917. (N.E.)

[11] Língua artificial criada em 1879 pelo padre alemão Martin Schleyer, morto em 1912. (N.E.)

P.S.: *Para acabar, quero registrar aqui o nome da figura mais admirável entre todas as que encontrei no aeroporto — a de Mário Pedrosa. Mário tem dedicado sua vida, longa e fecunda, à luta por um futuro em que o homem encontre, ou recupere, a dignidade e a beleza que ele, Mário, grande crítico que é, tem vislumbrado na arte. Comovido até as lágrimas, Mário me deu sábado a esperança de que os brasileiros venham um dia a obedecer à sua visão.*

26 de setembro de 1979

História de um piano que exigiu pianista
A doutora Nise da Silveira e o inconsciente nacional

Quando Graciliano Ramos, preso nos tempos do Estado Novo, registrava as cenas e as pessoas que mais tarde iriam povoar as *Memórias do cárcere*, reparou mais de uma vez numa companheira de ideias e de casa de correção, "pálida e magra, de olhos fixos, arregalados. O rosto moço revelava fadiga, aos cabelos negros misturavam-se alguns fios grisalhos. Referiu-se a Maceió, apresentou-se: 'Nise da Silveira'. E ainda: sábia, culta e boa, Rachel de Queiroz me afirmara a grandeza moral daquela pessoinha tímida, sempre a esquivar-se, a reduzir-se, como a escusar-se de tomar espaço".

Essa adorável, grande pessoinha, na enérgica juventude dos seus 74 anos, estava, há uma semana, inaugurando a exposição de pintura de Fernando Diniz, um excelente artista que poucos conhecem. O local era a Funarte, Galeria Sérgio Milliet, no térreo do Museu Nacional de Belas Artes. Por mais que quisesse escusar-se de ocupar espaço, a *doutora* Nise, como é chamada por muitos, era o centro das atenções. Nise ficaria de mal comigo se eu dissesse que Diniz cria seus extraordinários quadros e que Nise o criou a ele, Diniz, no seu Museu de Imagens do Inconsciente do Centro Psiquiátrico Pedro II. Fernando Diniz poderia até concordar comigo, mas Nise não me perdoaria a heresia, tal o respeito que sente pelo que há de original, sagrado e não repetido em cada ser humano. No máximo precisamos uns dos outros em partes iguais e reciprocamente vamos nos criando, dirá a doutora Angélica.

Essa veneração pela vida que sente Nise, à moda de Schweitzer,[12] estende-se a todo ser vivo, tendo os gatos um lugar de destaque. No seu apartamento da rua Marquês de Abrantes moram vários gatos. Da última vez que jantei com Nise e seu marido, Mário Magalhães (sanitarista que conheci na Superintendência de Desenvolvimento do Nordeste [Sudene] de Celso Furtado), um gato saltou do aparador e assistiu ao jantar no centro da mesa, entre a sopeira e a travessa de arroz. Era branco e cinzento, distante como um lorde, e se chamava Byron.

Havana e Engenho de Dentro. Pensei muito em Nise ao visitar, em Havana, o modelar hospital psiquiátrico, onde vivem quatro mil pacientes. Vivem e, em grande parte, pintam. Não pude avaliar, na visita breve que fiz ao hospital cubano, se lá já surgiram grandes artistas como Emygdio de Barros, Carlos Pertuis ou Fernando Diniz. O que me impressionou foi constatar que a obra que aqui custou a Nise tanto esforço, tanta incompreensão, funciona em Havana cercada de orgulho geral. É um ponto obrigatório na excursão de visitantes.

Quanto ao trabalho de Nise, houve o momento em que um diretor do Centro Psiquiátrico Pedro II chegou ao ponto de fechar e cimentar a porta do Museu de Imagens do Inconsciente, que já tinha três decênios de fundação e fama internacional.

Mas Nise não perde tempo em comentar os desvarios dos sãos. Miúda e frágil como é, costuma dizer que tem "um Virgulino Lampião debaixo da pele". Alagoana, formada em medicina na Bahia, Nise cedo aprendeu a dizer sem medo aquilo que pensa. Fala suavemente, mas vai dizendo tudo. Por isso foi parar nas masmorras de Getúlio e Filinto Müller e por isso tem tido que suportar a surda violência dos agentes do poder, que veem sempre com rancor qualquer despesa pública feita para alimentar as chamadas bocas inúteis.

Um dos interesses colaterais da exposição de Fernando Diniz reside nos cartazes em que foram impressas frases suas que elucidam quadros, que explicam a própria intenção criadora. No caso de Fernando, hoje sessentão, esses dísticos são do maior valor: põem

---

[12] Referência ao alemão Albert Schweitzer, teólogo, músico, filósofo, médico e, acima de tudo, humanista. (N.E.)

mais perto da gente telas que parecem às vezes prestes a estalar, tal a pressão interna que comprime a superfície colorida. Diante de uma simples janela que pintou, venezianas abertas, diz Fernando: "É a janela aberta vendo a paisagem [...] Geralmente eu faço a janela fechada. É porque às vezes não dá tempo, ou não estou com vontade, não estou interessado. Eu não posso saber como é que foi". Quando se olha de novo o quadro, é que assume sua plena importância informativa a diluição do pintor como fonte da visão. É a janela que vê a paisagem.

Diante de uma saleta extraordinariamente tranquila, mas cheia de objetos (a mãe de Fernando, costureira, carregava o menino nas visitas às casas de freguesas, o que mobiliou para sempre a mente do futuro pintor), ele explica: "É uma sala. É um cantinho de sala. Se estiver grande, a gente vai se perder".

A irrupção das pessoas, o aparecimento do outro é sempre momento perigoso em qualquer vida, em qualquer sala. "Fiz um pedaço de cada canto e depois juntei tudo num só. É como aprender as letras *a, e, i, o, u*. A gente aprende uma por uma, para depois juntar e fazer uma palavra. As letras são mais fáceis de juntar do que as imagens. As figuras são mais difíceis para ligar. As letras a gente sabe logo. As figuras nunca se sabe totalmente."

O piano e seu pianista. Um desses ditos de Fernando Diniz, aplicado a um desenho de extraordinária graça e inspiração, tornou o desenho a vedeta da exposição. Fernando costumava pintar pianos, pianos de tampa levantada, tamboreta vazia diante do teclado. Um dia, com lápis de cor numa folha de papel, Fernando pintou em traços, em riscos, numa fina rede de azuis e negros, um esplêndido piano de concerto, com um candelabro em cima, um violino, um metrônomo – e um pianista. Explicou: "Esse quadro é deste ano. A figura só apareceu muito tempo depois. Eu já estava bem treinado e coloquei a figura, pois o piano precisava de alguém".

Um dia há de sair uma biografia de Nise da Silveira, que é foco perfeito para o entendimento de uma época, um espírito precioso, bem-lapidado, a refletir em muitas facetas um período tormentoso da vida brasileira. Os pobres corifeus que encheram, do Estado Novo até hoje, a primeira página dos jornais não explicam nada, e mal se explicam eles próprios. Nise explica e até redime, com sua vida e sua obra, muita tolice que andaram fazendo por aí.

A capa da biografia de Nise sei qual é: o desenho de Diniz. Porque ou muito me engano ou o pianista de quem o piano precisava é Nise, a *doutora*.

3 de outubro de 1979

O inferno segundo Boal e Gabeira

O livro de Zélia e a planta que não vingou

Numa noite de 1971, depois de um ensaio de *Arena Conta Bolívar*, Augusto Boal foi preso. Como todo mundo que era detido naqueles dias, imaginou que lhe fossem fazer meia dúzia de perguntas e em seguida mandá-lo para casa, onde aliás a mulher o aguardava com um jantar de bife à milanesa. Ficou em cana uns dois meses e, pouco depois de ser preso, sob vagas acusações de denegrir a fuliginosa imagem do Brasil no estrangeiro, sofreu uma bárbara sessão de tortura no pau de arara.

Logo que chegou ao cárcere encontrou Maria Helena, sua assistente no teatro, que na prisão já fora torturada e que, como vamos saber nas últimas páginas do livro, acabou assassinada pelos seus algozes. Ao avistar Boal numa das celas, Maria Helena o saudou e logo a seguir perguntou se ele já tinha sido devidamente interrogado, e, portanto, torturado. Boal reagiu dizendo duas vezes: "Claro que não!", como que para tranquilizar a si próprio. Suavemente Maria Helena disse a ele que "às vezes acontece". E "depois, para me consolar, fez comparações entre Stanislavski e Brecht, dois teóricos da interpretação do ator. Para o primeiro, o ator deve viver como suas as emoções dos personagens; para o segundo, o ator deve guardar certa distância e procurar entender mais do que sentir". Boal esperou as conclusões de Maria Helena, que várias vezes havia discutido com ele os dois métodos. Ela disse: "Aqui é preciso ser mais brechtiano do que stanislavskiano... aqui a gente não pode só sentir, tem que tentar compreender... tem que ter muito efeito de distanciamento... nada de emoções..."

Essa moça, tão brava, que reaparece no livro enfrentando as dificuldades que frequentemente os "subversivos" têm no seio da própria família, deixou esta mensagem de doçura que seus torturadores, certamente ainda vivos, deviam, eles sim, tentar compreender. Mesmo depois da tortura, e na véspera do próprio assassínio, recomendava a Boal uma postura de distanciamento, uma visão o mais possível crítica do que viesse a sofrer.

Até que ponto Augusto Boal consegue a técnica de Bertolt Brecht durante seu martírio no pau de arara é matéria possível de debate. Mas, num crucial instante em que "eu estava ali, nu, pendurado pelos joelhos, sofrendo choques elétricos violentíssimos", teria ganhado uma nota 10 do próprio Brecht. É que Boal, em meio à sua indizível tortura, riu. Os torturadores ficaram tão ofendidos, tão indignados, que quase acabaram com ele a seguir. Mas Boal riu porque, acusado de difamar o Brasil no exterior, perguntou como fizera tal coisa e ouviu a seguinte resposta: "Lá fora você diz que aqui no Brasil existe tortura".

Caminhos cruzados. Para uma coisa terá servido a atual fresta que estamos vivendo, chamada em geral de abertura: aqueles que sofreram na carne os horrores da ditadura militar estão documentando as "ocorrências", como se diz em linguagem policial. *Milagre no Brasil*, de Augusto Boal, e *O que é isso, companheiro?*, de Fernando Gabeira, não se limitam a conduzir o leitor a uma *tournée* no inferno. Fazendo seus respectivos relatos, o teatrólogo e o jornalista traçam, de dois pontos de vista, uma espécie de mapa do inferno. Torturado depois de baleado, Gabeira nos faz uma descrição inesquecível daquilo que pode um brasileiro sofrer em mãos de brasileiros. E, como notaria logo Maria Helena, ele também consegue narrar sua tragédia com notável estoicismo. Mas onde leitura de Boal e Gabeira realmente começa a formar um relato único, um roteiro só, é quando vemos, de um lado, Gabeira a sequestrar o embaixador Elbrick no Rio e, de outro, Boal, então no presídio Tiradentes, de São Paulo, vendo de lá de dentro esse mesmo sequestro e contando o drama de um japonês, seu companheiro de cela, que imaginou, erradamente, que era ele o prisioneiro a ser libertado em troca do embaixador sequestrado.

Quase todos nós, que sabemos sobre a tortura dos dias de Vargas e Filinto Müller, no Estado Novo, nos lembramos da obra-prima que aqueles tempos, ao mesmo instante trágicos e sórdidos produziram: *Memórias do cárcere*, de Graciliano Ramos. Agora, porém, os depoimentos se multiplicam. Já começam, como vimos, a se completar. Painel aterrador está sendo pintado a várias mãos. Tudo indica que antes do próximo general, e para sua contemplação, estará completado, pois os ferozes caminhos da opressão, fechados sobre si mesmos, se cruzam e recruzam.

E nunca mais se dirá, como dizia o professor Fernando de Azevedo em *A cultura brasileira*, que de todos os traços brasileiros "o mais insistente é a bondade, a sensibilidade ao sofrimento alheio". Outro traço fundamental seria "uma delicadeza sem cálculo e sem interesse, franca, lisa e de uma simplicidade primitiva".

Anarquistas, graças a Deus. Um pouco dessa simplicidade primitiva, que em grande parte conseguimos sufocar em nós, fica preservada por Zélia Gattai no seu livro de lembranças de infância e adolescência. É a saga de uma família italiana em São Paulo, nos três primeiros decênios deste século, quando luzia no futebol o Palestra Itália e quando as pessoas todas pareciam conhecer algum "pianeiro" desempregado devido à implantação do cinema falado, com *Broadway Melody*. No entanto, mesmo nesse seu livro singelo e alegre, rescendente a alfazema e temperado de inocentes pragas italianas, Zélia fixa, no seu âmbito de família, como custam a vingar no Brasil as ideias generosas. Um avô de Zélia, anarquista graças a Deus, foi um dos pioneiros italianos que o imperador convidou a fundarem a Colônia Cecília no Paraná. Zélia cita o livro de Afonso Schmidt, *Colônia Cecília*, de 1942, em que se historia a frustrada tentativa italiana de criar no Brasil uma república de homens extravagantes mas, sobretudo, livres. Prefere acentuar, porém, no seu livro idílico, a pura versão familiar, refletida na história da Colônia tal como contada pelo pai. E essa história de um malogro idealista é, no livro de Zélia, a nota triste, histórica, uma espécie de involuntário lembrete de que, no Brasil, plantando dá, mas a liberdade até hoje não está dando bem, não.

14 de novembro de 1979

Cruzada governamental contra desvalidos

Marli passa em revista a tropa da ditadura

Não sei se o governo já reparou que está movendo uma espécie de guerra sem quartel aos pobres, aos humildes e aos trabalhadores. Quem avisa amigo é. Não me passa pela cabeça que o general-presidente tenha reunido o ministério, o Conselho de Segurança Nacional (CSN) e o Serviço Nacional de Informação (SNI) e dado ordens estritas para que perseguissem os pobres, os humildes, os trabalhadores. Portanto, quem sabe vale a pena advertir que a contradição fundamental da história deste país – a obstinada determinação de fazer com que a imensa maioria do povo sustente uns dez ou quinze por cento da população – está entrando numa fase de confronto.

O momento mais grave, mais belo e mais significativo dessa rebelião civilizadora que começa, situa-se, naturalmente, no ABC de São Paulo. Na cara do Brasil imberbe, andrógeno, mimado, despontaram afinal as rudes barbas do Lula. Antes dele, o Tiradentes tinha tentado botar barba no país. Deu um tremendo susto na pequena elite já então instalada entre nós, que tratou de evitar a todo preço que, como os Estados Unidos e a França de fins do século XVIII, ingressássemos na era da maturidade e da democracia. As barbas do Tiradentes foram erradicadas na forca, no esquartejamento, na salga da terra da casa dele.

O pequeno Brasil, delicado e andrógeno, até hoje passa loção no rosto, que ficou irritado com a extirpação das barbas do alferes. Mas as barbas do metalúrgico vieram para ficar. O Lula não chefia uma conjura de irresponsáveis, e sim, exatamente, a classe operária do país. Quem avisa amigo é. O país está virando homem.

Humilhados e ofendidos. No mês de novembro vindouro, na cidade de Roterdã, reúne-se o Tribunal Russell, alta corte de justiça a serviço da consciência dos povos. O Tribunal Russell começou julgando os crimes de guerra dos norte-americanos no Vietnã. Ocupou-se depois de campos de concentração, e, ao se ocupar da tortura no mundo, já colocou o Brasil em lugar de destaque na berlinda.

Na próxima reunião, em Roterdã, o Brasil vai ter talvez a berlinda número um. Será provavelmente o réu principal, pois o Tribunal Russell pretende julgar os atentados aos povos indígenas de toda a América, do Canadá à Terra do Fogo. Algum outro país americano estará tratando suas minorias indígenas com, alternativamente, tanta displicência, tanta concupiscência e tanta violência quanto o Brasil? A displicência, um tanto marota e songamonga, reside principalmente na lentidão e às vezes trapaça com que fazemos a demarcação das terras indígenas. O cacique Xavante Uarodi, da reserva indígena mato-grossense de Pimentel Barbosa, disse outro dia em Brasília, quando os índios ocupavam a sede da Fundação Nacional do Índio (Funai): "Os tempos são ruins. Vamos acabar enterrados e os civilizados em cima da terra".

Uarodi acusa a Funai de corromper os Xavante com doações em dinheiro para não lhes demarcar as terras. A demarcação devia ter sido feita até 1978 e está longe de acabada. O coronel Nobre da Veiga, atual presidente da Funai, ia ser demitido do posto por incompetência na direção dos negócios indígenas, ou coisa pior. O coronel afirma que herdou "um órgão esfacelado e cheio de corruptos", mas nada faz, que se veja, para acabar com tal corrupção. O ministro Mário Andreazza, do Interior, parecia decidido a demitir o coronel Nobre da Veiga. Já mudou, no entanto, de opinião, e passou a falar da "revolta" dos indígenas como o ministro Murilo Macedo, do Trabalho, falava na dos metalúrgicos, de São Bernardo.

Segundo Andreazza, os quarenta Xavante que invadiram a sede da Funai em Brasília foram "incitados" a esse gesto. Os índios veem diminuir debaixo dos seus pés as terras a que têm direito e que outrora defenderam em guerras sangrentas. No entanto, se protestam, é porque estão sendo instruídos por subversivos.

Que pode dizer diante de uma farsa assim o Tribunal Russell? Ou diante da denúncia que acaba de fazer o Conselho Indigenista Missionário do massacre de índios Ticuna no Alto Solimões? Fazendeiros mandam matar os índios para lhes roubar a terra. E nunca são punidos. São, ao contrário, absolvidos, como foram os assassinos do padre Rodolfo Lunkenbein, quando defendia a terra dos Bororo.

Sófocles em Belfort Roxo. A extraordinária dignidade com que a empregada doméstica Marli Pereira Soares tem enfrentado a Polícia Militar do Rio para identificar os assassinos do seu irmão faz com que a comparem à Antígona, de Sófocles. A diferença fundamental é que a Antígona da tragédia antiga era mais do que uma grã-fina. Era princesa de sangue real, filha de Édipo e Jocasta. Falava ao Estado, isto é, ao seu tio Creonte, de igual para igual. A nossa Antígona de Belfort Roxo, a nossa Marli, se constrói dos pés à cabeça. Transforma sua miséria, sua fraqueza, numa espécie de luminosa força. As sucessivas fotos publicadas dela passando em revista do 20º Batalhão da PM em busca dos assassinos do irmão mostram uma Marli verdadeiramente régia. Parece uma alegoria do povo no poder. O povo passando em revista a tropa da ditadura.

A pressão sobre Marli — os insultos que sofre nas mãos do comando da PM, o achincalhe, o xingamento pessoal — é inacreditável. Respirei de alívio quando vi no *Fantástico* um grupo de feministas dando apoio a Marli. Porque a solidão de Marli é de meter medo. O delegado Chaim, que fazia cumprir a lei na delegacia de Belfort Roxo, foi afastado do posto. Marli está submetida à mais persistente tortura mental que já se viu neste país. Mas não comove, antes irrita, o governo. E também não há manifestações de apoio a ela por parte da Comissão de Direitos Humanos, da OAB. Parece haver uma expectativa geral de que ela desapareça. Assassinada, como teme ela própria. Ou suicidada, quem sabe. A primeira Antígona foi encontrada enforcada na prisão.

21 de maio de 1980

Paschoal e sua "stultifera navis"

Tristeza entre ninfas e pivetes de Santa Teresa

Paschoal Carlos Magno ficaria surpreendido se me visse escrevendo aqui que a notícia de sua morte me deu a impressão do silêncio que sucede ao desligamento súbito de um motor fundamental ao funcionamento de uma fazenda, de uma cidade. Um desses motores que nos garantem o abastecimento de água, o fornecimento de força. Paschoal esperaria que sua morte evocasse imagens elegíacas, e mesmo que alguém garantisse que, quando sua querida irmã Orlanda lhe fechou os olhos outro dia, houve nas matas de Santa Teresa, onde ele nasceu e onde morava, rondas fúnebres de ninfas extraviadas, que perderam o caminho da antiguidade clássica e foram ficando por aqui, miscigenadas com orixás, transformadas em mães de Iaôs, caboclinhos e pivetes.

Poeta, *homme de théâtre* (tão apaixonado pelo ofício que acabou criando um teatro, o Duse, dentro de sua própria casa, na rua Hermenegildo de Barros), romancista, Paschoal cultivou uma postura de extrema sensibilidade, fazendo muitos acreditarem que era uma criatura frágil, capaz de grandes sonhos mas sem forças para realizá-los. Por isso reclamava dos que eram preguiçosos mas podiam ajudar. Queixava-se das autoridades, que tinham obrigação de melhorar e sobretudo enriquecer espiritualmente a vida do povo e só cuidavam do seu próprio interesse. E, assim como quem não quer, conseguiu mobilizar, num país como o nosso, de tão escasso espírito público, forças que resultaram em grandes iniciativas culturais suas, como a Aldeia de Arcozelo.

O poeta e seu dossel de bombas. Conheci Paschoal em Londres, durante a guerra, e desde então me ficou a imagem do motor possante que ele era. Como cônsul do Brasil em Liverpool, e a seguir segundo-secretário e adido cultural em Londres, Paschoal se queixava de resfriados e alergias, mas tinha aguentado, sem pestanejar, um extraordinário peso de bombas nazistas. Liverpool foi das cidades inglesas mais castigadas pelos bombardeios e, quando Paschoal foi removido para Londres, a Luftwaffe estava decidida a não deixar pedra sobre pedra na capital do império britânico. O Parlamento de Westminster era, naturalmente, muito visado. O apartamento de Paschoal era em Westminster.

O que Paschoal realizou, no terreno da divulgação cultural do Brasil, na Londres em guerra constitui a prova mais eloquente e máscula que alguém poderia dar de amor às artes e às letras nas condições as mais impróprias e desconfortáveis. Pessoalmente tive a oportunidade de conhecer amigos que Paschoal fizera durante aquele tempo em Londres, como Charles Morgan, a atriz Beatrix Lehmann, a pianista Harriet Cohen e, um belo dia, quem senão o próprio H. G. Wells, que gerou Asimov, que gerou Arthur Clarke, que gerou o Kubrick de *2001: uma odisseia no espaço*? Quando um grupo de jornalistas brasileiros visitou Londres em 1943, Paschoal não só os levou à presença de Churchill em 10 Downing Street, como deu uma tremenda festa no Claridge's, onde se acotovelavam celebridades como Michael Redgrave, que gerou Vanessa, e – vestido de bombeiro, já que como *conscientious objetor* se recusava a lutar fardado, matando gente – o poeta Stephen Spender.

Ainda me lembro do espanto com que nosso então ministro-conselheiro da embaixada de Londres, Joaquim de Sousa-Leão Filho, via festas como a do Claridge's, em que Paschoal realmente queimava o dinheiro de representação que lhe pagava o Brasil para divulgar sua cultura. Cada um com seus métodos e seu temperamento. Sousa-Leão era homem elegante, da nobreza pernambucana, mas não gostava, segundo muitos de seus colegas, de desperdiçar dinheiro. Tanto assim que morava numa cobertura de Grosvenor Square – onde se situa a embaixada dos Estados Unidos e onde residem duques – devido à circunstância de que, em tempo de bombardeio, cobertura de prédio fica a preço de banana. Seja como for, na linda cobertura, cercado de livros raros, Sousa-Leão acumulava os materiais para seu livro fundamental sobre Frans Post, de 1948.

Eu diria que, pelo menos em tempo de guerra e perigo, o Itamaraty se comporta bem direitinho.

A Barca da Cultura. A ideia de que foi desligado um dínamo como Paschoal é triste e, principalmente, perturbadora. Outros homens de entusiasmo e de genuíno espírito público – o espírito de servir a todos, e não de servir-se dos outros – surgirão por aí. Mas Paschoal tinha aquela pitada de loucura e extravagância que não vai ser fácil encontrar em outras pessoas, nem mesmo pessoas do seu tipo. Doce e bondoso como sempre tentou ser, Paschoal, no entanto, se queixava, com razão, da dificuldade que encontrou durante a vida inteira no relacionamento com os outros.

Pensei nisso quando Paschoal lançou ao mar o último barco dos seus estaleiros, a Barca da Cultura. Foi literalmente um navio, uma barcaça, que ele, alguns anos atrás, pôs a subir o rio São Francisco, carregada de... espetáculos. A barcaça parava diante dos portos e das aldeias, levando às populações ribeirinhas, boquiabertas e maravilhadas, teatro, balé, concertos.

Essa nave de doidos, irmã da *stultifera navis* medieval, vai custar muito a fazer-se de novo ao mar entre nós.

4 de junho de 1980

As carótidas da imprensa entre dois vampiros

Como melhorar seu produto sem fazer mal às crianças ou de como responder à pergunta de Hipólito da Costa

Todos os domingos leio no *Jornal do Brasil* o artigo de Barbosa Lima Sobrinho. Em primeiro lugar para não esquecer como é que se escreve um artigo de jornal que valha a pena. Em segundo lugar para recuperar uma coragem de luta que muitas vezes a gente sente que esmorece entre a segunda e o sábado. Escrevendo, domingo, sobre liberdade de imprensa, Barbosa Lima, que é presidente da Associação Brasileira de Imprensa, dava realmente a impressão da perfeita justaposição de um homem a seu cargo. Impossível imaginar exemplo mais perfeito de um *right man in the right place*. Será que um dia vamos ter um presidente da República que entenda tanto de República quanto Barbosa Lima entende de imprensa?

Aliás, Barbosa entende de imprensa e da República também. Proponho que se arme a Associação Brasileira de Imprensa (ABI) para um golpe de estado e que Barbosa Lima acumule funções, guardando seu escritório do Rio e ocupando outro, no Planalto. Anunciando, no artigo que é um sóbrio hino à liberdade, as comemorações do Dia da Imprensa quarta-feira passada na ABI, Barbosa Lima lembrava que não deixa de ser significativo que "alguns países, que conquistaram posição de liderança universal, tenham sido exemplos e modelos de observância à liberdade de imprensa, como é o caso dos Estados Unidos e da Inglaterra". E logo embaixo citava a angustiada pergunta, velha de século e meio, que fazia Hipólito José da Costa: "Que povo é mais submisso que o povo do Brasil?".

O caso *Le Monde*. Gostaria que em alguma próxima lição dominical Barbosa Lima Sobrinho se ocupasse da eleição de dias atrás no jornal francês *Le Monde*. Tenho a impressão de que o sistema do *Monde* é o único que poderá talvez salvar a imprensa das afiadas farpas dum dilema que ameaça cortar-lhe as duas carótidas. O dilema é o seguinte. O modelo de jornal que é o estabelecido no mundo capitalista – e que realmente sempre floresceu melhor na Inglaterra e nos Estados Unidos – é intrinsecamente pouco confiável. Todo e qualquer jornal do mundo capitalista se apresenta como defensor dos interesses públicos. Mas não é à toa que na atual e desagradável terminologia de mídia frequentemente se chama o jornal "o produto", isto é, o produto industrial que sai aos borbotões das rotativas, como de outras máquinas saem peças de automóvel ou salsichas. Sem dúvida o produto jornal é curiosíssimo. Vende espaço aos anunciantes e procura vender convicções aos compradores. Os anunciantes, que são leitores muito especiais, só compram o espaço quando estão de acordo com as convicções propostas pelo jornal ao leitor. *Grosso modo*, as convicções que o jornal vende são as dos anunciantes. Sem anúncio, sem matéria paga nenhum jornal maior sobrevive. Esta é a nua e crua realidade, que os jornais ocultam alugando gente que escreve bem e invadindo cada vez mais a área do *entertainment*.

No mundo socialista, por outro lado, os jornais não entretêm, deprimem. Talvez mintam menos que os grandes jornais capitalistas, mas para isso dizem pouquíssimo, só o óbvio. Além do mais, o governo invariavelmente tem razão. Em países como o Brasil, que não pertencem a mundo nenhum, no tempo do AI-5 os jornais tinham que agradar aos anunciantes, para sobreviver, e ao governo, senão eram fechados. Mas voltemos ao mundo das coisas sérias.

Le Monde. Acho que, para o mundo capitalista ocidental, o grande jornal francês *Le Monde*, que De Gaulle ordenou que se fundasse para substituir *Le Temps*, descobriu a pólvora. Quando, em 1951, Beuve-Méry, diretor do *Monde*, sentiu a pressão dos anunciantes através dos patrões, resolveu dar um salto qualitativo. Fundou a Sociedade dos Redatores de *Le Monde* que elege seu diretor, seu chefe de redação. Os redatores têm apenas 40% das ações, mas exercem o direito inalienável de eleger o diretor da redação. Os sócios capitalistas detêm outros 40%, ficando os 20% restantes para a sociedade de funcionários e gerentes do jornal.

Temos aí, portanto, uma solução democrática do mais alto interesse. E não se diga que há um automatismo no exercício desse "direito moral" absoluto que conquistaram em *Le Monde* aqueles que dão ao produto as ideias. Como informou Rosa Freire d'Aguiar, houve seis escrutínios, desde janeiro, para que um dos dois candidatos tivesse o mínimo de 60% dos votos. Os duzentos jornalistas da empresa estiveram dois dias trancados numa pensão de Paris para finalmente consagrarem, com 62,7% dos votos, Claude-Julien, redator-chefe de *Le Monde Diplomatique*. Com uma tiragem de quase seiscentos mil exemplares e cerca de um milhão e meio de leitores, *Le Monde*, graças ao sistema pelo qual se rege, é o jornal mais honesto do mundo.

Se reexaminarmos, agora pelo lado positivo, aquele triste dilema da imprensa entre o ocidente capitalista e o oriente socialista, poderemos dizer que a pinça oriental representa a vontade de mobilizar o povo para as tarefas urgentes do cidadão. A pinça ocidental representa o desejo de descortinar um panorama rico e múltiplo do mundo, para que cada um escolha sua tarefa. O defeito do primeiro tipo de imprensa é que torna o Estado mais importante do que todo e qualquer cidadão. O defeito do segundo é a imposição da vontade soberana do dono do jornal, o que faz com que um cidadão fique mais importante que todos os demais.

O sistema *Le Monde* desarma o dilema. E melhora o produto.

18 de junho de 1980

O Gagarin da *belle époque*

Comprei um romance de Richard Llewellyn chamado *A Night of Bright Stars*. Comprei porque vi, ao folhear o livro de bolso, que se tratava de um romance baseado na vida de Santos Dumont. Llewellyn é o autor galês de *Como era verde meu vale*, e a surpresa de descobrir que escreveu, em 1979, esta biografia romanceada de Santos Dumont me despertou a curiosidade. Infelizmente, o livro é fraco. É lento. Tem, porém, a vantagem de nos meter em brios. Acho uma vergonha o esquecimento em que deixamos cair Santos Dumont. Sobretudo porque Llewellyn pode ter falhado no romance, mas não no apaixonado e terno interesse que revela pela personalidade e a vida do seu herói.

Llewellyn, por exemplo, lembra numa referência brilhante e natural que Santos Dumont inventou não apenas o avião mas igualmente o relógio de pulso. Eis o que diz S.D., em certo trecho, ao narrador: "Tenho um encontro dentro de quinze minutos, falou, enquanto mirava um relógio-pulseira, o primeiro que meus olhos viam. Era um pequeno retângulo de ouro que emoldurava um quadrante no qual se viam as horas em algarismos romanos. O pino da corda era um cabochão de safira".

Outro delicioso toque pessoal é o envolvimento profissional do jovem S.D. com as costureiras de Paris. No hangar em que construía seus dirigíveis havia um apartamento para mulheres. Quando o narrador levanta as sobrancelhas, ao ouvir falar naquela espécie de serralho, S.D. observa, tranquilo e severo: "Você trate de se lembrar, quando me vê flutuando nos ares, que mais de quarenta pares de belas mãos de mulher costuraram para me erguerem e depois me manterem no ar".

Aliás, no encantador livrinho que nos legou, chamado *O que eu vi, o que nós veremos*, o próprio S.D. registra o que consumiu de seda do Japão em seus balões, seda "de grande beleza e peso insignificante". Na luta pelo dirigível e, depois, pelo mais-pesado-do-que-o-ar, o peso era a alma do negócio. O próprio aeronauta devia ser como um faquir, um jóquei. S.D. informou, no tempo das experiências: "Eu peso cinquenta quilos".

Fico me perguntando por que é que até hoje os cineastas brasileiros, a Embrafilme, Ruy Guerra, a família Barreto não rodaram ainda o filme do nosso homem voador, do primeiro balão, o Brasil, ao primeiro avião, o Demoiselle? Outro dia transcorreu o 108º aniversário do nascimento de S.D. e no Rio como em São Paulo houve as mesmas cerimônias cacetes, sem imaginação. Em São Paulo até o governador Maluf entregou medalhas da Ordem do Mérito Santos Dumont e depois ajudou a cantar o Hino do Aviador. No Rio, a mesma chatice, só que no campo dos Afonsos. S.D. só consegue agitar um pouco o país quando se trata de provar que ele voou, num aparelho mais-pesado-do-que-o-ar, antes dos irmãos Wright, o que me parece problemático e desinteressante.

O importante é que os Wright eram dois matutos americanos arrastando pseudo-aviões em Kitty Hawk, enquanto na capital do mundo S.D. inflamava os franceses da *belle époque* e os homens do mundo inteiro. Ele era, pessoalmente, um príncipe. Seu pai, Henrique Dumont, tinha plantado cinco milhões de cafeeiros em Ribeirão Preto, e o filho Alberto transformava esse café em champanha e glória. Os dois americanos lá estavam, em sigilo, arrastando na roça um aparelho mais pesado do que uma charrua, enquanto S.D., no seu dirigível, de polainas e chapéu de feltro, fazia, como conta, "dezenas de passeios sobre Paris. Fui várias vezes às corridas e me apeei à porta da minha casa, na avenida dos Campos Elísios, e quase todas as tardes fiz corso sobre o Bois de Boulogne". Quando ganhou o dinheirão do prêmio Deutsch, comportou-se como um grão-duque da Rússia: "Dei cinquenta mil francos aos meus mecânicos e operários das usinas que me tinham auxiliado, e o restante a mais de 3.950 pobres de Paris [...] em donativos de menos de vinte francos".

Richard Llewellyn, escritor britânico, já escreveu, como pôde, o romance de S.D. Se não tivermos juízo, um diretor francês vai nos mostrar, um dia destes, *monsieur* Santos Dumont a dominar os ares de Paris na mesma época em que os impressionistas dominavam a sua cor, a sua luz.

2 de setembro de 1981

Guernica e os rabiscos de Glauber

A transferência do *Guernica*, de Picasso, para a Espanha, depois de 42 anos de exibição no Museu de Arte Moderna de Nova York, foi um dos acontecimentos daqui* que mantiveram viva, ao meu lado, a lembrança de Glauber Rocha. Não se trata do fato de que *Guernica* em si mesmo, o quadro, em seu imenso terror e sua aparente desordem, lembre Glauber, a arte de Glauber. É que *Guernica* foi para o Museu do Prado, em Madri, onde vai ficar perto de *Os desastres da guerra*, de Goya, e da trágica tela em que Goya pintou os fuzilamentos do 3 de maio na Espanha. Princípio do ano passado, quando visitei o Prado, comprei um cartão-postal com esse quadro de Goya e o enviei para o nº 6 da avenida Vieira Souto, em Ipanema, onde Glauber estava então morando. No cartão eu lembrava ao Glauber os desenhos feitos por ele quando estávamos ambos, com outros companheiros, encarcerados no quartel da rua Barão de Mesquita. Um desses nossos companheiros, o cineasta Mário Carneiro, recebera da família cadernos de desenho e creions. Glauber pegou um dos cadernos e pintou uma série de imagens de extraordinária força dramática. Eram cenas de violência, de tiroteio, em cidade e caatinga. Pareciam diretamente inspirados em Goya. Espero que tenham sido preservados esses desenhos, que nunca vi publicados.

Como quase todo mundo em Nova York, eu, ao ler que o ministro da Cultura da Espanha, Íñigo Cavero, estava aqui com a missão de levar *Guernica* de volta, resolvi correr ao Museu de Arte Moderna para me despedir do quadro. No entanto, ao publicar a primeira notícia da partida de *Guernica*, o museu de fato já entregara

---

* Antonio Callado é professor-visitante da Universidade de Colúmbia, NY.

o Picasso ao enviado espanhol. A operação tinha sido realizada em sigilo exatamente para evitar alguma tremenda afluência ao museu, ou até, quem sabe, protestos pela sua partida. Picasso não queria que *Guernica* voltasse à Espanha antes que para lá voltassem a liberdade, a democracia. Tão majestosa é a importância que têm *Guernica* e os 62 desenhos preparatórios que também embarcaram para a Espanha – como a corte de um rei –, que o ministro Cavero falou do quadro como uma espécie de garantia e penhor de que a reconciliação permanecerá entre os espanhóis, "dentro da Constituição democrática que está sob a guarda de Sua Majestade, o rei Juan Carlos". Assim, *Guernica* e seu séquito de desenhos vão para a Espanha ajudar o rei e a Constituição. Tomara que o gênio de Picasso atue como uma misteriosa essência, impedindo que algum coronel Tejero Molina transforme o país em republiqueta latino-americana.

Espero, aliás, que efeito semelhante venham a ter para o Brasil os filmes de Glauber. Numa sessão especial, aqui em Nova York, revi esse atormentado painel da vida brasileira que é *Terra em transe*. Antes da exibição, Fabiano Canosa, que promovia a homenagem, falou sobre Glauber a um cinema lotado. Brasileiros ao meu lado: José Arthur Giannotti, José Almino Arraes, Miguelzinho Faria, Helga Hoffmann.

Metrô enguiçado. Outro dia vi como, nesta cidade, se fala espanhol. Tomei, aqui na Broadway com rua 116, um trem do metrô que parou por falta de força elétrica. A pane, que durou horas, foi lá para baixo, da rua 43 para o fim de Manhattan. Mas, ao longo das linhas, os trens pararam e, no meu vagão, o que mais ouvi foram pragas e diálogos irritados em espanhol. O momento cômico foi quando, uma boa meia hora depois da parada, a voz pelo alto-falante nos ordenou que saíssemos, pois o trem não iria adiante. Nesse momento as portas se fecharam, eficientes, sem ruído, e a viagem prosseguiu. Houve uma espanhola risada no metrô. Não só de alívio, pois o trem voltava a andar, como, acho, de gozação. Com toda sua empáfia, Nova York também tem suas mancadas tecnológicas.

23 de setembro de 1981

A nobre arte de carregar piano

Roteiro para um estudo sobre os que ganham eleições não as disputando, mas trabalhando nos bastidores partidários, colando cartazes e organizando comícios

Neste momento em que as eleições já vão-se transformando, de entusiasmo e alegria que eram, em sociologia, eu pediria a um de nossos pesquisadores ou pesquisadoras que se dedicasse ao estudo dos obreiros dos partidos políticos. Estou pensando nos que trabalharam nos bastidores, escrevendo e imprimindo jornais, inventando e colando cartazes ou armando a geografia e a estratégia dos comícios, nos burgos amigos ou entre as tribos hostis. A própria massa formada por esses obreiros – "a equipe que carregou o piano nas costas", como disse um assessor de Brizola ao *Jornal do Brasil* – é de alto interesse humano. E há, no meio dela, pessoas que podiam e até deviam estar na lista dos que se candidataram e foram devidamente eleitos.

Pessoalmente estou pensando no caso do professor Bayard Boiteux, presidente regional do PDT no Rio. Bayard, que foi o grande eleitor de Brizola, é, politicamente falando, um antigo socialista. Como ofício, exerce o de professor de matemática. Passou anos no cárcere, partiu depois para treze anos no exílio, mas não ficou nem triste nem desesperançado. Quando começou, há muito tempo, a organizar a campanha de Brizola, Bayard me disse que não queria nada e não se candidatava a nenhum cargo. "Quero construir o socialismo no Brasil, só isso." Com Bayard em campo, o socialismo acaba saindo.

Salvador de Madariaga, o brilhante historiador e ensaísta espanhol, achava que certos nomes "procuram" certas pessoas. Trazem em si uma carga de intenção e de destino. Madariaga dava exemplos históricos de pessoas que, por assim dizer, acabavam vivendo os próprios nomes. Essa ideia pode parecer mais um jogo de salão do que uma proposta séria. A verdade, porém, é que de vez em quando a coisa acontece. Como seu homônimo quinhentista, nosso Bayard é o próprio *bon chevalier*, o homem *sans peur*.

Conheci Bayard pessoalmente numa reunião política posterior ao golpe de 1964, em pleno largo de São Francisco, ao pé da estátua de José Bonifácio. A reunião não houve. Antes que alguém pudesse dizer qualquer coisa que fosse, fomos todos levados num camburão para a polícia. Tivemos sorte. Vários policiais à paisana estavam ali para impedir pela força a concentração dos intelectuais. Foram tão poucos os intelectuais que compareceram que o dispositivo policial acabou sem jeito de iniciar o conflito. Mesmo assim, de início, os rapazes tentaram. Uma das provocações deles foi a de distribuir entre nós um volante em que éramos insultados por um colérico intelectual da direita. Bayard amassou o papel que lhe entregaram e se dirigiu ao seu atlético provocador com tanta rispidez que achei que a planejada pancadaria ia começar por ele, naquele exato momento. Isso me preocupou bastante, pois eu me encontrava ao lado dele, ambos à sombra da estátua do patriarca. Só este último, de bronze, estava perfeitamente a salvo. Como antecipei, não houve pronto-socorro para ninguém, e sim, apenas, algumas horas no Departamento de Ordem Política e Social (DOPS). Mas pensei em Madariaga. E no risco de recebermos certos nomes ao nascer.

Agora, ganha a eleição, Bayard terá sem dúvida seu posto no governo Brizola. Mas escrevendo aqui a respeito desse velho amigo eu quis principalmente lembrar os que, numa eleição, ficam fora do palco, a serviço de uma ideia, os que carregam o piano pensando apenas em concertos futuros.

8 de dezembro de 1982

Tortura, a missa negra do regime

Callado, em entrevista dada a Matinas Suzuki e Maurício Stycer, da *Folha de S.Paulo*, poucos dias antes de morrer, afirmava: "Nos anos 1960, as coisas estavam acontecendo na cara da gente. A Igreja sofreu com a tortura a alguns padres... A Igreja era subversiva. De repente, a subversão se escoou. Coisa curiosa, né? O Brasil é um país inseguro de si mesmo. Quando fico pensando naqueles livros americanos enormes sobre a Igreja Católica do Brasil, as torturas horrorosas, os livros de frei Betto, do Boff... Tudo isso concorria, naquela ocasião, para a gente acreditar que ia haver um choque entre a fé e essa coisa bruta, que era a revolução de 1964. De fato, não houve. Ou melhor, houve gente que padeceu horrores, mas o movimento não houve". ■

Tortura, a missa negra do regime

À espera das tábuas da lei do Deus armado

Ainda que imaginemos a tortura posta a serviço da mais santa das causas, chegaremos à conclusão de que ela é intrinsecamente perversa. Seu objetivo real e primordial não é descobrir nada que o torturado porventura saiba, não é apurar coisa nenhuma. Seu objetivo é o de mudar, pela violência, o ser humano pensante, é criar outro homem, como se o torturador fosse Deus, ou estivesse agindo em seu nome.

O DOI-CODI dos generais Dale Coutinho e Ednardo d'Ávila Mello não queria saber especificamente nada ou quase nada do jornalista Vladimir Herzog ou do operário Manoel Fiel Filho. Queria que tanto Herzog como Fiel saíssem de suas dependências pensando de outra forma. Queria mandar de volta à sua casa e ao seu trabalho dois homens novos, pensando diferente do que pensavam. Dois fascistas.

O governo julgará. Quando, nos dias que correm, membros do Exército elogiam a abertura inaugurada pelo general Geisel, imediatamente advertem que essa abertura não é para aqueles que, ao longo de quinze anos de governo militar, não tenham se transformado em homens novos e que não pensem razoavelmente de acordo com o *establishment* militar. O próprio general encarregado de substituir o general Geisel na chefia da operação Presidência da República já fez a dita advertência. Mas, pela ordem, pode-se citar o último desses avisos, o que foi feito pelo coronel Rubem Ludwig.

O governo não só "concedeu" a abertura como não tem intenção de abandoná-la. Mas "será irresponsável o governante – e a História não o perdoará – que permitir que, em nome de certas coisas, para ser bonzinho ou bonitinho, o país entre em degringolada total por fraqueza própria. Portanto, se necessário, haverá recuo. Este é o papel do governo". O papel do governo não é propriamente governar, e sim ver que todos pensem de acordo com ele. O governo julgará se e quando haverá recuo.

O recado é sempre o mesmo: tratem de mudar de ideia os que pensam por conta própria, parem com a teimosia, enquadrem-se nos quadros constitucionais vigentes, e não mais acionaremos o DOI-CODI, Cie, Cisa e Cenimar.[13] Caso contrário, não haverá presidente bonzinho nem bonitinho, não.

A metáfora da bomba. O último estágio do recuo é, naturalmente, a tortura – no momento, ao que se acredita, em misericordiosa vilegiatura. Em *Amnesty International: Report on Torture*, encontra-se a mais vigorosa defesa da tortura feita por especialistas: em última análise, a tortura teria a função de impedir que inocentes morram por culpa de assassinos do tipo ideológico. A fórmula, que encontra insidiosos ecos dentro de cada um de nós, justifica a tortura assim: "Imagine que sua mulher, seu filho, sua mãe estão à mercê de uma bomba, que só não explodirá se esse terrorista aqui, olhe, este verme, disser onde é que foi colocada a bomba". Esse tipo de raciocínio dramático convenceu o general Massu, na Argélia, e até (santos céus!) os ingleses na Irlanda do Norte a apelarem para um tipo de interrogatório que em pouco tempo esquece a bomba e se transforma em hábito de difícil extirpação.

Os fins e os meios. De um lado a bomba, metafórica, raríssima, de outro lado uma rotina de tortura que passa a ser um sistema de governo. A bomba é apenas um conto que já foi do vigário, em tempos inquisitoriais, e que hoje é tipicamente do soldado, do coronel. Na verdade, estamos diante, simplesmente, da velha questão filosófica dos fins e dos meios. Se confundirmos os dois, vamos, no fim do caminho, adotar exatamente aquilo que pretendíamos combater.

O espectro na televisão. A bomba não passa de um recurso teatral para disfarçar a pura violência da tortura, a violência de um regime tirânico, dizendo ao homem inconformado "muda de ideia ou te quebro os ossos".

---

[13] Centros de informação nos quais se praticava tortura durante a ditadura militar. (N.E.)

Quando, depois de preso durante muito tempo, o ex-deputado Marco Antônio Coelho apareceu, quase sinistro, na televisão, feito um fantasma, um espectro, ficamos sabendo que seu sofrimento e sua humilhação tinham levado o governo a descobrir onde se imprimia o jornal *Voz Operária*, que todo mundo conhece e que eu recebia com certa regularidade pelo correio. Todo mundo sabia que Marco Antônio era comunista e que o jornal comunista era impresso. Aquele espectro que o ministro Armando Falcão apresentou ao público das telenovelas, em horário nobre, não era o assassino de Salomão Hayalla.[14] Não era – esperava o ministro Falcão – sequer o ex-deputado Marco Antônio, e sim um homem novo, ou pelo menos recauchutado na vulcanização da tortura. Era um exorcizado, um convertido.

O braço místico. Por isso é que, CPI ou não CPI (eu me inclino mesmo a achar que uma comissão de inquérito sobre torturas neste momento não vai resultar em nada), temos que acabar com a tortura e estabelecer penas drásticas para o seu emprego. A tortura policial, é fácil de acabar com ela. Até um governo civil pode fazê-la desaparecer da noite para o dia.

A tortura militar é caso mais grave, pois constitui o braço místico, a missa negra das Forças Armadas, que estão convencidas de sua própria sacralidade e da missão de fechar o Brasil às ideias que são, num mundo de quatro bilhões de pessoas, praticadas e estruturadas em regimes por cerca de um bilhão e meio. Vale a pena atentar para a expressão "estruturadas em regimes", porque as ideias comunistas são também defendidas, por quem deseje fazê-lo, nos Estados Unidos, na Suécia, na Inglaterra, para nem falar na Itália e na Espanha.

É um cansaço isto de, no Brasil, esperarmos as tábuas da lei que nosso Deus armado entrega à Escola Superior de Guerra, uma estopada, uma seca, como dizia o Jacinto do Eça. Juntemos forças, enquanto dura a hora do recreio, para impedirmos, nós, que haja recuo e que o recuo desemboque de novo na tortura.

21 de março de 1979

---

[14] Personagem da novela *O astro* (1977-1978), de Janete Clair. (N.E.)

O castigo que esperava o doutor Fleury

Uma embaixada. Não é assim que o sistema castiga?

(Este texto já estava escrito quando morreu o delegado Sérgio Paranhos Fleury.)

Quando é que o governo militar brasileiro vai considerar que já pagou ao delegado Fleury o que lhe deve, para, finalmente, removê-lo da vida pública do país? Porque Fleury é isso, uma figura pública, um homem notório, famoso, uma espécie de varão de Plutarco virado pelo avesso, de Caxias da cizânia, do ódio entre os brasileiros, antipacificador por excelência.

Outro dia achei que o Fleury ia realmente ser punido. Quer dizer, punido à moda da casa. Com uma embaixada, por exemplo, a título de recompensa por serviços prestados. Imaginei que fosse representar o Brasil, digamos, em Assunção, ou Montevidéu. Mas achei que, pelo menos, na pior das hipóteses, o governo ia afastá-lo do nosso campo de visão imediato.

Sofri essa miragem, caí nesse ledo engano, há um mês e meio. Dia 16 de março passado, para ser mais preciso, quando li nos jornais o depoimento que, em São Paulo, perante o Conselho Permanente de Justiça da 2ª Circunscrição da Justiça Militar, prestou madre Maurina Borges da Silveira.

Cara a cara com o torturador. O delegado Fleury já foi acusado de assassínio e tortura tantas vezes, já ganhou tantos combates, mesmo contra adversários infinitamente superiores, como o magistrado Hélio Bicudo, que parece um tanto tedioso ouvir falar mal desse *enfant terrible*, uma espécie de filho mimado do golpe de 1964.

Mas atenção para a diferença: madre Maurina, que foi ouvida com o maior respeito pelos juízes militares, está viva, está em plena posse de suas faculdades mentais e de sua saúde física. Acho que nenhuma vítima de torturas falou, até hoje, com maior clareza do que ela. Acresce que ninguém a desmentiu.

Madre Maurina contou como, ao ser detida em 1969, foi primeiro maltratada e torturada por vários homens. "Aí entrou o doutor Fleury, que eu conhecia de fotografias por causa do caso dos dominicanos. Eu estava de cabeça baixa, não olhei para ele. Mas ele me mandou olhar nos olhos dele e não tirar o olho do seu rosto enquanto ele estivesse falando. Ele me disse: 'Como você está acostumada a falar com os padres, então eu vou chamar um para você confessar todos os seus crimes' [...] Ele fez um sinal para uma pessoa que estava atrás de mim, que eu não vi. Essa pessoa ligou uns fios nos meus pulsos e começou a dar choques elétricos, e o delegado Fleury ficou ali, todo o tempo, vendo eu pular da cadeira e rindo e gozando enquanto eu pulava. Naquela hora eu fiquei com dó deles."

Pela salvação do Brasil. Isto falou madre Maurina, e foi ao ler seu depoimento que imaginei que alguma coisa, pelo menos alguma embaixada, fosse acontecer ao Fleury. No entanto, que eu saiba, que eu tenha visto ou lido, não aconteceu nada. Absolutamente nada.

Confesso que esse endurecimento dos espíritos me mete medo. Quaisquer que tenham sido as intenções daqueles que introduziram a tortura no Brasil como um departamento do serviço público, a consequência (prevista por Márcio Moreira Alves em seu livro pioneiro de 1967, *Torturas e torturados*) foi essa aceitação da bestialidade, essa aceitação do convívio com Fleury.

Em geral, o mecanismo de defesa, e de preguiça, que pomos a funcionar diante do horror que é a tortura em si, e da culposa aflição de nada fazermos contra ela, tem sua mola na ausência de algum elemento indiscutível de prova, de uma certeza total, absoluta. Acusado de haver levado frei Tito ao suicídio, por exemplo, Fleury disse que não se lembrava dele. Alegou meio enfarado, que muitos padres tinham passado por suas mãos.

Madre Maurina, porém, além de viva e saudável, encontra-se em Ribeirão Preto. Fleury, vivo, saudável, gordo e rico, está na chefia do DEIC (Departamento Estadual de Investigações Criminais) em São Paulo.

Madre Maurina declarou: "Acredito que o que sofri foi um benefício de Deus, uma forma de contribuir para a salvação do Brasil".

Bacia de lata e fecho de ouro. Minha ideia, quando resolvi relembrar o depoimento de madre Maurina, foi oferecer esta *sacada* como contribuição ao estudo de Ralph della Cava sobre a tortura no Brasil, publicado em *Ensaios de opinião*. Apesar de escrito anos atrás, o texto de Della Cava tem força de síntese e se completa com duas cartas ao autor enviadas pelo então embaixador dos Estados Unidos no Brasil, professor Lincoln Gordon, que tantas vezes, tão em vão, tem tentado eximir-se de culpa pela crucificação da liberdade no Brasil durante o seu proconsulado. O tom de Lincoln Gordon lembra muito o de Pôncio Pilatos. Para que se tenha uma ideia do que valem as declarações do embaixador Gordon, basta lembrar que em setembro de 1964 saíram no *Correio da Manhã* várias reportagens sobre torturas, de Márcio Moreira Alves, incluídas depois no livro citado.

O general Geisel apurava torturas em Pernambuco naquele tempo. O "passeio" que o coronel Darcy Villocq fez Gregório Bezerra dar pelas ruas de Recife, seminu, uma corda amarrada no pescoço, foi divulgado no país inteiro. Mas Gordon não soube de nada, nem do que saía nos jornais. Segundo ele, na carta a Della Cava, só houve tortura no Brasil a partir de 1968. Ora, ele deixou a embaixada no começo de 1966: "E minha participação, como secretário de Estado assistente, na formulação da política oficial americana para a América Latina encerrou-se em julho de 1967".

É consolador assinalar, no entanto, que o estudo de Della Cava começou com o caso de madre Maurina, o qual, dia 15 de março passado, por ela própria foi encerrado com tanta dignidade e nobreza. Um fecho de ouro, para compensar a bacia de lata do Pôncio Gordon.

9 de maio de 1979

Um chapéu de *cowboy* para dom Scherer

O para-brisa de Oldenburg para matar criança pobre

O Brasil, que adquire nos Estados Unidos tanta máquina velha que os americanos não usam mais, poderia comprar, ao escultor Claes Oldenburg, o plano de um antigo monumento que ele desenhou para Chicago e que foi recusado. Oldenburg ficou famoso graças à originalidade de esculturas como sua *Batcolumn*, uma coluna, ou moderno obelisco, que é nada mais do que a representação de um bastão de beisebol. Outro célebre monumento de Oldenburg é o *Lipstick*, um batom que fez para o *campus* da Universidade de Yale, um formidável tubo de metal vermelho que se levanta do pedestal, como que pronto a pintar os lábios de uma giganta.

No entanto um dos projetos de Oldenburg foi decididamente arquivado pela cidade de Chicago. Com ele, o escultor queria exatamente sublinhar o que sente de violento em Chicago. Intitulado *Limpador de Para-brisa*, o monumento seria fixado entre os dois lagos de um parque da cidade. Sua imensa lâmina mergulharia num dos lagos, para emergir pingando água e mergulhar no outro lago, e assim por diante. Acontece que no verão crianças se banham nos lagos e poderiam facilmente ser cortadas ao meio pelo limpador de para-brisa, razão pela qual Chicago recusou a original ideia.

Pergunto eu: que tal comprar o projeto de Oldenburg para instalar o limpador no Rio, em São Paulo ou mesmo em Porto Alegre?

A escolha da violência. Quando o presidente Carter visitou a Grã-Bretanha, há uns dois anos, teve ao seu lado os agentes do serviço secreto que sempre o acompanham – mas desarmados. A lei inglesa fez com que deixassem no aeroporto de Heathrow as armas que portavam e que receberam de volta ao partir. Os policiais ingleses não usam armas de fogo e não permitem que os policiais visitantes as usem. O governo de Israel protestou contra tal prática no decorrer do ano de 1978, quando a tripulação de um avião da El Al foi vítima de um atentado árabe em Londres. Mas a El Al não conseguiu, nem mesmo depois do atentado, permissão do Ministério do Interior britânico para que seu pessoal desembarcasse armado. E o que a Scotland Yard disse à polícia americana – como fez numa conferência das duas corporações em Nova York – é que, enquanto a regra for, nos Estados Unidos, a de confiar muito mais nas armas do que no prestígio moral de sua força de polícia, a violência continuará aumentando.

Pois muito bem, no Brasil a escolha está feita. Estamos com os Estados Unidos. Violência se combate com violência. Quem com ferro fere, com ferro será ferido.

Um certo código de quatro hebreus. O arcebispo de Porto Alegre, dom Vicente Scherer, foi vítima há pouco de um atentado singularmente brutal, quase, mesmo, incompreensível em seu requinte de maldade e seu desejo de humilhar a vítima. E o cardeal, em sua reação, também não teve meias palavras. Se estivesse armado, teria atirado nos seus atacantes, disse. Sem qualquer hesitação, acentuou. Eu o vi na televisão, achando quase pueril a indagação do repórter. Legítima defesa é legítima defesa, declarou. Todos os códigos são, a esse respeito, unânimes.

Não pude deixar de admirar a total franqueza de dom Vicente. Depois de ferido, desrespeitado, despido pelos seus assaltantes, ele bem poderia, mesmo que continuasse a colaborar com os que investigavam o crime, dizer algumas piedosas sensaborias nas quais acreditasse pouco. Dom Vicente não é um hipócrita, muito ao contrário.

Mas será inteiramente cristão? Ou profissionalmente cristão, como parece atestar seu hábito, seu chapéu? De um código pelo menos algumas pessoas se lembrarão, redigido, em grego popular, por quatro hebreus, narrando, a quatro mãos, a história e paixão de um outro hebreu que não postulava o uso da violência contra a violência.

É claro que eu me sinto um pouco como quem pretende ensinar o padre-nosso ao vigário. Se amanhã (t'esconjuro, *vade retro*, pé de pato mangalô três vezes) me assaltarem, me roubarem, me ferirem e me puserem a andar pelado pelo Leblon, que direi eu? Direi, provavelmente, que vou andar armado e que quem se aproximar de mim com ares pouco confiáveis levará chumbo grosso no peito. Provavelmente. Mas eis aí a vantagem de não ser um cardeal da Igreja e sim um pobre pecador, com dose dupla de pecado original. Confesso que a convicção com que dom Vicente defendeu o tiro como resposta ao tiro me deixou inquieto. Nem uma palavra sobre os deserdados da terra, os criminosos que real e sinceramente jamais entenderam, jamais tiveram quem lhes explicasse a diferença entre o bem e o mal?

O caso do Estado-Maior. Para exemplificar o que senti vendo esse bravo arcebispo de Porto Alegre na televisão, quase irônico com o repórter que lhe perguntava o que teria feito se estivesse armado, preciso apelar para um exemplo ficcionista, mas, espero, expressivo da minha inquietação.

Imaginemos que fôssemos surpreendidos amanhã com a notícia de que os paraguaios, como fizeram ao se iniciar aquela longínqua guerra de 1864-1870, tinham invadido Mato Grosso de novo e ameaçavam a segurança nacional. Imaginemos, ainda, que, ouvido de pronto pela televisão, o ministro do Exército, ou o chefe do Estado-Maior, dissesse: "Sim, é verdade, estamos sendo atacados. Mas pensemos nos pecados cometidos na primeira guerra do Paraguai e ofereçamos a outra face".

Homem quadrado que sou, espero sempre que cada um cumpra o seu dever, ou justifique sua vocação, ou patente. (Aliás, é pertinente lembrar aqui que, quando sofreu um atentado igualmente brutal, no qual quase perdeu a vida, o general Muricy fez questão de lembrar o desamparo em que se criam as crianças pobres e abandonadas no

Brasil.) Dom Vicente é um homem franco e corajoso. Mas acho que um chapéu de *cowboy* não lhe assentaria mal.

    Seja como for, escrevamos a Claes Oldenburg para que ele nos ceda o limpador, com o qual exterminaremos, antes que se tornem meliantes, as crianças pobres do Brasil.

23 de janeiro de 1980

No Rio, as mártires do peito aberto

A Teologia da Libertação e a teologia da morte

Deixa-se o Rio durante um mês e grandes avisos e portentos se manifestam, como, na minha ausência, o advento, sobretudo em Ipanema, das santas de verão, as mártires que decidiram, de peito aberto, enfrentar a sociedade. Pergunto eu aos entendidos: estruturas históricas que se esvaziam, como a do martirológio dos primeiros séculos da nossa era, são sempre de novo ocupadas, embora tenham o sinal alterado, trocado?

Na *Legenda áurea*, de Jacopo de Varazze, encontro várias santas de janeiro, fevereiro e março, como Doroteia, Ágata, Inez, Juliana de Nicomédia e muitas outras, piedosas e corajosas virgens. Podiam servir de padroeiras às moças que, diante da rua Montenegro, são lapidadas, senão com pedras, com copos de plástico e ameaçadas até com garrafas de refrigerante. No entanto, indômitas, continuam a desafiar seus algozes com o rápido e desassombrado gesto de, puxando nas costas a ponta de um cadarço, desvelar, como quem abre uma cortina de teatro, os seios. São humilhadas, apupadas, xingadas, mas resistem, olhos perdidos no horizonte ou nas ilhas Cagarras. E não se diga que só as cariocas escrevem, com seu bronzeado martírio, as páginas da nova legenda de ouro. Uma reportagem do *Jornal do Brasil* de 15 de fevereiro inclui, entre as mais *brainless* das *topless*, uma jovem paulista, que, segundo disse, já chegou aqui careca de tomar banho em pelo, de piscina, na companhia "de amigos e parentes".

Acrescentemos que essas donzelas em apuros fazem com que também se encham de novo estruturas que a gente supunha caducas, como a da cavalaria andante. Não só há um vendedor ambulante de mate que delas nada cobra, quando estão de peito descoberto, como se registra a presença indormida de um feirante do bairro de Santo Cristo, que as protege contra tudo e todos, e propõe combate singular, mano a mano, a quem se atreve a importuná-las fisicamente. Além de ter o nome já de si homérico e alarmante de Aquiles, possui, entre suas cartas de nobreza e valentia, uma que a todos infunde prudência, antes de qualquer entrada na liça: foi, durante doze anos halterofilista da Academia Gracie de Jiu-Jítsu.

As mártires de Ipanema bem podiam eleger Doroteia para padroeira, entre as canonizadas desses meses. Doroteia, que era de Catânia, na Sicília, obstinou-se de tal forma em não sacrificar aos deuses romanos que teve os peitos, por meio de tenazes, extirpados. Festa: dia 5 de fevereiro.

As duas teologias. Outra matéria que me despertou a atenção quando voltei foi a entrevista concedida ao *JB* por dom Geraldo de Proença Sigaud, arcebispo de Diamantina. Quando interrogava dom Geraldo sobre a violência, o repórter lhe perguntou que achava da pena de morte. A resposta, que transcrevo por inteiro, foi a seguinte: "Sou da opinião que quando a coisa chega a certos extremos, a pena de morte se justifica. Naturalmente seria necessário que os processos fossem feitos com muita seriedade para se evitarem erros jurídicos. O fim principal da pena de morte é a formação da consciência do povo e não a correção do delinquente. E há certos crimes que são de tal gravidade que só a pena de morte mostraria ao povo essa gravidade de que eles se revestem".

Observar que a pena de morte não tem como fim principal a correção do delinquente pode parecer à primeira vista um descuido. Do ponto de vista de uma interpretação antiga e inquisitorial dos direitos do homem, nem tanto assim. O fim secundário da morte de um condenado pode ser correcional: é a melhoria moral do defunto. O fim principal, naturalmente, é a morte mesmo.

E aí, ainda que sem considerar outros aspectos da entrevista do arcebispo de Diamantina, temos um elemento substancial para separar as duas teologias que se enfrentam na Igreja do Brasil de hoje. Entre sacerdotes que dom Geraldo Sigaud não preza, como Pedro Casaldáliga, Tomás Balduíno, Helder Câmara ou o teólogo Leonardo Boff, está em vigor a Teologia da Libertação. No círculo do arcebispo de Diamantina, ou daquele de Porto Alegre, dom Vicente Scherer, está em vigor a teologia da morte. Os primeiros, como pacientes lavradores, tratam de melhorar a vida dos pobres e desvalidos para impedir que o crime surja da miséria. Os segundos são lenhadores. Planta ruim se arranca pela raiz, árvore ruim se corta para fazer um traste qualquer. É melhor uma banqueta sólida do que um homem sem préstimo.

O Novíssimo Testamento. Parece-me útil estabelecer a diferença entre a Teologia da Libertação e a da morte, para que se ilumine também o debate, que encontrei feroz, em torno do "marxismo" que estaria inspirando os que defendem a libertação e a vida. É mais do que tempo de encerrar a discussão enfadonha e constatar que Karl Marx é o mais recente dos grandes profetas judeus. Seu esforço, naturalmente, em lugar de reeditar Jeremias, foi ler Ricardo e Malthus para dar novas armas, de ciência econômica moderna, à boa e antiga luta. Mas quem não vê e sente que sua sociedade sem classes segue com rigor a mesma visão profética de uma Jerusalém a ser construída na terra, como reflexo da Jerusalém celeste? Marx já devia estar completando a Bíblia, entrando depois das epístolas e integrando assim um Novíssimo Testamento.

Semente jogada na areia. Finalmente, entre as notícias que me chamaram a atenção estava a do menor C.B.S., preso na praia de São Conrado. Roubou do carro de um argentino uma bolsa que continha 150 mil cruzeiros. Ao ser detido, metade do dinheiro ele já tinha passado para um cúmplice de quinze anos. C.B.S., que foi entregue à Divisão de Segurança e Proteção ao Menor, tem oito anos de idade. Oito. A delegacia da Barra da Tijuca diz que já o conhecia, como autor de vários arrombamentos e roubos na Barra e em São Conrado. Dado que só tem oito anos, a gente se pergunta quando, com que idade, terá efetuado o primeiro furto, levado a cabo o arrombamento de estreia. Mais fácil de imaginar é o adulto que vai ser essa criança da favela da Rocinha, que já ganha a vida como rato de areia. Acaba na forca, em Diamantina ou em Porto Alegre.

19 de março de 1980

Os dois livros que a tortura militar nos deu

Gabeira planando de asa-delta e Flávia desmanchando o casaco azul

Dois grandes livros autobiográficos surgiram da brutalidade militar que imperou no Brasil até tão pouco tempo, o de Fernando Gabeira e o de Flávia Schilling.

(Aqui abro parênteses para observar que, mal escrita a primeira frase, vi nela o erro que o leitor certamente viu também. O martírio de Flávia não ocorreu no Brasil e sim no Uruguai. Acontece que o erro é mais aparente do que real. Durante séculos, em nossa América Latina, falamos, sem convicção mas com muita ênfase e muita retórica, em nossos países irmãos, *naciones hermanas* e assim por diante. Agora, a partir do Cone Sul do continente, vai surgindo, vigorosa e vital, a confraria da brutalidade. Os laços e elos de corrente se estreitam dia a dia entre *nuestros países*. Neste momento, o Uruguai, a Argentina, o Chile abrem os braços a nova *hermanita*, a Bolívia, e, como *regalos*, lhe enviam *juguetes* de tortura. Aqui fecho parênteses.)

O que é isso, companheiro?, de Fernando Gabeira, é provavelmente o primeiro documento em que surge o homem brasileiro no ato da plena percepção de si mesmo. O livro é um exercício de nobre narcisismo, no gênero *Seven Pilars of Wisdom*, de T. E. Lawrence. Não se trata de uma simples contemplação, o indivíduo se analisando e se aprofundando passivamente, vendo-se viver a vida cotidiana. Gabeira se fez herói, correu riscos enormes, aceitou o martírio para ver realmente como funcionava por dentro. É claro que fez tudo isso em nome de um ideal político, vinculado ao destino do Brasil, assim como T. E. Lawrence viveu sua epopeia do deserto em nome de um alvo imperial britânico. Os homens desse tipo são fortes e bravos aventureiros do espírito e não estetas decadentes.

Seja como for, Gabeira só retornou ao Brasil para publicar seu livro. Em seguida subiu à pedra da Gávea, onde envergou uma asa--delta, planou sobre as montanhas e praias do Rio e, feito um Ícaro meio entediado com as multidões lá embaixo, foi direto ao aeroporto internacional pegar seu avião. Segundo outra versão, não chegou sequer a pousar no Galeão, seguindo em sua própria asa-delta para Orly.

O casaco feito e desfeito. As cartas de Flávia Schilling em *Querida liberdade* são vinho de outra pipa, autobiografia de outra tradição. Flávia é de origem alemã, mas a obsessão do *bildung*, da metódica construção da personalidade, não tem nada a ver com ela. Baleada no meio da rua, presa, torturada, operada no cárcere, onde permaneceu durante mais de sete anos, Flávia não inventou para si mesma caminhos novos e fulgurantes. Trilhou, com grande naturalidade e graça, aquele *camino de perfección*, que é sempre o mesmo, estreito, pedregoso, difícil.

Quando o sofrimento é duro demais, Flávia, com admirável e tocante humor, o coloca em seu devido lugar. Proíbe-o terminantemente de se mostrar e ocupar o centro do palco, de dar vexame. Operada ao ser presa do tiro que levou, operada, anos depois, ainda presa, de um fibroma uterino, ela não disfarça o medo que sente. Engole as lágrimas e conta tudo com simplicidade. A condição humana é isso aí, parece dizer. E, por afinidade, pelo menos enquanto lemos Flávia, ficamos heroicos e alegres.

A primeira carta, de 1972, dá o acorde: "Por mim não se preocupem, tive muita sorte, a ferida não foi muito grave e estou melhorando. Nos primeiros dias, quem olhasse para mim morreria de riso: cheia de tubinhos por todos os lados. O soro pela perna, a respiração pelo caminho da traqueotomia [...]" Em carta de 1976, morta de medo da solidão, nos mostra o terrível momento em que nos fazemos e nos desfazemos: "Logo que cheguei comecei a tricotar desesperadamente (para fazer algo com as mãos e não estar sempre na posição do pensador de Rodin); desmanchei o casaco azul que tinha e comecei a fazê-lo de novo".

Quando o desespero quer tomar conta dela, Flávia desenvolve uma extraordinária capacidade de arrumar mentalmente sua vida ainda tão breve, uma vida de quase menina-e-moça sofrendo como gente grande. Passado, presente e futuro são arrumados por Flávia, nas longas horas do cárcere, como se fossem sólidos geométricos, cubos, brinquedos de armar. "Vou lhes contar um pouco como encaro minha situação de presa em forma global. Todos esses anos evidentemente vão me marcar, mas não penso deixar que condicionem a minha vida futura ou mudem minha forma de ser quanto ao frescor e à tranquilidade para encarar a vida."

A noite escura. Só numa carta lancinante de setembro de 1976, Flávia cede ao terror da *noche oscura* de San Juan de la Cruz. Evoca a infância. "Não posso me esquecer da hora da sesta, quando eu aproveitava para ficar fora, brincando [...] de repente eu tomava consciência do silêncio em que eu estava e sentia um pânico feroz, que me obrigava a ir voando para casa [...] a sensação de pânico ante a solidão. Sempre a sentia como uma solidão ameaçadora. Meus temores eram dois: do homem que me cortava com um machado como o que havia no galpão e de que aparecesse, como no filme *Marcelino, pão e vinho*, Jesus na cruz. E eu, ao lembrar-me de tudo isso, me dizia: 'pobre menina Flávia, que de certa forma viu concretizados seus medos infantis e tem de suportá-los inevitavelmente'. Espero não começar a autocompadecer-me demais."

Só nos resta, diante desses dois livros, dizer: belo Gabeira, linda menina Flávia, com pessoas como vocês, forjadas nas mesas de cirurgias de hospitais militares e nos quartéis de tortura, vamos fazendo raça nova.

6 de agosto de 1980

Da Suíça de Godard ao Leblon

Não perdemos ainda a lembrança das vítimas

*S*alve-se quem puder (a vida) é o título do mais recente filme de Jean-Luc Godard, classificado pelo autor como "meu primeiro segundo filme". Quer provavelmente dizer com isto que se trata do seu primeiro trabalho numa segunda fase. O herói da história é um cineasta que está sendo abandonado pela mulher, e a filosofia implícita no enredo parece ser a venalidade embutida no ser humano, tanto no corpo (o filme inclui uma prostituta, ao que se diz muito bem representada por Isabelle Huppert) como no espírito.

Não vi o filme, apenas li artigos a seu respeito. Mas tanto o título (que é uma espécie de adeus aos companheiros de luta) como a descrição do que nele se faz deixam a impressão de que Godard rodou, em *Salve-se quem puder (a vida)*, o funeral dos anos 1960. Li há algum tempo a entrevista que Penelope Gilliatt, crítica de cinema e contista inglesa, faz com Godard, que há tanto tempo não alegrava com um filme seu as telas do mundo. Estava ele trabalhando exatamente em *Salve-se quem puder (a vida)*, que montou em 1979. A descrição feita pela escritora do ambiente do estúdio de Godard – de um requintado luxo tecnológico e, ao mesmo tempo, de uma simplicidade de cela de monge – me levou a pensar que ele se preparava para voltar mais sereno, mais clássico do que nos tempos de *O demônio das 11 horas* ou de *A chinesa*. Isso, pelo que leio agora, não aconteceu. Ninguém está negando ao filme uma qualidade godardiana de belas imagens e piadas mordazes. Sob a polida superfície, porém, parece que agora só existe desencanto com o ser humano, uma exasperação profunda. O filme fica, por isso, frio e inútil.

Godard foi o porta-estandarte da rebeldia dos jovens de 1968, em Paris ou no Rio. Por que estará enterrando agora, não com melancolia ou pena, as esperanças daquele tempo, e sim com uma espécie de nojo e desgosto? Quando Jean Seberg se suicidou, pensei, ao contrário, que Godard fosse talvez voltar, em estilo novo, a imagens antigas. Jean Seberg, no *Acossado* de Godard, foi, ao lado de Belmondo, uma espécie de precursora simbólica de uma luta de moços contra sanguinários deuses invisíveis. Pois foi levada ao suicídio pelo FBI, como a história foi contada pelo próprio FBI (uma nova administração denegrindo a administração anterior). Trata-se da mais pura e cristalina verdade. Inventaram uma sórdida história sobre a vida particular da atriz, que militava entre as panteras negras. Cansada de se defender de infâmias bem colocadas em colunas de mexericos, perseguida, acossada, em suma, Jean Seberg se matou.

Mas que se há de fazer? Os tempos mudam, a história toma outros rumos. Se perguntássemos hoje em dia se alguém ainda considera a possibilidade de abrir mais um ou dois Vietnãs, a resposta seria surpreendente. Só na extrema direita é que perduram hoje tais ideias. No momento, quem deseja colocá-las em prática é o secretário de Estado Alexander Haig. Vai abrir o segundo Vietnã em El Salvador.

Seja como for, Godard situa a ação do seu filme numa cidade da Suíça, que é, notoriamente, um país perfeito. Perfeito demais, quase incômodo. Lá na Suíça, pela primeira vez outro dia, moços desfilaram em passeata de protesto, diante de cantões atônitos e lagos boquiabertos. Um dos cartazes que carregavam dizia: "Aqui, o que não é proibido é obrigatório". No Brasil, felizmente, não perdemos ainda a lembrança das vítimas. Mulheres tenazes, valentes, como Eunice Paiva, continuam lutando para que não esqueçamos que nada tem de revanchismo o querermos saber pelo menos como morreram as pessoas a quem queríamos bem.

No caso de Rubens Paiva, sequestrado diante de sua casa, no Leblon, em janeiro de 1971, não eram apenas os seus, sua mulher Eunice, seus filhos, que o queriam bem. Eu, por exemplo, me incluo entre os incontáveis e inconsoláveis admiradores do amigo Rubens. Não se pede forca para o criminoso. Mas exigimos que se conte como foi morto Rubens Paiva. À família e a todos nós, que não acreditamos na fórmula do salve-se quem puder.

15 de abril de 1981

A tortura definida pela geografia

Só agora li o livro *Prisioneiro sem nome, cela sem número*, que o argentino Jacobo Timerman publicou nos Estados Unidos sobre sua prisão e sobre as torturas a que foi submetido. Terrível em si mesmo, o livro é particularmente assustador para todos nós, sul-americanos, habitantes do mercado comum da brutalidade militar. Eu me declaro totalmente alarmado pelo fato de que – pela primeira vez na história – a ditadura tomou conta, ao mesmo tempo, do Brasil, da Argentina, do Uruguai, do Chile, para nem falar na delirante Bolívia, com sua inovação perigosa do militar-contrabandismo. Não se pode mais atravessar a fronteira, fugir. Fundou-se a pátria luso-hispânica do obscurantismo. Entre tantos livros do mesmo tipo, o de Timerman se destaca por dois motivos. O primeiro é que o horror, em Timerman, nos chega por intermédio de um trabalho severo, literário, que é o que transfere a experiência de um homem só para a sensibilidade geral. O segundo é a própria face original da brutalidade do Cone Sul, tal como ocorre na Argentina. Essa face original é a de um feroz antissemitismo.

Jacobo Timerman – cujo pai ucraniano chegou à Argentina em 1928 – radicou-se no país, fundou o jornal *La Opinión*, passou a fazer tão naturalmente parte da Argentina intelectual quanto, digamos, Samuel Wainer no Brasil. Seu prestígio era tão sólido que, como ele próprio conta, ao ser preso pela facção nazista do Exército argentino, contou com o interesse e o apoio dos chefes da República. "Desde o início, o presidente Videla e seu principal aliado militar, general Roberto Viola, procuraram converter meu desaparecimento numa detenção regular, com o intuito de me salvar a vida." Não conseguiram, e quando Timerman, amigo de ex-presidentes e ex-ministros, foi interrogado, não lhe perguntaram o nome. A primeira pergunta foi: "Você é judeu?". Aqueles oficiais que o interrogavam, obcecados, mergulhados numa espécie de metódica alucinação, queriam pormenores do indizível. Queriam que Timerman lhes detalhasse o plano sionista de fundar uma colônia de Israel na Patagônia. A que ramo da conspiração pertencia Timerman? O israelense, o russo ou o americano? "Um verdadeiro dilema", escreve Timerman, "já que nasci na Rússia, tinha visitado Israel e mantinha relações extremamente amigáveis com a embaixada dos Estados Unidos". Ao mesmo tempo, aqueles inquisidores fanáticos achavam muito natural que, ao efetuarem as prisões ilegais, seus soldados agissem como ladrões. No cárcere, Timerman viu o próprio relógio no pulso de um dos guardas. Outro guarda lhe acendia o cigarro com um isqueiro muito familiar – o isqueiro de sua mulher.

Timerman ficou na prisão, onde sofreu todas as torturas e humilhações, durante dois anos e meio. Nunca foi publicamente acusado de nada e portanto nunca foi julgado ou absolvido. Foi, por muita condescendência, expulso da Argentina, com os bens confiscados. Depois do grande impacto que obteve, o livro passou a sofrer críticas da direita nos Estados Unidos. Timerman teria omitido sua ligação com o banqueiro argentino David Graiver, comprometido com os Montoneros. O fundo do ataque a Timerman consiste no fato de que ele expôs a brutalidade do governo argentino – que Carter conhecia de sobra –, quando os partidários de Reagan acham que só os países comunistas são desumanos. A "filosofia" por trás dessa atitude é que só a URSS ameaça o mundo "livre", enquanto a Argentina é parte desse mundo. Por sua vez, a explicação por trás dessa filosofia é que países atrasados como a Argentina – ou o Brasil – exercem no máximo o mal que neles se contém. São fracos. Não têm lei nem ordem. Torturam hoje, feito nazistas, mas amanhã serão boa gente. Não têm nada na cabeça, em suma, ou muito pouco. E, antissemitas ou não, seus exércitos são sempre anticomunistas.

A nova perseguição difamatória que Jacobo Timerman sofre é o símbolo da concepção da tortura não como um mal em si. A tortura está sendo demarcada ideológica e geograficamente. Não existe, em suma, tortura abaixo da linha do Equador.

22 de julho de 1981

Goethe no DOI-CODI

Ao assumir a chefia do Gabinete Civil da Presidência da República, o sr. Leitão de Abreu citou Goethe: "Prefiro a injustiça à desordem". Achei curioso, como outros acharam, pois o que mais se cita de Goethe no Brasil é essa preferência pela injustiça. Volta e meia alguma autoridade detona a frase. Onde e em que circunstância Goethe a teria pronunciado?, perguntei a mim mesmo. Eu poderia ter telefonado ao professor Leitão de Abreu, presumo, e ele sem dúvida me diria que a frase ocorre no verso tal, de tal parte do *Fausto*, alguma das infindáveis páginas de *Os anos de aprendizado de Wilhelm Meister*, ou de *As afinidades eletivas*, ou sabe Deus em que obra e capítulo do verdadeiro oceano de palavras que nos legou o maior gênio da língua alemã. Acontece que não conheço o sr. Leitão e prefiro manter uma prudente e salutar distância desses homens todo-poderosos.

Optei, então, pelo caminho, árduo mas menos perigoso, de espiar em alguns livros de Goethe, ou sobre Goethe, para apurar em que dia de certa irritação ele teria pronunciado este *Diktat*. Apelei, primeiro, para o verbete "Goethe" da *Enciclopédia Britânica*, mas lá não encontrei o dito. Me voltei, então, com grande esperança, para a coleção dos *Grandes livros do mundo ocidental*, com seu pormenorizado índice de ideias. Catei o nome de Goethe nas referências à ideia de justiça, lei, liberdade, pois por aí me pareceu que chegaria à pérola pessimista, à noção de que ao motim é preferível o beleguim. Também não tive melhor sorte. É verdade que, auxiliado pelo índice, cheguei a uns versos do fim do *Fausto* onde imaginei que estaria incluída a frase. Como no jogo do chicote-queimado, eu disse a mim mesmo que estava ficando quente, pois havia ali considerações sobre o fato de que quem tem o poder tem o direito.

Mas a conceituação era muito generalizada. Não representava, no trecho, o pensamento do doutor Fausto. E reparei, então, que os versos eram uma fala de Mefistófeles. Ora, além de não estar ali a frase citada pelo sr. Leitão, achei que ele não iria escolher, para o momento eufórico da sua volta ao poder, um pensamento do tinhoso. O superministro que saiu de cena, o general Golbery, era, dizia-se, uma reencarnação de Maquiavel. Decerto o general-presidente Figueiredo não iria querer substituir Maquiavel por Mefistófeles, numa espécie de acelerada descida às entranhas da Terra.

Parti, então, para um exame do excelente livro de Thomas Mann que se chama *The Permanent Goethe* [O Goethe permanente] e me animei com a introdução biográfica escrita por Mann, onde aparece um Goethe impaciente com os excessos da Revolução Francesa e com o culto das massas. Mas não encontrei o aforismo da escolha entre a caserna e a baderna. E um trecho de Thomas Mann acabou de me desanimar. Aquele em que evoca o que presenciou Goethe durante seus 83 anos de vida: "[...] A Guerra dos Sete Anos, a luta dos Estados Unidos pela independência, a Revolução Francesa, a dissolução do Sacro Império Romano, o raiar de um novo século que transformou a fisionomia e a atmosfera do mundo, a era da máquina...".

Acresce, ainda, que Goethe, nascido em 1749, não se limitou a testemunhar os acontecimentos do seu tempo. Desde que, muito moço ainda, escreveu o *Werther*, ele foi um dos maiores colunáveis da Europa. Conheceu pessoalmente Napoleão e Beethoven, correspondeu-se com Byron, Stendhal, Victor Hugo. A propósito de alguém, de algum gesto, de algum fato terá dito que aos berros de uma passeata preferia os sóbrios estalos de uma chibata.

Cheguei, então, à conclusão óbvia de que em Homero, Shakespeare, Goethe, como num supermercado, cada um enche a sacola com o que lhe apraz. "Prefiro a injustiça à desordem" não é, como vimos, uma das frases de maior ibope na obra goethiana. Mas tem afinidades eletivas com aqueles que, num país como o Brasil, são investidos do tacape e do poder. Interrogado, talvez o próprio Goethe não se lembrasse quando, ou a que propósito, proferiu aquela frase dura. Mas, se a inquirição fosse feita num quartel dos tempos do presidente Médici, digamos, em pouco tempo o poeta se lembraria de tudo.

26 de agosto de 1981

Terror e compaixão

Pra frente, Brasil, filme de Roberto Farias,
é uma proposta política de criação de uma câmara altíssima,
com os lordes do futebol

Estou escrevendo sob o impacto do filme a que acabo de assistir, numa pequena cabina de projeção. Chama-se *Pra frente, Brasil,* tem a direção de Roberto Farias e não dá ao espectador, pelo menos o espectador brasileiro, nem a mais rasa colher de chá. O diretor nos mantém debaixo da sua alça de mira. Pode-se mesmo dizer que a brutalidade crua de certas cenas nada é diante da angústia, do *sufoco* representado pela película inteira. Nós vivemos, o país inteiro viveu aquilo – o desenrolar da história nos diz o tempo todo –, e é importante não esquecer. O achado da história em si mesma é que, como a grande vítima do filme, o mais torturado nem sabe, o tempo todo, por que o torturam; o gume, o fio cortante do entrecho, deixa de ser ideológico para abranger a condição humana.

Não me lembro de outro filme que traga, como esse, uma carga tão grande de terror e de compaixão. O puro mal concentrado em Carlos Zara e a pura piedade que nos infunde Natália do Vale balizam este filme emblemático, cheio de tipos que poderiam ser clichês – Elizabeth Savalla é uma jovem subversiva que leva o radicalismo a um extremo de loucura, e Antônio Fagundes é o homem politicamente ignorante mas induzido ao terrorismo por uma paixão humana, antiga, de irmão –, porém criam vida nas mãos de um diretor implacável. Farias põe todo mundo para pagar seus pecados na tela, diante da gente. Se o achado psicológico do filme é mostrar que não ter ideologia não garante a paz e a saúde de ninguém, seu achado técnico é narrar um conto de terror em ritmo e tom de documentário. Como o drama contado é por demais parecido com mil histórias da vida real brasileira, o prato resultante exige estômago forte. Só o desfecho um tanto romântico, com um inesperado toque de *high noon*, me pareceu destoar da pavorosa ficção em termos de cinema-verdade.

Dito isto, digo agora o principal. O rendimento artístico dessa tragédia reduzida a *newsreel* se deve às cenas verdadeiras que utiliza da Seleção Brasileira de Futebol ganhando o tricampeonato no México. O contraste entre a confusão-terror da vida brasileira e o futebol-ordem de Gérson, Tostão, Pelé desencadeia no espectador uma espécie de especulação compulsiva. Como é que, de dentro do país transtornado, bruto, voltado para a morte, sai o esquadrão da vida que é a equipe de futebol, fruto de paciência, exercício, ascese atlética? A gente em geral aceita, como indiscutível, a ideia de que os grandes jogos e esportes, como a grande arte, florescem nas épocas de vitalidade nacional, de harmonia do corpo e do espírito; pensa-se na Grécia das Olimpíadas e, dois mil anos depois, na Inglaterra, que, do alto do seu império e dos seus gramados caseiros e esportivos, se pôs a bolar e disseminar pelos demais povos os vários meios de jogar bola, com os pés, com as mãos, com tacos. Como explicar que, sem harmonia, sem grana, sem nada, estejamos quase tetracampeões? Não sei, mas entre tantas reformas políticas devíamos criar uma câmara altíssima, um supersenado da República, com os ex-técnicos da seleção – lorde Feola, lorde Saldanha, lorde Telê e assim por diante.

17 de março de 1982

O Brasil e o diabo mal-educado

O *Batismo de sangue* e os livros que traçam o
perfil de uma demonologia ufanista. Mais uma vez,
o mundo se curva diante do Brasil

Nélson Rodrigues, que era de um patriotismo profundo, costumava dizer, com seu soturno senso de humor, aos que não acreditavam no Brasil: "Um dia ainda teremos até nosso vampiro de Düsseldorf, nosso Jack, o estripador".

As sociedades adiantadas produzem monstros sofisticados e os dramaturgos sentem certa atração por eles. Aí está o exemplo de Carlitos, com seu *Monsieur Verdoux*, de 1947, que chocou e enfureceu muita gente, ou o de Frank Wedekind, com as duas peças da sua fascinante Lulu. Ao filmar *Lulu*, Pabst fez do Jack, o estripador idealizado por Wedekind, um tarado apenas entrevisto, mas de muita categoria. O fundo do problema é o da persistência em sociedades que já se consideram livres de qualquer ranço de superstição e velharia – do demônio. Dois grandes romances modernos trouxeram decididamente de volta o cavalheiro: *Doutor Fausto*, de Thomas Mann, e *Grande Sertão: Veredas*, de Guimarães Rosa.

No entanto, em relação à época em geral, o demônio em estado puro, concentrado na figura do torturador, é muito encontradiço em publicações como as da Anistia Internacional. E nesse terreno é forçoso observar, sem qualquer ufanismo, que a Europa, o mundo inteiro se curva diante do Brasil. É o que se comprova em livros como *Batismo de sangue*, de frei Betto, editora Civilização Brasileira, no qual se recorta bem o perfil do delegado Sérgio Paranhos Fleury. Lembro que no dia 1º de maio de 1979 recebi da redação de *IstoÉ* um telefonema. Meu artigo semanal, já composto, tinha como detestável tema exatamente o delegado Fleury. Nele eu estranhava que Fleury, mesmo depois do depoimento que fizera madre Maurina Borges da Silveira, acusando-o nominalmente de comandar sua sessão de tortura, não se tivesse dignado a defender-se da acusação. Ou pelo menos fingir que se defendia.

Ora, o telefonema da revista era para me avisar que o delegado Fleury acabava de morrer. A questão era saber se eu desejava manter o artigo. O artigo saiu, sem qualquer alteração. Ostentava apenas uma nota esclarecendo que o texto já estava escrito quando ocorrera a morte do delegado. No mais, grifava e sublinhava a confiança de Fleury, filho mimado de 1964, na impunidade olímpica que o governo lhe garantia em troca de serviços prestados.

Alguns desses serviços estão relatados em *Batismo de sangue* e um deles é verdadeiramente demoníaco: aquele que traça o trágico itinerário de frei Tito de Alencar Lima, da tortura no Brasil ao suicídio na França. O último psiquiatra que, no Hospital Edouard Herriot, de Lyon, examinou frei Tito, disse: "[...] Fleury apossara-se do corpo e do destino de Tito e continuava a torturá-lo. Não se trata apenas de uma metáfora: graças ao ódio, o carrasco havia-se introduzido na pessoa da sua vítima".

O livro de frei Betto faz parte dessa crescente safra de documentos que nos garantem que desta vez não esqueceremos. Disse o poeta Baudelaire que o truque mais fino do demo é nos convencer de que não existe. Mas no Brasil o demônio ainda é um tanto bruto para essas manhas. Aparece, age e depois nem pede desculpas.

2 de junho de 1982

O país da inocência perdida

O cantor Sérgio Godinho, tratado com choques elétricos pelos órfãos de Fleury, defende-se de uma vaga acusação da polícia, que jamais admitirá que errou

Por duas vezes, na mesma semana, vi um jovem poeta e cantor português arrastado com violência e com uma inexplicável urgência pelos corredores e escadarias do Palácio da Justiça Federal, no centro do Rio. Tanto na primeira audiência, a do interrogatório, como na segunda, a do sumário de culpa, Sérgio Godinho foi tratado pelos policiais que o acompanhavam não como alguém vagamente indiciado num vaguíssimo processo. Tinha-se a impressão de que ele era, isto sim, algum assassino tão perigoso e tão odiado da multidão que, a qualquer distração dos seus guardas e carcereiros, podia ser atacado, espancado, linchado. Homem de excepcional coragem e dignidade, Godinho, mesmo durante as torturas a que foi submetido, negou que lhe pertencesse um cartucho de maconha que apareceu em mala sua que esteve algum tempo longe de suas vistas, em mãos estranhas. E já que, depois de denunciar a tortura na 4ª Vara Federal, Godinho voltou para a mesma prisão em que a sofreu, considero sua denúncia de tortura inegável e insofismável. Ninguém calunia e injuria quando sabe que volta, algemado, à guarda e convívio dos caluniados e injuriados.

As audiências na 4ª Vara transcorreram em sigilo de Justiça. Só os advogados de Godinho puderam entrar. Público e imprensa ficaram do lado de fora. A juíza Julieta Machado Lunz achou que assim preservava melhor a majestade da lei, já que havia pelos corredores gente demais e muitas câmaras de televisão. A juíza está no seu direito, mandando no recinto da sua corte. Mas que diante de tanta gente e tantas câmaras a polícia também resolvesse proteger a sua dúbia majestade tratando Godinho daquela forma – eis o que pede uma explicação aprofundada. Por duas vezes vi os policiais cercando e empurrando o cantor como quem subjuga e arrasta um touro bravio. É que estavam defendendo a soberania, a autonomia da polícia, seu direito de agir, e inclusive torturar, sem dar satisfação a ninguém, tal como ocorreu nos últimos dezoito anos. Esses rapazes são os órfãos do delegado Fleury, os irmãos, ainda de luto, de Mariel Mariscot.

Aos corredores da Justiça Federal chegavam também notícias de Lisboa. Gabriela Godinho, mulher de Sérgio, informou aos amigos daqui que fora procurada por homens que se apresentaram como policiais e lhe haviam pedido, polidos e ameaçadores, que não desse força às manifestações portuguesas em favor do marido, pois assim indispunha ainda mais, contra ele, as autoridades brasileiras. Há, como se vê, uma espécie de Itamaraty policial, secreto, cuidando de relações exteriores entre o DOPS e a Polícia Internacional e de Defesa do Estado (PIDE).

O que honestamente me parece que aconteceu no caso Sérgio Godinho é que a polícia cometeu de início o erro de detê-lo. E a polícia não admite erro, nunca. Lança mão de qualquer recurso para não se retratar. Sérgio Godinho, primeiro torturado no cárcere e depois maltratado à vista de todos pela obstinação com que provou sua ausência de culpa, foi punido pelo crime de uma afrontosa inocência.

Espero que, ao sair este artigo, o Tribunal Federal de Recursos já tenha concedido o *habeas corpus* impetrado pelo advogado Humberto Teles, para que Godinho possa defender-se em liberdade. E para que deixe de nos envergonhar e consternar com o tratamento que recebe às mãos da polícia. Ainda vamos levar algum tempo para aprender a lidar de novo com os inocentes.

22 de dezembro de 1982

Da mata grande à senzala

Em 1941, com a Segunda Guerra em curso, o repórter rumou para Londres sob bombardeio nazista, onde permaneceu até 1947, no serviço de rádio da BBC. Voltou com "fome de Brasil". Empregado no mesmo *Correio da Manhã* no qual iniciara a carreira dez anos antes, logo arrumou um pretexto para visitar a Amazônia. Uma segunda e mais importante viagem ocorreu em 1952. Callado esteve no Xingu, integrando uma expedição para determinar se uma ossada encontrada à beira do rio Culuene era ou não a do explorador inglês Percy H. Fawcett, desaparecido naquela região em 1925, quando buscava o Eldorado.

Voltou várias vezes. Seu amor aos índios, transformado em matéria romanesca em alguns livros, era um amor concreto. Vivi com ele um momento de grande beleza, quando tomávamos banho na lagoa Ipavu, da aldeia camaiurá, durante as filmagens de *Kuarup*, de Ruy Guerra. Cercado de meninos indígenas, Callado, como um avô amoroso, brincava com eles dentro d'água, fingindo ser um monstro que os atacava. Os meninos fingiam susto, riam alto, pulavam dentro d'água e voltavam para perto do "monstro". Incansável, Callado repetia a mímica, e os curumins não queriam largá-lo. Tive que intervir quando vi que ele estava exausto. ∎

À espera do julgamento de Xavantina

Quem sabe lá se cobrem as culpas de nosso genocídio

Já dava para escrever uma história do mal no Brasil, pensei mais de uma vez, procurando um denominador comum para a viagem que fiz ao Araguaia, bravia zona do Brasil onde o mal, assanhado, ativo, choca-se com um bem que também não é de brincadeira.

Percebi logo que um bom e sólido capítulo para essa história residia num decreto que, enquanto eu viajava, ocupava muito o ministro Rangel Reis, do Interior, o tal decreto que "permite a emancipação do índio isolado e em comunidade". Resumido em poucas palavras, o decreto transferia a tutela do índio, e de suas terras, do âmbito do governo e da Funai, para o âmbito de Sérgio Dourado e Júlio Bogoricin. Confesso, porém, que a funda malevolência desse instrumento não me pareceu a peça básica que em verdade é da nossa história do mal, porque outros exemplos me ocorriam, esparsos, também importantes mas ainda assistemáticos.

Lá em Ribeirão Bonito e na Cascalheira, por exemplo, muitos dos que rezavam pela alma do padre e mártir ali assassinado caíam em confusão e perguntavam como é que Deus engendrava, na mesma família, o admirável padre Penido Burnier e o brigadeiro do mesmo nome. Isto faz sentido?

O mal gosta de se abrir ao sol, feito um pavão

O mal gratuito e circunspecto. E me lembrava de outros exemplos, ao recapitular maldades. Alguém já viu o mal em forma nítida, circunspecta, diante do qual não adianta a gente dizer que ele é fruto da ignorância e sim que, ao contrário, gosta de se abrir ao sol, feito uma cauda de pavão?

Passei o Carnaval de 1971 na casa de amigos, em Búzios. Amigos meus e de Rubens Paiva, que desaparecera dia 20 de janeiro. A Búzios chegou, animada pela primeira vez desde o sequestro e desaparecimento do marido, Eunice Paiva. Tinha, finalmente, conseguido se avistar com o ministro Alfredo Buzaid, da Justiça, que lhe dissera, tranquilo e firme, o seguinte: "Minha senhora, seu marido está vivo e está bem. Dentro de quinze dias ele estará em casa, com a senhora e os filhos, ou estará sendo publicamente julgado. Pode ficar tranquila".

Me lembro ainda de Eunice perscrutando, com certo nervosismo, nossas caras, tentando ver se algum de nós podia duvidar de fala tão clara, tão serena. "Ninguém ia dizer uma coisa dessas à toa, vocês não acham?"

Eunice nunca mais foi recebida pelo ministro Buzaid. E, naturalmente, nunca mais tornou a ver Rubens, seu marido.

Nós também já temos o nosso Adolf Eichmann

Banalidade do mal. Foi de repente que me lembrei de Hannah Arendt ao desenvolver em livro que saiu póstumo seu conceito da "banalidade do mal", que primeiro lhe ocorrera quando acompanhava, em Jerusalém, o julgamento de Adolf Eichmann, o tremendo carrasco e exterminador de judeus.

Contrariando a tradicional interpretação do mal como fruto da soberba, do orgulho, de um heroísmo negativo e destruidor, ela só viu em Eichmann um homenzinho qualquer. Os crimes que cometera eram monstruosos. Eichmann era o principal artífice da morte de seis milhões de pessoas, mas a criatura sentada no banco dos réus era um funcionário bem-comportado, aliás, polido com seus juízes. "Não apresentava nenhum sinal de convicções ideológicas firmes ou de motivos malignos específicos. Sua única característica notável, identificável tanto em seu comportamento passado como em seu comportamento durante o julgamento ou durante o inquérito policial prejulgamento, era algo inteiramente negativo: não era estupidez, era uma ausência de pensamento".

Nosso Eichmann, nosso genocídio. A estruturação de uma história do mal no Brasil, que venha eventualmente a ser adotada em nossas classes de moral e cívica, não precisa, portanto, apoiar-se em material mais grosseiro, como o Esquadrão da Morte, a biografia do delegado Fleury ou a concepção de implantação do pau de arara.

Já temos o nosso Eichmann, o nosso genocídio. Cansados dos *pogroms* de indígenas que levamos a cabo desde a mais tenra idade deste país, vamos chegando à solução final. Digo "vamos chegando" porque a desenvoltura inicial da minuta do decreto de emancipação dos índios já ensaia manobras de recuos e de negaças. A crítica firme de Darcy Ribeiro, de dom Tomás Balduíno, de Orlando Villas-Bôas alterou os termos originais do projeto. O ministro Rangel Reis não diz mais em voz embargada de civismo, que o índio emancipado poderá ser general, presidente, ditador. Ao contrário. Recolhe-se, passa a palavra ao general Ismarth, da Funai, ao mesmo tempo que se sugere que a ideia de emancipação (solução final) do índio veio do próprio presidente Geisel.

Um dia o decreto dos índios vai ser vingado

Não importa. Se o decreto um dia vingar e os índios, tutelados do governo, forem transformados em menores abandonados, soltos pelas BRs do Brasil como os outros pelas ruas, já temos, quando o Brasil tomar jeito, pelo menos o modelo de julgamento do responsável. Mesmo quando banal, em quem o exerce, o mal não pode ser tolerado, não pode viver à solta. Esse decreto contra os índios, que vai e vem mas que acabará indo, terá seu Eichmann a ser julgado. Não em Jerusalém, mas, digamos, em Xavantina.

22 de novembro de 1978

Bispos, direitos humanos, terras na Amazônia...

E tem gente que ainda vai reclamar ao papa

Quando defendeu Luís Carlos Prestes diante do tribunal de Segurança Nacional, e do Estado Novo, Sobral Pinto pediu para seu cliente as garantias dadas aos bichos na lei de proteção aos animais.

O mal do Brasil é que, enquanto de 1937 para cá multiplicaram-se as leis de segurança e os torturadores, continuamos com um único Sobral Pinto, sempre bravo, sempre atuante, mas evidentemente incapaz de atender às violações do direito num país que – digamo-lo em voz baixa, para não denegrir a sua imagem no exterior – só acredita de fato na força bruta, no tacão da bota, no eletrodo.

A verdade é que Sobral Pinto, ou algum discípulo seu, devia invocar, para aqueles que defendem índios e posseiros, a lei do Instituto Brasileiro de Desenvolvimento Florestal (IBDF) que protege da extinção espécies raras da fauna. Em 1976, num espaço de três meses, foram abatidos a tiro dois padres, um salesiano e um jesuíta, exatamente como se fossem uma anta e uma onça. O primeiro, padre Rodolfo, foi assassinado por fazendeiros que queriam terra de índio Bororo. O segundo, padre João Bosco, foi fuzilado à queima-roupa pelo soldado da polícia militar que torturava duas mulheres do povo na cadeia de Ribeirão Bonito.

Os assassinos estão por aí, fagueiros e tranquilos. A notícia dos crimes mal parece ter chegado a Brasília, invariavelmente predisposta contra quem procura minorar a sorte de desgraçados (tais como índios e posseiros) que deviam ser defendidos por ela própria; defendê-los é acusar o governo de abandoná-los. E quando Brasília reage assim, fingindo que não ouviu nada, no plano local suspira-se de alívio.

As prisões se abrem à noite, os presos têm fuga garantida e até começam, aqui e ali, a encontrar quem os justifique.

Com o assassínio do padre João Bosco, pelo cabo Ezy Feitosa, da PM, Brasília deve ter ficado muito descontente, mas depois passou. É que estavam lado a lado, protestando contra a tortura, padre João Bosco e o bispo Pedro Casaldáliga. Será que o cabo não conhecia direito Casaldáliga? João Bosco era também um defensor dos humildes – mas muito menos enxerido do que o bispo, que vive a berrar de verdade do alto das casas e que nem ao menos é brasileiro. Um alienígena. Se o cabo Feitosa liquidasse os dois padres, ainda vá. Mas matar padre João e deixar vivo Casaldáliga, francamente. Crime de morte julga-se e até se absolve o autor. Mas uma gafe? O que é que se faz com uma gafe?

Chorinho brasileiro. Com uma gafe pode-se talvez fazer outra. Segundo informou o *Jornal do Brasil*, durante seu brevíssimo pontificado João Paulo I recebeu em audiência o chanceler Azeredo da Silveira, que se queixou ao Sumo Pontífice do bispo Pedro Casaldáliga. O papa, que mal chegara e em tão pouco tempo devia ir-se, não estaria evidentemente ao corrente dos aborrecimentos do governo do Brasil com a Igreja em áreas tão distantes do mundo como a do Araguaia e do Rio das Mortes.

Levei o recorte da notícia para Casaldáliga, que, talvez pelo hábito de lutar de peito aberto, relutava ainda, quando nos despedimos, em acreditar na trama urdida em plano tão alto em torno da dedicação de sua vida ao trabalho que realiza no Brasil.

Menos confiante, advirto daqui a João Paulo II que em breve estará ouvindo de novo o chorinho brasileiro a respeito de bispos intrometidos.

Outro bispo a vigiar. Karol Wojtyla fará bem em tomar nota do nome de outros dignitários da Igreja do Brasil, como Tomás Balduíno, bispo de Goiás Velho. Presidente do Conselho Indigenista Missionário (Cimi), este é outro defensor, sem medo e sem papas na língua, dos índios, dos posseiros, dos pobres do Brasil. Pequeno, mas forte e sólido – Casaldáliga, de tão magro, é capaz de ter de se agarrar a uma árvore numa ventania –, Tomás Balduíno dirige sua imensa diocese com uma doçura de pai e uma eficiência de *executive*. Fiquei satisfeitíssimo quando soube que, de Diamantino a Goiânia, eu teria a companhia do bispo Tomás, que me oferecia lugar no pequeno avião da diocese.

No campo de pouso, Tomás pesou bagagens, fiscalizou o abastecimento da gasolina, verificou o óleo, enquanto eu olhava a paisagem em torno, aguardando a chegada do piloto.

Acontece que Tomás era o piloto do velho monomotor Partenavia, napolitano, único existente no Brasil. Velho, mas um brinco, pois o bispo cuida dele como se fosse, digamos, um índio.

Foi um excelente voo de umas quatro horas por cima do cerrado imenso. Só de longe em longe as manchas de lavoura, o gado, uma ou outra maloca. Parece terra vazia, ou esparsamente ocupada pelos últimos índios e os primeiros colonos. Mas que apareça um palmo de roça lá embaixo, uma choça de posseiro e logo se verá que o Brasil não tem terra sem dono. Basta um penacho novo de fumo para pôr em marcha uma caça implacável. Me lembrei da visita que fiz em 1972 a fazendas do Pantanal de Mato Grosso. Os aviões dos fazendeiros fazem voos regulares de reconhecimento de "fronteiras", para ver se não foram violadas. Os donatários, que formarão o novo estamento dos "donos do poder", não têm mais os longos nomes lusitanos de outrora. Chamam-se Liquigás, Bradesco, Volkswagen, Ludwig.

Na missa celebrada que se rezou em Diamantino por alma do padre João Bosco, Tomás Balduíno, na sua prédica inflamada, cobrou do governo a herança das gerações vindouras. O futuro do mundo, disse, não está com os países produtores de petróleo e sim com os produtores de alimentos. A maciça alienação de terras que fazemos – em troca do lucrinho imediato que entra em caixa, somado ao investimento que deixamos de realizar para instalar na terra o lavrador brasileiro – acabará por nos deixar sem lugar no banquete. Vamos servir a mesa – e aguardar as sobras, as migalhas, como fazemos agora. Como sempre temos feito.

25 de novembro de 1978

Ianomâmi: da mata grande à senzala

O último e triste "anauê" da velha nação Nambiquara

Os índios estão criando uma espécie de *lobby* em Brasília, a partir do insistente gravador de Mário Juruna. Outro dia foi a vez do cacique Itamaraí, da tribo Nambiquara. Nada menos que oito agentes de segurança tiveram que carregá-lo para fora do plenário do Senado. Itamaraí, que queria lavrar seu protesto contra a Funai, se defendeu até com os dentes e se agarrou, para fincar pé, à coluna que sustenta um busto de Rui Barbosa. Rui, que nunca foi muito dado a silvícolas, deve ter olhado com desconfiança aquele ser inculto, aquele cipó a se enroscar no seu mármore.

Se vivo ainda fosse, talvez tivesse acorrido à cena do pugilato o deputado Plínio Salgado, que da língua da outrora altiva nação Nambiquara colheu o "heil" caboclo, a saudação integralista. Eis aqui como o marechal Rondon, numa conferência pronunciada no Teatro Fênix do Rio, em 1915, transcreve um trecho do relatório em que o capitão Costa Pinheiro, engenheiro militar, conta a entrada em contato com a gente, ainda brava, da tribo Nambiquara: "No dia 31 de dezembro, antes do meio-dia, estava eu na foz do Juína, fazendo observações com o sol, quando ouvi na margem oposta uns gritos. Pus bem o ouvido à escuta e percebi perfeitamente a palavra "anauê" repetida incessantemente. Não restava dúvida, eram os Nambiquara. Fomos para a margem do rio e vimos alguns deles, completamente nus, sempre gritando "anauê" e mostrando-nos espigas de milho. [...] Nós, em retribuição, demos-lhes algumas machadinhas".

À nossa imagem. Os pobres índios do *lobby* de Brasília são a viva demonstração da impossibilidade de aculturar silvícolas com data marcada, em prazos exíguos. A lenta e humanitária dissolução dos índios na raça mestiça dos brasileiros foi a saída com que sonhou Rondon, que deu apaixonado apoio à única iniciativa válida que, até hoje, nesse sentido, se tomou no Brasil: a criação do Parque Indígena do Xingu, que ficamos devendo a Leonardo, Orlando e Cláudio Villas-Bôas.

Os índios que a gente encontra no Parque do Xingu conservam ainda sua graça e sua altivez. Os outros, os do *lobby*, merecem nosso respeito pela luta que procuram travar, perdida de antemão, mas são gente de muita bulha e pouca ação, de muita briga, às vezes de muita cachaça. São os aculturados, criados por nós à nossa imagem e semelhança.

Os Ianomâmi. Em sua enorme maioria, os índios brasileiros já estão pregados na cruz da sua aculturação, aliás uma cruz imensa e que cresce diariamente, pois corresponde à mata derrubada. Sem árvores à sua volta, o índio está automaticamente aculturado, naturalizado brasileiro, isto é, caboclo sem terra, pronto para o hino, o serviço militar (o cacique Itamaraí é reservista) e o "anauê".

Não haverá nenhuma esperança de permitirmos, como no Xingu, que outro grupo indígena prolongue no seio da mata sua vida, prolongando, assim, a vida da floresta? Talvez possamos ainda salvar os Ianomâmi, que vivem na fronteira do Brasil com a Venezuela. Muitos deles já pereceram, é verdade, em contato com os trabalhadores da Perimetral Norte, a BR-210. Como, porém, os Ianomâmi formam um grupo de mais de dezesseis mil indivíduos e habitam terras perfeitas para a formação de um parque, ainda é tempo de salvá-los. Existe um movimento cada vez mais extenso e mais intenso em favor da criação dessa reserva. Batalham pelo Parque dos Ianomâmi não só incansáveis lutadores, como o missionário Carlos Zacquin e a fotógrafa Claudia Andujar, como a SBPC, o Instituto Nacional de Pesquisas da Amazônia, a Conferência Nacional dos Bispos do Brasil (CNBB). Já está formada a comissão para a criação do Parque Indígena dos Ianomâmi, e tanto o presidente da Funai, Ademar Ribeiro da Silva, como o ministro do Interior, Andreazza, têm em mãos a proposta minuciosa da delimitação do parque – e da sua fiscalização, sem a qual o futuro parque, como ocorre com todos os seus irmãos já existentes, será apenas uma reserva imediata de caça e um projeto de fazenda de gado.

Senzala reativada. Por outro lado, é tempo de cuidarmos um pouco do bom nome da pátria no exterior. Em matéria de índios, desde os tempos do escândalo que levou à extinção do Serviço de Proteção aos Índios, acusado de torturá-los e exterminá-los em lugar de protegê-los, só temos feito denegrir a imagem, como se dizia durante o governo Médici. Os apelos que cientistas, intelectuais, grupos civis e religiosos do Brasil fizeram ao governo em defesa dos Ianomâmi vitimados pela Perimetral Norte levaram a Sociedade Antiescravagista de Londres a estudar o problema. A Sociedade Antiescravagista chegou à conclusão de que, se não forem tomadas providências imediatas, dentro de vinte anos estará extinto o povo Ianomâmi. Até o ano de 1973 os contatos dos Ianomâmi com a civilização foram ocasionais, mas o traçado da Perimetral, assim como sua construção, entregue à Camargo Corrêa, só se guiou pela fria objetividade da linha o mais reta possível. Vários povoados Ianomâmi entraram em contato brusco com as equipes de trabalhadores – e com a gripe, o sarampo, a tuberculose. A saúde, por assim dizer, edênica do selvagem torna-o extremamente vulnerável aos males da civilização. Os índios que não pegaram doenças contraíram escravidão: foram postos a trabalhar nas serrarias, no transporte de fardos, nos currais de gado. Viram-se transferidos, sem transição e sem piedade, da mata grande para a senzala. Tornaram-se, assim, clientes naturais da Sociedade Antiescravagista.

Mas o pior, a ameaça total à sobrevivência dos Ianomâmi, reside no fato de serem suas terras ricas em ouro, cassiterita e até urânio. Para indignação do governador de Roraima, garimpos foram fechados ali em 1976. Nesse capítulo da riqueza mineral vai ser testada a grandeza ou não do governo. Temos matado índios em nome do pau-brasil, do açúcar, do café, do gado. Agora, na era da Nuclebrás Engenharia (Nuclen), vamos exterminá-los em nome do urânio?

19 de setembro de 1979

O futuro da língua que falamos

Kazukuta: uma palavra angolana pede passagem

Às vezes, ao acaso de uma leitura em língua estrangeira, a gente encontra, feito um fóssil numa dobra de rocha, uma palavra de origem portuguesa que lembra os tempos em que, na Ásia como na África, a língua franca, o inglês da época, era o português. Essas palavras saltam, frequentemente, de onde menos se espera. Em *The Honourable Schoolboy*, vê-se que até hoje em Hong-Kong uma criada é ainda chamada pelos ingleses *amah*, a ama dos portugueses. Nesse livro, como nos outros da série do espião Smiley, John le Carré está de fato tratando da desagregação do Império Britânico, que, em grande parte, se formou às custas do Império Lusitano. No entanto, mesmo a esta distância histórica, e debaixo de tantos escombros, as impressões digitais – ou vocais – do império anterior, o de "Albuquerque Terribil, Castro Forte", assinalam sua presença. Fazem lembrar os tempos em que missionários holandeses encontravam o padre-nosso sabido de cor entre os indonésios – mas em português.

O fato de que em Angola e Moçambique, Guiné-Bissau e Cabo Verde, São Tomé e Príncipe se fala português, e de que esses países terão voz sempre mais forte nas Nações Unidas, no mundo em geral, é uma garantia que temos de sobrevivência cultural. Se vencermos a kazukuta, garantiremos lugar importante para o idioma em que Casimiro de Abreu arrulhou e em que Gil Vicente soltou seus retumbantes f. da p.

Bilinguismo angolano. Mal acabei de escrever o que acima se leu e vi diante de mim o rosto formoso mas muito severo de Maria Celeste Kunta Pereira, que dirige, em Luanda, o Instituto de Línguas Nacionais. Maria Celeste sublinha e acentua que o português é apenas "uma" das línguas de Angola. É, sem dúvida, a chamada língua veicular, veículo das demais, que são, ou eram até pouco tempo, ágrafas, quer dizer, não tinham escrita. Só isto.

Eu diria que o principal e apaixonado esforço que faz um grupo de brilhantes intelectuais angolanos – Antônio Jacinto e Antônio Cardoso na Secretaria de Cultura, Pepetela no Ministério da Educação, Maria Celeste no seu Instituto – é o de preservarem, na alfabetização do país, as sete principais línguas africanas faladas entre Cabinda e o Cunene. Sete, imaginem. Em coisa de dois anos, Fidel Castro extinguiu o analfabetismo em Cuba – mas lidava apenas com o espanhol. Lidando apenas com o português, nós, se tivéssemos vergonha na cara, já teríamos erradicado do Brasil tanto o analfabetismo quanto o Mobral.

Em Angola, o problema é imenso. Em minha conversa com Maria Celeste acho que lhe dei a impressão de ser um tanto reacionário, por demonstrar tantas dúvidas quanto à viabilidade de ensinar pessoas a ler e escrever em línguas que sequer foram escritas. O Instituto de Línguas, a bem da verdade, já deu alfabeto a seis das sete línguas, mas, insisti, que espécie de livros vão ler, quando souberem ler? Para que bibliotecas se voltarão, na busca de livros em umbundo, quimbundo, quicongo?

No entanto, um argumento que eu próprio usei, ao falar sobre a situação linguística do Brasil, foi água para o moinho de Maria Celeste. Lembrei que no Brasil havíamos suprimido, sem misericórdia, as línguas autóctones. Só guardamos, dentro do português, umas poucas palavras indígenas. Só nos ficaram, realmente, em número avassalador, os topônimos geográficos, do Pará ao Paraná. Mais do que *O Guarani*, de José de Alencar, o verdadeiro monumento erguido ao índio brasileiro é *O tupi na geografia nacional*, de Teodoro Sampaio. Escorraçamos os índios e suas vozes da nossa língua, da nossa vida, da nossa frente.

Essa brutalidade em relação a seres humanos e esse empobrecimento em relação à cultura de um país é o que os angolanos pretendem evitar. Já evitaram. Está em plena marcha a política traçada. Todo angolano será bilíngue, pois cada grupo linguístico conservará seu próprio idioma, somado à língua veicular, que é o português. Segundo o Conselho Nacional de Cultura de Angola, "as línguas nacionais são a língua materna da maioria esmagadora do nosso povo –

crianças e adultos analfabetos". Substituir essa língua vital por outra qualquer corresponderia a "destruir as forças produtivas do aluno", a "restringir seu espírito de iniciativa". Quanto à língua veicular, ela constitui "o instrumento de comunicação entre indivíduos com línguas maternas diferentes". A língua veicular é igualmente a língua materna dos angolanos descendentes de portugueses.

A solução bilíngue é trabalhosa, mas é também humana e fecunda. De qualquer forma, firma-se o português, a língua que serve de agulha para tecer entre si as línguas nacionais. Quando estive em Angola, reunia-se lá a Comissão Intergovernamental da Agência Pan-Africana de Notícias (PANA), que se propõe a criar uma agência de informações puramente africana. Dentro dessa agência funcionará a de língua portuguesa, isto é, a dos países africanos que a usam como idioma veicular.

Kazukuta pede passagem. Encerrando estas notas de uma viagem a Angola, eu gostaria de propor aqui a solene entrada, no português falado no Brasil, de uma palavra muito corrente entre os angolanos: kazukuta. No *Guia do alfabetizador*, por exemplo, ela ocorre mais de uma vez, como neste trecho: "A desorganização, a indisciplina, a kazukuta, a preguiça, o alcoolismo são inimigos". Ou neste, em que o alfabetizador fala "no combate a todas as formas de oportunismo, de kazukuta". Kazukuta é o ato de dançar sem levar em conta a música. O kazukuteiro não liga nem ao compasso nem aos outros. Dança consigo mesmo e os outros que se danem.

Os angolanos vivem vergastando a kazukuta. Também em Moçambique, outro dia, Samora Machel concitava seus compatriotas a não dissiparem forças, na base de cada um só pensar em si mesmo. Portugal, depois que deixou que fenecessem em todos os canteiros do país os cravos de abril, mergulhou também no kazukutismo. Quanto ao Brasil, o kazukutismo, como diria Noel Rosa, é coisa nossa. Que o mundo de língua portuguesa saúde e abrigue esta palavra angolana que nos abrange a todos e nos descreve tão bem.

12 de março de 1980

A primeira primavera sem Vinicius, desde 1913

Luta entre terráqueos e voadores e o eterno combate
da Funai contra os índios

Outro dia, entre imagens de passarinhos fazendo ninho e de mocinhas a caminho da praia, o jornal *Hoje*, da Globo, fez a leitura de uma nota intitulada "Recado de Primavera". Tratava-se de uma breve carta escrita a Vinicius de Moraes pelo seu amigo Rubem Braga, também conhecido como "o sabiá da crônica". O jornal *Hoje* vai ao ar à uma hora da tarde. Nunca na vida o Vinícius levantou tão cedo. Pode ter perdido a leitura do bilhete. Por isso pedi ao Braga para reproduzir aqui o texto. Diz assim: "Meu caro Vinicius de Moraes – escrevo-lhe aqui de Ipanema para lhe dar uma notícia grave: a primavera chegou. Você partiu antes. É a primeira primavera, de 1913 para cá, sem a sua participação. Seu nome virou placa de rua; e nessa rua, que tem seu nome na placa, vi ontem três garotas de Ipanema que usavam minissaias. Parece que a moda voltou nesta primavera. Acho que você aprovaria. O mar anda virado; houve uma lestada muito forte, depois veio um sudoeste com chuva e frio. E daqui da minha casa vejo uma vaga de espuma galgar o costão sul da ilha das Palmas. São violências primaveris."

O tempo vai passando nesta Ipanema
cheia dos versos do poeta

O sinal mais humilde da chegada da primavera vi aqui, junto da minha varanda. Um tico-tico com uma folhinha seca de capim no bico. Ele está fazendo ninho numa touceira de samambaia, debaixo da pitangueira. Pouco depois vi que se aproximava, muito matreiro, um pássaro preto, desses que chamam de chopim. Não trazia nada no bico; vinha apenas fiscalizar, saber se o outro já havia arrumado o ninho para ele pôr seus ovos. Isso é uma história tão antiga que parece que só podia acontecer lá no fundo da roça, talvez no tempo do Império. Pois está acontecendo aqui em Ipanema, em minha casa, poeta. Acontecendo como a primavera.

Estive em Blumenau, onde há moitas de azaleias e manacás em flor; e em cada mocinha loira uma esperança de Vera Fischer. Agora vou ao Maranhão, reino de Ferreira Gullar, cuja poesia você tanto amava, e que fez cinquenta anos. O tempo vai passando, poeta. Chega a primavera nesta Ipanema toda cheia de sua música e de seus versos".

Um sábado de Leonardo. Sábado retrasado, um radioso dia de sol literalmente lotou os céus do Rio de pilotos de asa-delta. Eles alçam voo sobretudo da Pedra da Gávea e, depois de muito voarem, buscam pouso nas praias. Fiquei lembrando, sábado, do velho romance do russo Merejkovski sobre Leonardo da Vinci. Em Milão, o estúdio de Leonardo ficava praticamente inutilizado para suas outras artes devido ao imenso morcegão que era sua máquina voadora. "A carcaça da asa era formada por cinco dedos, feito a mão dum esqueleto; um engenhoso processo dobrava as falanges. Tendões de couro curtido e laços de seda bruta imitavam os músculos e, adaptados a uma alavanca, reuniam os dedos...". Leonardo olhava, depois, um falcão de seu amo, o duque de Milão, e dizia de sua máquina de voar: *Non é vero*. Ela não estava certa, não era natural, pois não tinha ainda a elegância, as proporções de um pássaro. Leonardo balançava a cabeça, desanimado, e ia consertar o sistema de comunicação sonora que tinha instalado no palácio Ducal (o duque gostava de escutar tudo o que se dizia na casa inteira) ou dava mais algumas pinceladas na sua inacabável *A última ceia*.

Quem também ia gostar desses meninos do Rio que fazem *surf* no puro vento era Olaf Stapledon (1886-1950), um dos patriarcas da ficção científica. Num capítulo famoso de seu livro básico, *Last and First Men*, ele descreve (ou prevê) a primeira raça de homens que realmente aprendeu a voar sem auxílio mecânico. Tratava-se de uma raça humana fidalga, uma elite muito especial, sem defeitos e sem complexos. Vivia numa espécie de porre entre as nuvens e acabou irritando os pobres mortais, que, por mais que fizessem, não conseguiam decolar da desagradável crosta do planeta. Depois de não sei quantos mil anos dando as cartas lá de cima, esses seres olímpicos começaram a cair em arapucas e armadilhas dos terráqueos e a serem liquidados, a pau.

Sábado retrasado, um dos pilotos de asa-delta que saíram da Gávea fez pouso forçado na praia de Ipanema, atropelando e machucando um turista argentino. Comentário do homem-pássaro sobre o terráqueo: "Também, ele estava marcando bobeira na praia, pô".

Perigo para os que marcam bobeira na praia

Em compensação, num almoço a que compareci na Barra da Tijuca, no mesmo sábado, um dos homens-pássaros deu a impressão de desaparecer, num pouso forçado por trás das casas de um condomínio grã-fino. Como o rapaz não tivesse reaparecido logo, alguém comentou: "Tascaram ele".

Vigiados e militarizados. No capítulo triste da vida natural do país, vemos o operoso Cimi, órgão vinculado à CNBB, pedindo ao governo que demita e substitua a atual cúpula da Funai, tão ruim, hoje em dia, quanto o Serviço de Proteção aos Índios, que veio substituir depois dos escândalos de 1967. A pretexto de andar "mal informado" sobre os índios, o presidente da Funai, coronel Nobre da Veiga, apoiado pelo ministro Andreazza, despede os antropólogos do organismo e o vincula cada dia mais ao SNI e ao CSN. Os índios, por outras palavras, estão sendo tratados como os estudantes subversivos ao tempo do governo Médici.

8 de outubro de 1980

A cultura oral do cacique Juruna
Euclides da Cunha refazendo os cálculos da ponte Brasil

Pela primeira vez na história do Brasil um índio puro, Mário Juruna, lança um desafio intelectual aos invasores estrangeiros da sua terra, que somos nós. O extraordinário é que o Juruna escolheu, entre a quinquilharia eletrônica da nossa civilização, o gravador. De certa forma, ele sequer está interferindo na cultura de sua gente, que é apenas oral. O gravador de Mário Juruna é a memória da tribo.

Os índios não escrevem e não esquecem. Quando as tribos do Xingu se encontram para o moitará, o grande mercado em que os produtos das várias regiões são trocados, muitos dos homens importantes de cada tribo têm histórias a contar. As histórias podem ser milenares ou de ontem, pois o tempo dos índios não parece ser sucessivo como o nosso, uma corrente, aquele rio em que ninguém se banha duas vezes, já que as águas são sempre outras. O tempo indígena é um lago.

Mário Juruna é o primeiro adversário intelectual incômodo que os índios produzem porque é irônico, sarcástico. Gravador em punho, ele prova que os "civilizados" brasileiros sempre foram mentirosos e continuam a ser. O Juruna só parece ter pena de não ter gravado os invasores desde o primeiro momento. Ele teria o maior prazer em nos confrontar com potocas de Pedro Álvares Cabral. E, na pior das hipóteses, com seu gravador, com essa caixa da memória tribal, ele está-se transformando num moralista. Demonstra não só que nossa palavra não merece fé, como, sobretudo, que mentimos até a nós mesmos. Se o tempo que nos rege fosse um tempo "ocidental", positivista, de ordem e de progresso, não continuaríamos parados praticamente no mesmo lugar – ignorantes, atrasados, mesquinhos. Se fôssemos cultos, adiantados, generosos, não impediríamos um índio brilhante e divertido como o Juruna de viajar à Holanda – e por que não? – e baixar a lenha na Funai.

Um pesadelo de Euclides da Cunha. A pior mentira que pregamos a nós mesmos é a de que somos um país jovem, que está crescendo. "Quantos aninhos você tem, Zizi?" "Eu tenho 480 anos." "Ih, Zizi, então pare de chupar o dedo." Diante da crítica, o Brasil fica verde-amarelo de raiva e, para descontar em alguém, dá um pontapé no índio mais próximo.

Um dos brasileiros que mais sofreram com o imobilismo do Brasil, com a incapacidade nacional de andar para a frente, foi Euclides da Cunha. Engenheiro, matemático, ele se debruçava sobre o país como se estivesse diante de uma ponte caída. Onde estaria o erro de cálculo? Era preciso refazer, retomar, reavaliar tudo, desde o princípio. Nos artigos de jornal, nas conferências que fazia aqui e ali, Euclides voltava à história do Brasil. Às vezes, como num estudo recolhido em seu *À margem da história*, ele realmente fazia trabalho de historiador. Nesse estudo intitulado "Da Independência à República", Euclides, grande admirador de Feijó, acompanha o país até o 15 de novembro com preocupação, quase com aflição, como quem vê um amigo no mau caminho e não sabe o que fazer para trazê-lo de volta a uma vida sã e honrada.

Em outras ocasiões, sua tentativa de interferir – mediante o estudo, a dedicação, a eloquência – nos destinos do país o levou a esquecer, ou quase, o próprio tema de que tratava. Convidado a proferir, no Centro Acadêmico XI de Agosto, de São Paulo, uma conferência sobre Castro Alves, Euclides praticamente esqueceu o poeta ("Todos nós o admiramos até os vinte e poucos anos, depois o esquecemos") para mergulhar de novo na sua pesquisa, no problema da ponte que não tinha conseguido chegar ao outro lado do rio. Dramático ele próprio, com uma visão atormentada do mundo, Euclides, na conferência dedicada vagamente a Castro Alves, mostra como, em *Os sertões*, tentava decifrar o destino do confuso país que lhe coubera. "Sem uma Idade Antiga nem Média, fomos compartir as primícias da Idade Moderna. O efeito foi que as nossas idades Antiga, Média e Moderna confundiram-se, interserindo-se dentro das mesmas datas. Há um livro que é simples historiúncula desse drama obscuro. A luta de 1897, nos sertões baianos, a despeito de sua data recente, foi um refluxo do passado: o choque da nossa pré-história e da nossa modernidade; uma sociedade a abrir-se nas linhas de menor resistência e mostrando, em plena luz, as suas profundezas, irrompendo devastadoramente, a exemplo das massas candentes de diábase que irrompem e se derramam por vezes sobre os terrenos modernos, extinguindo a vida. [...] E foi em nossos dias. Calcula-se como estariam ainda mais desquitados entre si, em 1822, os três grandes agrupamentos".

Só mesmo Euclides da Cunha teria a ideia de chamar *Os sertões* de "historiúncula". Nunca se viu modéstia mais hiperbólica.

A viagem e outros vilões. Historiúncula é, sem dúvida, o que Mário Juruna considera a história do Brasil em geral. Ele está gravando, hoje, a continuação da saga de dor e luto que começou, para os índios, no precioso instante em que os invasores desembarcaram na Bahia. Para os índios, aquele dia de 1500, dia da concepção do mofino Zizi, o neurótico menino verde-amarelo que somos nós, aquele dia, no lago da memória, foi ontem.

Acho que, no fundo, o Juruna queria comparecer à reunião do Tribunal Russell na Holanda para gravar os holandeses também e apurar se todos os "civilizados" são mentirosos e atrasadões como os brasileiros. Ele deve ter ouvido falar no *Calabar*, de Chico Buarque e Ruy Guerra e, portanto, nos holandeses também. Pobre Juruna. O Supremo, interditando-lhe a viagem à Holanda, desligando-lhe o gravador, não deixa sequer que ele acrescente possíveis vilões estrangeiros à história que está gravando, da vilania pátria, representada, na última fita do gravador, por coronéis da Funai e juristas do Supremo.

3 de dezembro de 1980

A revolta das emas

Outro dia vi no jornal uma notícia que proclamava desde o título: "Emas atacam culturas de café", e fiquei surpreendido. Quem quer que tenha andado um pouco pelo interior do Brasil já viu emas correndo pelos campos abertos. A única arma que parecem ter é a rapidez. Pernas, para que te quero! – eis a expressão que de pronto ocorre à gente diante de emas em disparada, grandes, desgraciosas, "o pescoço fino e sinuoso diretamente preso aos quadris volumosos", como as descreve Clarice Lispector em *O lustre*.

Que louco desejo de tomar café terá dado nas emas do Brasil?, perguntei a mim mesmo. A resposta é que, tocadas dos cerrados onde viviam pelo desmatamento, primeiro, e pelo plantio de eucaliptos, as emas, esfomeadas, estão avançando nos cafezais de Três Marias. Os prejudicados se queixaram à Secretaria Especial do Meio Ambiente e a quantas autoridades ecológicas têm encontrado, mas a resposta é a mesma. Como o Brasil só pensa em lucro e produtividade imediatos, sem qualquer planejamento que leve em conta a vida, em suas múltiplas manifestações, a consequência é essa mesmo. Aliás, quando li aquele título que parecia transformar as pobres emas em ferozes animais inimigos do Instituto Brasileiro do Café (IBC), me lembrei dos gordos e negros tipos que encimam as páginas dos jornais em tempo de seca no Nordeste: "Flagelados atacaram a cidade de Icó", por exemplo. A verdade é que, chegados ao último punhado de fubá ou à última cuia de farinha de mandioca, passaram a mão num saco de qualquer coisa, na feira ou na porta do armazém. A isso se limita o "ataque" dos retirantes a pequenas cidades.

No entanto, esse pobre governo medroso que aí está, contorcendo-se de azia no esforço de digerir as bombas do Riocentro, se limita a fechar os ouvidos para não escutar os misteriosos rumores que vêm do âmago do país. Trata-se do bater incessante de pés no chão e de um ruflar de asas inquietas nos ares. São os caboclos e índios. São os bichos de pelo e pena que não têm mais onde ficar, que migram de um lado para o outro em busca de alguma tranquilidade. A terra deles está encolhendo o tempo todo, cada vez mais ocupada pelas plantações, em escala industrial, das multinacionais, pela cana de encher tanque de automóvel, pelo boi dos frigoríficos.

Da última vez que andei pelo Araguaia com o bispo Pedro Casaldáliga ouvi dele que a palavra mais usada pelos caboclos é "sossego". Quando se pergunta a um lavrador que se abalou do Piancó ou do Cariri de Minas ou do Maranhão o que deseja no Araguaia, por que viajou, que veio fazer em zonas tão rudes, a resposta dele é que veio em busca de sossego. Os sonhos mais ambiciosos e altivos que um dia terá tido, de choça própria no meio de uma roça sua, com uma horta e quintal, esses sonhos já eram, ele nem pensa mais nisso. "Eu vim buscando sossego, um lugar para ficar quieto", é o que informam.

Querem parar de andar, de errar por aí, expulsos de suas terras por capatazes, grileiros, Força Pública ou exércitos particulares. Querem ficar no mesmo lugar até a hora da morte. O mesmo que querem as emas.

Se, por desafio, ou por mínimo de curiosidade, algum dos ministros deste Brasilzinho em que vivemos quiser ter notícias sérias do outro Brasil, passe a ler *Porantim*, um dos melhores periódicos dos dois brasis. *Porantim* é publicado pelo Cimi, em Manaus. Como defende, minuciosamente, os direitos dos índios e como em todo o território nacional os índios são esbulhados, a envergadura de *Porantim* é enorme. O texto do jornal é inteligente e viril, as fotos, excelentes. E *Porantim* revela, página por página, a "existência" do Brasil maior, cativo do Brasilzinho oficial. No *Porantim* que acabo de receber, um poeta, Paulo Suess, celebra este Brasil parodiando um salmo (é o de nº 137 e não 136 como diz o texto) em que o poeta judeu, no cativeiro da Babilônia, relembra Sião. Camões fez contraponto a esse salmo em *Babel e Sião*, e o poeta de *Porantim* lança seu repto: "Nós, porém, de bocas cerradas penduramos nossas guitarras nas palmeiras do rio Acre. Como tocar com cordas de arame farpado?".

27 de maio de 1981

O nó cego dos Pataxó

Os EUA importaram Myrdal para estudar a integração do negro. Faríamos o mesmo para resolver a longa perseguição contra os índios que receberam Cabral?

Uma espécie de símbolo penoso da incessante perseguição que o Brasil "civilizado" move ao indígena desde o descobrimento da terra é o que ocorre com os Pataxó na Bahia. Segundo o Conselho Indigenista Missionário, fazendeiros de cacau, apoiados pelo governador da Bahia, já persuadiram a Funai a expulsar os Pataxó da sua reserva no Sul do Estado. Isso significa que os Pataxó seriam tocados de 35 mil hectares de terra sua para se acotovelarem para o resto dos tempos em 120 hectares de um centro de pesquisas de cacau. Chocolate, como se vê, é muito mais importante do que índio, ainda que, e aí está o símbolo doloroso, se trate de índios daquela tribo que acolheu Cabral no desembarque fatal de 21 de abril, "dois meses depois do Carnaval", como ensinava Lamartine Babo.

Diante desse pavoroso impasse que é o problema do índio entre nós, eu me pergunto se não poderíamos imitar os americanos quando procuraram, há quarenta anos, resolver o problema do negro. Os americanos contrataram, para estudá-lo, os serviços do economista e sociólogo sueco Gunnar Myrdal. A iniciativa foi da Carnegie Corporation, e Myrdal, depois de anos de estudos e coleta de dados, publicou um livro monumental, *An American Dilemma*. Assim como a Belém-Brasília, uma vez aberta por Bernardo Sayão, produziu toda uma teia de estradas que saíram dos seus flancos, o livro de Myrdal originou uma vasta literatura vicinal nos Estados Unidos. É que o próprio *American Dilemma* se apoiou numa quantidade de monografias e levantamentos encomendados por Myrdal a vários pesquisadores americanos – inclusive negros, naturalmente, e muitos desses trabalhos viraram livros autônomos. Alguns, como *O mito do passado negro*, de Melville J. Herskovits, saíram, por decisão da Carnegie Corporation, antes mesmo de publicado o livro de Gunnar Myrdal.

Apresentando a obra final, a diretoria da Carnegie, numa introdução, acentuou o evidente: não faltavam, nos Estados Unidos, grandes estudiosos da questão do negro. A verdade, porém, é que essa questão se apresentava tão crispada de emoção que só um cientista social de absoluta imparcialidade, "importado", poderia dar ao problema uma avaliação justa. No prefácio que escreveu, por sua vez, Myrdal, elegante, pediu desculpas aos leitores por se haver tornado "um perito em imperfeições americanas". E isso com dinheiro americano, poderia ter acrescentado.

Relembro as circunstâncias em que saiu o *Dilemma*, em 1942, porque alguma iniciativa semelhante devíamos adotar em relação ao índio. É mais fácil o nosso dilema, que lida com uma minoria racial tutelada e não com cidadãos, como os negros americanos, no pleno uso de seus direitos desde a chamada emancipação lincolniana de 1863, mas na realidade sofrendo, como ainda sofrem, a discriminação racial.

Nossos índios não são cidadãos. São, apenas, crianças fechadas numa espécie de orfanato Brasil. Mas a quem pedir, entre nós, que financie um estudo semelhante ao de Myrdal nos Estados Unidos? Não existe, nas fileiras do nosso capitalismo, nenhuma corporação disposta a custear – imaginem – uma pesquisa sobre como resolver o dilema do selvagem. O grande selvagem, entre nós, é o próprio capitalismo. E ainda tem o governo. Imagine deixar um sueco qualquer meter o bedelho no Brasil; o dilema do índio é um nó cego. Atado para sempre naquele 21 de abril.

20 de outubro de 1982

A preguiça macunaímica

"No dia seguinte ao da Independência, Ho Chi Minh fez um discurso propondo a cada vietnamita que se desdobrasse em três: um guerreiro, um aluno ou professor e um produtor de alimentos. Devido ao fato de que seu apelo constituía ao mesmo tempo a única esperança do país de cofres e celeiros vazios, naquele dia no Vietnã começou o maior esforço que já fez uma comunidade humana para sair de dentro de um atoleiro puxando-se pelos próprios cabelos."

Ao declarar sua admiração pelo líder vietnamita e pelo povo que o seguiu, Callado deixa transparecer seu desapontamento com a própria pátria, que preferiu seguir a preguiça do anti-herói de Mário de Andrade. ∎

Iracema, sem dentes, sem árvores

A má consciência que não indulta um belo filme

Quando o filme de Jorge Bodanzky chega ao fim e a moça Iracema reencontra o primeiro chofer de caminhão que lhe deu carona na estrada, o espectador, angustiado pelo verismo cru que viu até ali, quase torce para que, com risco de estragar a fita, um final de ternura humanize a vida de Iracema, que é metade bicho do mato, metade mulher da vida, ou menina da vida. Mas o filme acaba como tinha de acabar.

O chofer reencontra Iracema num puteiro de beira de estrada (a Transamazônica é um *trottoir* que vai do Atlântico ao Peru, é nossa via imperial da prostituição) entre outras mulheres e consegue reconhecê-la. Troca-lhe o nome, pensando que é Moema. Mas reconhece. Iracema deixa que ele confira suas recordações: ela própria desabotoa a blusa, para provar que ainda conserva os peitos grandes e rijos de outrora. Mas o motorista repara que Iracema já está banguela. Na arcada superior faltam-lhe dois, talvez três dentes.

Duas razões de excomunhão. Armado de uma pequena câmara e de Paulo César Pereio, Bodanzky, com a ajuda de Orlando Senna para o roteiro, fez *Iracema* em 1976 para a televisão alemã. A repercussão que teve o filme quando levado na Alemanha resultou em duas razões para que não fosse levado no Brasil: nosso adido militar em Bonn ficou indignado com o denegrimento de imagem que era *Iracema*, e a censura de Brasília alega até hoje que a película viajou sem que fosse submetida à sua censorial majestade. O que é crime semelhante a viajar um brasileiro sem passaporte.

Minhocão de bugres

Ora, em nome das aberturas e da atmosfera de hora de recreio em que vivemos ultimamente, devemos fazer um esforço especial pela liberação de *Iracema*, que, além de lindo, é pedagógico. Trata-se de um documentário, apenas romanceado, sobre a Transamazônica. Praticamente só duas pessoas sabem em *Iracema* que estão sendo filmadas – Edna, a jovem cabocla, quase índia pura, que tem o papel de Iracema, e Pereio, que é ator e agente provocador. Pereio representa, com a garra de costume, o motorista. Ao rodar seu filme pela Transamazônica, Bodanzky deixava que Pereio passasse de fato por chofer de caminhão e comprador de madeira de lei, pois assim era mais fácil fazer com que os caboclos encontrados na estrada vivessem sua vida diante da câmera discreta. Não eram entrevistados. Engrolavam, respondendo ao chofer o pouco que tinham a dizer. Aliás, a intenção do filme não era a de fazer um levantamento das condições de vida na Transamazônica. Era deixar que aquele minhocão de bugres existisse naturalmente, enquanto era filmado, e enquanto, à maneira de enredo, cai na vida uma mocinha de quinze anos. Iracema começa a se prostituir numa festa do círio, em Belém do Pará, e continua sua carreira em cabarés de beira de estrada e sobretudo em boleia de caminhão.

À beira da estrada

No mangue carioca, a prostituição ortodoxa florescia à sombra das palmeiras imperiais. A Transamazônica tem mil espécies de palmas e pelo menos uma variedade importante de prostituição. A miséria é tão grande que as famílias abriram mão de se sentir desonradas quando as meninas se vendem na beira da estrada. Isso elas fazem desde tenrinhas até a idade madura, dezoito ou vinte anos, digamos. Aí deixam a carreira para as de doze a quatorze anos e com frequência se casam, constituem família. Quando podem, vão apresentar os filhos à virgem de Nazaré, durante a festa do círio.

Floresta sem dentes é deserto. Na cena final, de que falamos antes, Iracema imagina que vai ter outra carona, ainda que para ser abandonada, como da outra vez, a trezentos ou quinhentos quilômetros de distância, em algum povoado acabado de sair da terra. Mas Pereio, o chofer, vai dando o fora de mansinho. Entra só no caminhão e não faz menção de abrir a outra porta. Liga o motor, põe o pé na tábua, pouco se incomodando com os gestos obscenos e os palavrões que berra Iracema, correndo ao lado do caminhão. Ela não grita, não se queixa feito Moema na esteira do navio, a amaldiçoar, docemente, enquanto se afoga, o Caramuru ingrato, já todo voltado para a Europa.

Claros na floresta

A diferença, naturalmente, é que, para Iracema, desgraça e humilhação representam o pão, ou o açaí de cada dia. Ela redobra os impropérios, mas, enquanto corre, ri também. Vai correndo e rindo seu riso de criança cínica, um tanto feroz, de criança envelhecida, sem dentes, envolta no rastro de poeira que deixa o caminhão.

Na floresta em torno, os claros também são enormes. O boticão das motosserras e as queimadas que esbrasearam antes a tela estão desdentando a mata. Os troncos calcinados no chão de cinza são os dentes podres da Amazônia.

P.S.: O Brasil está querendo pagar suas dívidas com as árvores da Amazônia, e não há árvore que chegue. A qualquer momento, como no caso da Light, saberemos que o negócio foi fechado. O sr. Paulo Berutti, presidente do IBDF, demonstrou outro dia na televisão que sabe tanto sobre os tais "contratos de risco" quanto eu ou o leitor. Encabulado, nervoso, disse coisas como "a vocação da floresta amazônica é a árvore", como quem dissesse que a vocação do oceano Atlântico é a onda. Devido a essa má consciência geral é que não indultam Iracema.

10 de janeiro de 1979

Brasil arcaico: caça a padres e a mulheres perjuras

E a sociedade, sob pressão, não repudia a violência

Tratei numa *sacada* recente do julgamento, em Barra do Garças, pelo Tribunal do Júri, de João Mineiro, fazendeiro e grileiro de terra que em julho de 1976 assassinou o padre salesiano Rodolfo Lunkenbein, que defendia os direitos dos índios Bororo. Eu fazia votos, embora sem maiores convicções, de que João Mineiro não fosse condenado, de forma puramente simbólica, a uma mínima detenção, o que tornaria ainda mais fácil e atraente exterminar quem defende, contra os fortes e poderosos, terra de lavrador pobre e de indígena. Era de tal ordem a brutalidade do assassínio de Rodolfo, o qual sequer defendia algum direito seu, algum interesse pessoal, que a sociedade devia registrar, no júri, seu solene repúdio à figura criminosa de João Mineiro.

Mas, ai de mim, esqueci as tramoias e cambalachos e a própria pressão psicológica que envolvem no interior os julgamentos de crimes que tenham como móvel terra e mulher. Para os crimes ditos passionais (como, aliás, em Belo Horizonte), o mais sacrossanto machismo. Abater a tiros ou facadas a adúltera, ou mesmo uma amante mais sapeca, é crime no máximo, digamos, tão grave quanto matar uma paca fora da estação de caça delimitada pelo IBDF. Quanto às questões de terra, ganha quem tem mais pólvora, chumbo e dinheiro, naturalmente. O padre Rodolfo, contra João Mineiro, só podia perder. João Mineiro não foi sentenciado, como era meu receio, por um período simbólico em cárcere. Foi absolvido de cara. Não sei se debaixo de aplausos, porque os jornais mal noticiaram o fato, um desses fatos corriqueiros do sertão.

Ficam, portanto, os interessados sabendo que continua, na chamada hinterlândia brasileira, com o maior brilho, a *saison* de caça a mulheres levianas e padres enxeridos.

Os animais derrotam o marechal. Resolvi recrear o espírito com coisas mais amenas e passei a examinar dois livros sobre o jogo do bicho que encontrei há tempos no sebo do Carlos Ribeiro. Mas reparei logo que não tinha desligado a atenção do mesmo *Brazilian way of life*, arcaico, do qual o bicho é uma poderosa estaca Franki.

O que é que mantém vivo, ilegal e rendoso o jogo do bicho? Armado da erudição da *Memória sobre o jogo do bicho*, de Camillo Paraguassu, e da excelente *Antologia do jogo do bicho*, de Renato José Costa Pacheco, sei até como era o bilhete, com um bicho impresso, que se comprava por um mil-réis, no fim do século, para visitar o jardim zoológico do barão de Drumond e concorrer ao sorteio do dia. Conta Costa Pacheco: "O certo é que, em 1892, ao tempo do marechal Floriano, assoberbado em consolidar a República, o mexicano Manoel Ismael Zevada bancava, num sobrado da rua do Ouvidor, um jogo das flores. Foi este Zevada quem, sabedor das dificuldades em que se achava o barão de Drumond para a manutenção do jardim zoológico de Vila Isabel, cuja subvenção imperial de dez contos anuais fora cortada pelo governo republicano, se associou ao barão para bancar, no próprio jardim, o jogo do bicho. [...] O jogo se popularizou, ganhou o centro da cidade e os estados. Os banqueiros se multiplicaram, e começou a era das perseguições policiais, acompanhadas de períodos de tolerância".

Imaginem que em 1915 um senador, Érico Coelho, já propunha a legalização do jogo do bicho. Acontece que os bichos monarquistas, que quase morrem de fome porque Floriano suspendeu os dez contos que recebiam, por intermédio de um barão do Segundo Reinado, invadiram a República para ficar.

Os burros no nosso telhado. Antes de mencionarmos um dos poucos, talvez o único fracasso total da ditadura do general Geisel – legalizar o bicho, fundar a zooteca –, vou citar uma joia da "antologia" do Costa Pacheco, que tem textos de Machado de Assis, Olavo Bilac,

João Ribeiro, Rachel de Queiroz, Rubem Braga e outros. A joia da antologia é essa historinha de sinhá Maria, contida no texto de Lima Barreto: "Sinhá Maria sonhou um dia com um burro em cima do telhado de uma casa. Pediu cinco mil-réis adiantados à patroa e jogou-os no burro. Durante o tempo em que preparava os seus quitutes, foi sonhando com o vestido, as rendas, os sapatos, enfim, com tudo aquilo com que havia de se revestir para ir à festa da Glória no outeiro. Veio a tarde, correu à loteria e saiu gato. Ficou triste a sinhá Maria; e pôs-se a analisar o seu sonho, chegando a esta conclusão:

"Burra sou eu; nunca burro andou em telhado. Quem anda em telhado é gato".

Não sei se esse burro mencionado por Lima Barreto em 1917 tem algum parentesco com o boi no telhado do maxixe de Zé Boiadeiro, que se encarnou em *Le boeuf sur le toit* de Darius Milhaud, como se vê em *A aventura brasileira de Blaise Cendrars*, de Alexandre Eulalio. Sei que é um burro profético da intensa fé popular do Brasil arcaico, a dar seus saltos de pensamento selvagem para continuar acreditando naquilo em que acredita e dando força ao jogo do bicho.

A finada zooteca. Em princípios de 1975, estava o Brasil inteiro convencido de que o bicho seria legalizado. A Caixa Econômica Federal já tinha preparado o relatório que serviria de base ao decreto-lei do general Geisel. No entanto, o jogo, surgido da luta dos animais contra o marechal de ferro, preparava-se para ganhar a batalha contra um general feito de igual matéria, ou muito semelhante. Os jornais da época mencionavam a tímida oposição ao decreto por parte da Associação Brasileira das Loterias Estaduais, já abalada pela loteca e que temia mais que tudo a concorrência da zooteca. Mas não houve nenhuma explicação satisfatória para o arrasador triunfo dos bichos.

E por aí vamos, com leis interioranas, férreas como marechais, a sacrificarem padres e mulheres, com um misterioso e até simpático mundo de bichos, que se extinguem nas matas mas estão cada vez mais vivos dentro de nós, e com os telhados, principalmente os telhados, povoados, desde 1917, de burros e de bois.

18 de abril de 1979

Os infinitos usos do saca-rolhas

Quando a abertura do governo fica presa no gargalo

A chamada abertura do governo tem como abridor-mor o ministro Petrônio Portella, que outro dia teve a franqueza de declarar que a crise econômica é bem capaz de deixar a rolha entalada no gargalo, sem saber se sai ou se volta a entrar, depois do pouco que conseguiu sair.

Quando o governo resolveu, a título de experiência, adotar o programa da abertura, deve ter olhado os vários tipos de abridor que existem por aí, considerando, antes de mais nada, que a dita abertura tem como objetivo libertar matéria nobre: o povo brasileiro. De início o governo deve ter afastado a ideia do abridor propriamente dito, em uso para tampinha de cerveja, lisa em cima e plissada na base, bastando um mínimo de esforço no manejo do abridor para que salte a tampa. Em primeiro lugar um abridor singelo, simplório, não havia de servir para um país cujo leite materno e primeiros mingaus foram Ordenações do Reino e cujo alimento adulto tem sido a série de Constituições, servidas meio cruas e, além disso, retiradas da mesa antes que a família mate a fome. Nossa fechadura não é tampinha.

A nobre matéria da abertura é o povo, a liberdade do povo, um vinho. Existem saca-rolhas quase perfeitos. Insufla-se ar na rolha e ela salta, com um estouro espumante.

Temo que tenhamos escolhido, afinal, o velho saca-rolhas de outros tempos, verruma de metal, cabo de pau, garrafa imprensada entre os joelhos, bíceps intumescido. O método frequentemente esfacela a rolha, que só fura no meio e não deixa o vinho respirar direito. No fim, o vinho precisa ser coado num guardanapo, de tão cheio de cortiça que ficou. Assim, nem se bebe um vinho tratado com dignidade, puro e repousado, nem a rolha sai inteiramente.

Aliás, o *sommelier* Petrônio, encarregado de nossa ucharia e adegas, já avisou que entrou petróleo no vinho.

Os sorrisos e as cruzes. Para mim, a advertência do ministro quer dizer que não vai durar muito a hora do recreio e que, enquanto não soa o apito para o retorno ao decoreba cívico e à palmatória, devemos publicar tudo que documente a dura guerra que tantos moveram contra esse regime de bedéis. Um livro que, para futura referência, devia ser traduzido enquanto dá pé chama-se Los subversivos. É de autoria do cubano Antonio Caso e ganhou o Prêmio Casa de Las Americas no ano de 1973, na categoria Testemunho. O jornalista Antonio Caso foi adido comercial de Cuba no Brasil em 1960. De regresso a Cuba e fascinado, anos depois, com o brilho e a bravura da guerrilha urbana brasileira de 1968 a 1970, tratou de entrevistar muitos dos que se exilaram em Cuba.

Mesmo no caso de jovens líderes como Vladimir Palmeira ou Fernando Gabeira, que recentemente deram depoimento circunstanciado do papel que representaram na tentativa revolucionária de dez anos atrás (o depoimento de Gabeira, publicado em forma de livro pela Codecri, dá ao leitor, de forma indireta, a grata informação de que existem heróis no país), é interessante e saboroso pelo tom imediato e vivo dos relatos e sobretudo pelo fato de que o senso de humor de Antonio Caso preservou igualmente, para os anais da história, o senso de humor dos guerrilheiros que entrevistou.

São muito frequentes, em Los subversivos, as notas de pé de página informando que o guerrilheiro, envolvido num episódio quase humorístico, *"fué asesinado por la policia el 5 diciembre 1970"*, como aconteceu com Yoshitame Fujimore, por exemplo.

São muitas essas notas de pé de página. Ou essas cruzes no caminho.

Lembra-se de mim? Yoshitame Fujimore foi um dos participantes da expropriação ocorrida em 1968 na sucursal do banco do Estado de São Paulo na rua Iguatemi, Pinheiros. O ex-sargento Darcy Rodrigues, entrevistado em Havana por Caso, descreveu Fujimore como homem resoluto *"de pocas palabras pero muy educado"*. Foi designado para se entender, durante o assalto, com o gerente do banco. Este quis resistir e Fujimore teve de empregar palavras severas para que o funcionário guardasse perfeito sossego em sua cadeira.

A operação se coroou de tanto êxito que, um mês depois, os guerrilheiros resolveram simplesmente repeti-la. Lá foi Fujimore de novo ao encontro do gerente, que encontrou de costas. Teve, então, muito menos trabalho. Polido como sempre, perguntou: "Lembra-se de mim, senhor gerente?". O gerente se voltou, fitou Fujimore e afundou sem um ai na cadeira.

Um outro exilado, Liszt Benjamin Vieira, esclareceu a Caso que o sequestro do cônsul japonês Nobuo Okuchi, em São Paulo, foi efetivado, de certa forma, para que as autoridades restituíssem à guerrilha outro japonês, Mário Japa, que lhes fazia grande falta e estava sendo barbaramente torturado. Armaram uma equação que dizia: 1JP x 1JS = 2JL. Por outras palavras, um japonês preso, multiplicado por um japonês sequestrado, é igual a dois japoneses livres.

O automóvel e a sereia. Entre os relatos às vezes trágicos mas coroados de êxito, Antonio Caso anotou malogros como o de Darcy Rodrigues e um companheiro. Tentavam roubar um automóvel para uma expropriação e viram, cedo ainda da noite, o alvo perfeito: um aero-willys, no qual entrava uma senhora distinta, cinquentona. Os dois se aproximaram, cumprimentaram a senhora e travaram um amável diálogo, que foi secamente interrompido pela dona do automóvel quando lhe foi pedida a chave. Não entregava a chave coisa nenhuma. Os rapazes, já incertos diante da total tranquilidade da mulher, partiram para o argumento armado. Tirando o revólver, um dos rapazes disse: "A senhora vai me passar essa chave porque se trata de uma ação revolucionária".

A dona do aero-willys prorrompeu num berro de sereia tão firme e constante que imediatamente se acenderam luzes nos edifícios próximos e os dois bravos saíram em furiosa carreira, rua afora, jurando nunca mais avançar em carro de mulher.

Vamos incorporar, enquanto é tempo, os riscos e as cruzes de *Los subversivos*.

15 de agosto de 1979

O Brasil é um condomínio de generais

Uma visita, em Porto Alegre, a Mafalda Veríssimo

O Brasil é um país muito grande, variado e, de um modo geral, muito porreta, para falar como os baianos. Na generosa fatia de planeta que nos coube, o povo trabalhou para valer, e, diante do resultado obtido, a gente só pode, modéstia à parte, dizer como Deus, no primeiro livro de Moisés, que tudo ficou muito bom. Voltando, como estou fazendo, de uma viagem ao extremo sul do país, que abrangeu, além de Porto Alegre, Canela e Gramado, com suas cascatas, araucárias e chocolates, faço um consciente esforço para não sair citando, ou plagiando, o que ainda seria pior, rapsodos pátrios como o conde Afonso Celso ou o poeta Bilac.

No entanto, dentro das próprias conversas que tive de manter durante a viagem, encontrei o corretivo ao ufanismo, como quem encontra um verme dentro da goiaba. O verme, no caso, estava, salvo seja, dentro de mim mesmo, das minhas constatações. Falando com colegas jornalistas do *Correio do Povo* ou da TV Guaíba ou Gaúcha, e mesmo ao acaso de algum microfone na Feira do Livro, a gente cai em generalizações que, por estranho que pareça, são muito mais exigentes e definitórias do que os aparentes rigores de uma ou outra particularização.

Diante da pergunta de que acho da situação atual do Brasil, sou obrigado a uma objetividade quase total. O único contrato político que rege o Brasil é o contrato assinado entre o general designado para exercer a Presidência da República e os generais que para isso o designaram. Não existe outro pacto. Continuamos a ser governados pelo estabelecimento militar, que, no seu interior, resolveu que se tornava perigosa demais a pressão externa e abriu algumas válvulas. É claro que, com a abertura, o poder está sendo de novo ministrado, gota a gota, aos outros dois poderes do nosso sistema de governo e à imprensa. Mas não como um tônico. Como um excitante. Há na fila da Presidência da República muitos outros generais, pouco dispostos a se conformarem com o fato de que o atual general designado banque o bom moço e restaure a verdadeira democracia, ora essa, entrando pela história a galope, feito um John Wayne, e automaticamente transformando os outros generais em vilões.

Em suma, e já que volto do Sul, o poder no Brasil não cresce cheio de ramos que se sucedem e se superpõem, como uma araucária, mais preocupada com a permanente multiplicação de seus braços abertos do que com o simples crescimento do tronco central: cresce como um cipreste, hirto, triste, concentrado em si mesmo feito um círio verde-oliva.

Nosso lote no planeta é excelente e são bonitas as cidades que nele criaram os escravos, imigrantes, o povo humilde. Mas esses, coitados, prontas as cidades, foram removidos para as favelas, os mocambos e, politicamente, nunca mais deram palpite sobre nada. Nem quando funciona entre nós a democracia, pois o instituto do analfabetismo, armado contra o povo, tem sido rigorosamente mantido por sucessivos ministérios da Educação. Também, país em que analfabeto escolhe os governantes só pode dar uma nação de golpes, tortura, inflação. Essa não.

Flores no exílio. Acasteladas em suas montanhas, a menos de 150 quilômetros de Porto Alegre, Canela e Gramado, juntinhas uma da outra, parecem disputar a honra do título de Cidade das Hortênsias. Com boa razão. As hortênsias de lá não são um vago ornamento de jardim e via pública. Elas surgem em sebes, em maciços, quase se poderia dizer, em muralhas, como faziam outrora em Petrópolis, de onde quase desapareceram. Quando ainda aparecem, são uns espectros do que eram outrora, descoradas, feias, com ar irritadiço. Na frente do Museu Imperial ainda existe um canteiro central bonito, uma espécie de piscina de hortênsias, mas é tudo. Quando perguntei a um jardineiro português por que haviam sumido as hortênsias de Petrópolis, ele se limitou a dar de ombros, diante da minha ignorância: "Mudou o clima", disse ele.

Desmatada, Petrópolis está perdendo suas águas, seus frios. Não tem mais as hortênsias de Gramado e Canela, cidades também de colonização alemã e que conservam o ar alpino que Petrópolis teve e que tão bem sabia combinar com a luz mediterrânea que lá via Raul de Leoni, poeta petropolitano. Aliás, o prêmio de poesia do concurso Apesul deste ano, que terminou com a distribuição de prêmios no Hotel Laje de Pedra, de Canela, coube ao poeta Tito Iglesias, que é igualmente o gerente do hotel. Clima bom para hortênsia deve ser bom para poesia também.

Feira de livros. Na feira de livros de Porto Alegre, o prazer de encontrar o poeta Carlos Nejar, o romancista Cyro Martins, a contista Tânia Faillace, de rever um companheiro da viagem a Canela, Mário Quintana, e de receber, das próprias mãos de Dyonélio Machado, seu romance *O louco do Cati*. Dyonélio, que já dobrou o cabo dos oitenta, chegou àquela faceirice de proclamar a própria idade, privilégio dos que envelhecem sãos de corpo e cujo espírito o tempo só faz fortificar, no sentido em que se fortificam vinhos. Ou como se fortifica seu romance *Os ratos*, que também vai ficando antigo sem jamais passar pela velhice.

Visita. Porto Alegre é seguramente a maior concentração demográfica de jacarandá-mimoso no mundo inteiro. Me disseram que foi um antigo prefeito, Alberto Bins, quem resolveu plantar esses jacarandás ornamentais, de flor lilás, que ainda não se exilaram de Petrópolis, onde os vi florindo outro dia. Em Porto Alegre são tantos que parece que a fiação da iluminação elétrica resolveu aderir à primavera.

Na Petrópolis gaúcha, bairro de Porto Alegre onde mora Mafalda Veríssimo, não só estão em flor os jacarandás a cada lado da rua, como ainda combinam com o ipê do jardim da casa da rua Felipe de Oliveira onde a lembrança de Érico tem uma densidade ao mesmo tempo forte e nada opressiva. Lá estavam amigos a conversar, amigos ali encontrados em outras visitas, como Josué Guimarães e Maurício Rosenblatt. A casa de Érico, como sua obra, foi feita para durar.

7 de novembro de 1979

Da arte de esperar uma revolução

O adjetivo que se colocou contra a reforma agrária

O meio predileto adotado pelos donos do Brasil para não resolverem os chamados problemas fundamentais do país é deixar que os problemas caiam de velhos. Acontece, então, uma coisa curiosa. Como outros países, orgânicos, vivos, resolvem os citados problemas e vão em frente, nós, com a maior cara de pau, vamos também em frente, alegando que os problemas caíram em dessuetude, isto é, encheram o saco. Com isso, na realidade, continuamos sempre no rol dos países retardados, dos países serventes, os garçons e carregadores dos países adiantados, que são, por definição, aqueles que mal conseguem dormir à noite quando a solução de um problema os espera. A escravidão negra, por exemplo, só a abolimos quando não existia mais em nenhum outro país do mundo. Um velho conhecido meu, ex-jornalista, hoje com fazenda de café no Estado do Rio, ainda deblatera contra a loucura que foi a abolição. Foi um crime fazê-la assim de afogadilho, argumenta. Os abolicionistas, ainda por cima, eram tão estúpidos, alega, que sequer conheciam os problemas da lavoura. Imagine soltar os escravos em maio, quando a colheita de café era em setembro.

Ele preferia que a precipitada abolição de 1888 se proclamasse, por exemplo, em 1988. Mas nunca, isso nunca, no mês de maio, cáspite!

A ridícula reforma agrária. Uma jovem preceptora alemã que trabalhou em São Paulo alguns anos antes da abolição, Ina von Binzer, escreveu em 1884 que não sabia bem por que ainda havia escravos no Brasil, já que pelo menos a favor da escravatura ninguém falava mais. Mas a *fraulein* acrescentava, com um suspiro, que no mais importante não ouvia ninguém falar: como educar os ex-escravos e como lhes dar terra própria e casa. E até hoje continuamos à espera de solução para o problema da alfabetização do povo e da reforma agrária. Quanto à alfabetização, não sem certa dose de galhofa, o problema foi, como se diz, equacionado. As crianças continuam analfabetas. Mas o Mobral pega-as mais tarde quando forem adultos.

Quanto à reforma agrária, a questão positivamente já tinge de um certo ridículo quem a aborda. Um problema que os Estados Unidos resolveram no século XVIII, como reconhecê-lo, tão vivo, entre nós? Será que perdemos a vergonha nacional?

No entanto, à medida que se acumula no Brasil, recrutado entre as massas rurais sem terra, um exército de reserva que não se sabe mais como usar, até vozes conservadoras se fazem ouvir. Semana passada foi o presidente do Banco do Brasil, Osvaldo Colin, depondo na Câmara dos Deputados, quem declarou: "A fome endêmica no Brasil se explica mais pela defeituosa estrutura de domínio da terra do que pelo crescimento da população". Referia-se à "arcaica estrutura de posse da terra" e citava o censo de 1970: as propriedades de dez hectares, embora representassem 51% dos estabelecimentos computados, ocupavam apenas 3% da área total, enquanto que as propriedades com mais de cem hectares – 9% dos estabelecimentos – detinham 76% das terras. Por isso, ao sr. Colin não "admira a periódica eclosão de graves conflitos, marcando o drama de inúmeros posseiros e outras categorias detentoras de forma precária de acesso à terra".

Vozes proféticas de Minas. Precisamente um mês antes dizia a mesma coisa, por outras palavras, o senador Tancredo Neves, em cuja voz ressoava a advertência que, antes de 1930, fazia à nação Antônio Carlos Ribeiro de Andrada, quando presidente de Minas. "Façamos a revolução antes que o povo a faça", dizia o Andrada. A frase, sabiamente suspensa no ar, quer dizer que, quando classes conservadoras inteligentes fazem a revolução, a dita pode transcorrer sem guilhotina ou *paredon*.

O senador Tancredo dizia que ou o governo se convence da necessidade de realizar reformas estruturais "ou o povo tentará fazê-las pela violência". O que não se pode é continuar fingindo, com remedinhos caseiros, que se vai resolver o problema de um país "em que apenas 5% da população detém mais de 52% da renda nacional e apenas 8% controla 70% das terras agricultáveis".

Não sei o que diriam o presidente do Banco do Brasil ou o senador pessedista, se o general-presidente, caindo do cavalo em alguma estrada para Damasco,[15] cismasse de real e drasticamente consertar as estruturas do país, distribuindo rendas e terras. Como ambos sabem que é muito mais fácil estourar no país, um dia, uma revolução caprichada do que tal conversão presidencial ocorrer, não há por que inquietá-los com perguntas ociosas. Mas fique o registro de que falam a verdade e que, neste país das eternas repetições, pelo menos mantêm viva a bela frase se Antônio Carlos.

A justa indenização. Em 1951 o presidente Getúlio Vargas, assessorado pelo economista Rômulo de Almeida, formou uma Comissão Nacional de Política Agrária. Pela primeira vez tentava o Executivo realizar, como se fizera no sul da Itália, ou no Japão depois da guerra, a reforma agrária. No mais resumido dos resumos, os debates da CNPA giraram em torno do significado de um adjetivo – "justa" – que se lia no artigo 151 da Constituição então vigente, a de 1946. Não tenho à mão essa veneranda Carta Magna, mas me lembro que o referido artigo estipulava que, no caso de qualquer expropriação de terras, a indenização seria prévia, justa e em dinheiro.

Coube ao finado Hermes Lima afirmar, repetidamente, nas reuniões que era possível ao Tesouro financiar uma reforma agrária fazendo indenizações prévias, remuneradas em dinheiro. Mas que seria uma indenização justa? Pagar o preço que o latifundiário atribuísse à própria terra? Não. Jamais haveria nas arcas públicas tanto dinheiro. O adjetivo "justa" não se referia ao dinheiro da indenização, mencionado no mesmo artigo. "Justa" só podia referir-se à justiça. Justiça social, naturalmente.

E àquele adjetivo, até hoje por definir, também está, desde então, encalhada a reforma agrária.

21 de novembro de 1979

---

[15] Referência ao episódio bíblico em que, caindo do cavalo quando ia para Damasco, o fariseu Paulo se converteu ao cristianismo. (N.E.)

Sartre e a revolução que o Brasil não fez

Raymond Aron, o ópio e a membrana virginal

Que pena que quando Sartre visitou o Brasil o Lula ainda estivesse chupando caju em Pernambuco! Sartre esteve, aliás, no Recife, mas o Lula, ainda de calças curtas, apanhava sem dúvida guaiamu na boca do rio. Sartre esteve aqui em 1960, ao regressar de uma viagem a Cuba, e procurou descobrir sinais de revolução, ou pelo menos de história, mas achou o Brasil uma página do mundo praticamente em branco.

Como Sartre escreveu uma espécie de reportagem sobre a ilha – *Furacão sobre Cuba* chamou-se a edição brasileira, publicada por Rubem Braga e Fernando Sabino –, intelectuais e jornalistas lhe perguntaram se ia escrever também alguma coisa sobre o Brasil. A resposta que ouvi dele, mais de uma vez, Otto Lara Resende também a ouviu e a repetiu em sua coluna de *O Globo* outro dia. Sartre dizia, imperturbável: "Façam uma revolução que eu escrevo".

Sartre nunca escreveu nada sobre o Brasil. Acabo de ler no *L'Express* uma excelente cronologia de sua vida. A visita ao Brasil não é sequer mencionada, porque não provocou nenhuma reação conhecida naquele sismógrafo humano. Se Sartre conhecesse poesia antológica brasileira, diria que nosso poema nacional é praticamente o único que nos legou Francisco Otaviano: "Quem passou pela vida em branca nuvem/e em plácido repouso adormeceu [...]" Para que não se diga que o vocábulo Brasil não ocorre de todo na cronologia estabelecida por *L'Express*, anote-se que lá está, no ano de 1971, o protesto que fez Sartre diante da prisão aqui ocorrida dos membros do Living Theatre.

De Simone de Beauvoir, que naturalmente o acompanhava na viagem, há escritos sobre o Brasil. Me lembro de uma observação dela, um tanto espantada da sua descoberta: "No Brasil, há milionários de esquerda". Se tivesse ficado mais tempo aqui, ela descobriria que o que há mesmo são revolucionários de direita, revolucionários conservadores, sempre atentos, prontos a impedir que o país se transforme de fato em nação moderna. No momento em que escrevo estão eles novamente em ação, mas agora, pelo menos, se defrontando com um homem novo e uma força nova. Meteram Lula na prisão e o depuseram da chefia do sindicato de São Bernardo e Diadema. Mas agora, como o próprio Lula diria a um Sartre que pudesse estar hoje entre nós, há o despertar do operariado paulista. Aliás, um despertar que acontece em adros da Igreja. Sartre teria igualmente bastante a conversar com dom Paulo Evaristo Arns.

A encarnação de uma época. Todo mundo sabe que Jean-Paul Sartre não apreciava bernardas e intentonas sem pé nem cabeça. Quando falava numa revolução brasileira, pensava na emergência – para a vida civilizada, para as angústias verdadeiramente humanas – de massas sofridas, sem cara, sem consciência do seu alto valor e da exploração que sofrem. Na modelar reportagem-obituário que lhe dedicou, *L'Express* publica dois artigos fundamentais, respectivamente de Jean-François Revel e de Raymond Aron. Revel cria um neologismo para descrever Sartre. Chama-o *l'incarnateur*, o encarnador de sua época. Sartre foi, de fato, o tempo moderno feito homem, a insatisfação de toda uma época encarnada numa síntese individual de raríssimo brilho.

Para justificar Revel, bastaria acompanhar, na cronologia, as honestas e tempestuosas relações de Sartre com o Partido Comunista Francês, com o comunismo em geral. Oriundo da burguesia e nutrindo por ela um horror visceral, que abrangia o capitalismo em todas as suas manifestações, Sartre só via salvação na revolução de esquerda, que tem no marxismo sua base filosófica. Cansado, afinal, da luta pelo ideal típico das pessoas de boa-fé em nossa época (o do homem atingindo um estado de máxima liberdade, mediante a implantação de um máximo de justiça social), Sartre, sempre escravo das palavras, desabafou em 1972: não era mais marxista, e sim *marxien*.[16]

Seja como for, segundo Revel, foram perdoadas ao encarnador Sartre, no fim da vida, mesmo suas contradições. Em 1979 Sartre se

---

[16] Marxistas acreditam na dialética da luta de classes, enquanto marxianos (*marxiens*) se remetem ao pensamento de Marx sem pertencer à interpretação ortodoxa do marxismo. (N.E.)

colocou ao lado de Raymond Aron, num protesto contra o governo de Hanói, por ocasião da crise dos *boat people*.[17] Diante de mais essa aparente contradição sartreana — seria a última —, os adversários não o criticaram com a mesma fúria de outrora. Já sabiam que o *marxien* Sartre não ficava sempre do lado marxista, e sim do lado da justiça — entendendo-se, naturalmente, que capitalista é o que a justiça nunca será. A conclusão que tirava Revel do fato é que ninguém mais, diante das posições assumidas por Sartre, perguntava se ele tinha ou não razão. Sartre já estava para lá do verdadeiro e do falso, além do bem e do mal. "Ele não opinava mais, ele era. Sua simples presença era um sinal, o sino a anunciar que o assunto era digno de atenção."

O ópio dos intelectuais. O artigo que Raymond Aron dedicou a Sartre é curioso, quase perturbador. Tem um título terno, praticamente intraduzível: *Mon petit camarade*. Ele e Sartre antes dos vinte anos, já cursavam juntos a escola normal. Outra colega de estudos, Simone de Beauvoir, conta deles que, muito amigos mas muito intelectualizados, discutiam sem parar. Aron em geral ganhava, diz ela. Depois, a vida, a ideologia, o próprio brilho de ambos os separou. Reencontraram-se publicamente o ano passado, a protestarem contra Hanói, o que atesta a humildade de Sartre. Naquele instante, afinal de contas, mais uma vez ganhava Aron, para quem o marxismo era "o ópio dos intelectuais".

Mas terá Aron ganho o debate que manteve a vida inteira com seu *petit camarade*? Ele conta, no artigo que dedicou a Sartre, que, quando eram ainda jovens, Sartre lhe perguntara por que não se engajava na revolução, já que ele, Aron, conhecia tão bem as falhas da moderna democracia capitalista. A resposta de Aron — a mesma até hoje — é que "a civilização é uma fina película". Rasga-se à toa. A revolução, como a guerra, pode rompê-la e pelo rasgão volta à barbárie. Confesso que a tese de Aron me fez mais pró-Sartre ainda. Guerras estúpidas se têm sucedido e a tal película, complacente, permanece. Será que só a revolução é que não vale um hímen?

7 de maio de 1980

---

[17] Refugiados do Vietnã. (N.E.)

Gregório e Julião dormiram no ponto

Pequeno dicionário nordestino de impropriedades

O Nordeste é o Brasil agravado, em mais de um sentido. No sentido de aprofundado, de mais fundamente Brasil, e no sentido de humilhado e ofendido. Eu, que não nasci no Nordeste, cada vez que vou lá sinto que estou chegando ao coração desta terra. Ali o país viveu sua infância. É a casa paterna. As frutas do Nordeste são as mais doces, tal como as frutas que a gente comeu em criança. Quitute brasileiro, quitute mesmo, vem de lá. As primeiras guerras foram lá, assim como as primeiras revoluções. A última revolução vai ser lá também, é claro.

No Nordeste, microcosmo e fiel espelho do que somos, ocorre igualmente a maior exploração econômica de uma enorme população de desvalidos por meia dúzia de folgados. Até a seca, lá, dá mais dinheiro aos que já o têm. E, além da seca propriamente dita, os nordestinos aguentam o flagelo maior: escutar as asneiras que através dos tempos lhes dizem as autoridades governamentais. Quando li dias atrás em *O Globo* declarações do ministro Andreazza em Recife, não quis acreditar nos meus olhos. O ministro "conheceu uma árvore", dizia a notícia, "que lhe chamou a atenção. Era a algaroba". Há quarenta anos o agrônomo, jornalista e escritor Pimentel Gomes escreveu verdadeiras telenovelas sobre a algaroba no *Correio da Manhã*. O ministro descobriu igualmente a palma forrageira e observou, com agudeza, que açudes que não se completam por canais de irrigação só servem para peixes. No entanto, a descoberta central e salvadora foi a da cabra. Essa misteriosa espécie, provavelmente oriunda de Capri, resiste a tudo, até à seca, no que constitui um exemplo. As cabras não pedem esmola, por exemplo, aguentam o tranco roendo qualquer xique-xique. O Ariano Suassuna, que há tanto tempo cria cabras em Taperoá, provavelmente não sabia que se tratava de animal tão raro e estranho.

Achei que podia haver algum exagero nas declarações atribuídas ao ministro do Interior. Mas, dias depois, no *Jornal do Brasil*, vi todas confirmadas e ampliadas pelo ministro Stábile, da Agricultura. Confirmou o futuro da caprinocultura. Descobriu plantas xerófilas, isto é, resistentes à seca. Falou na perenização dos rios. Todos os rios do Nordeste devem se tornar efetivos, como se diz por lá. A vazão d'água deve ser permanente. *La donna è stabile*. Está salvo o Nordeste.

As ligas, os sindicatos. Que cansaço, que saco para os pobres dos nordestinos pobres ouvir as mesmas coisas, decênio após decênio, século após século. Sucedem-se as sandices oficiais e as campanhas do "ajuda teu irmão!". Há muito e muito tempo que, ao ser decretada uma seca, se finge que o problema vai ser resolvido e se atiram alguns vinténs aos flagelados. O poeta Guerra Junqueiro, quando da seca de 1877, pedia socorro para os retirantes. Ninguém devia deixar de auxiliar a quem pedia esmola "na mesma linguagem em que a pediu Camões". Pelo menos desde então os problemas nordestinos foram equacionados e pelo menos uma vez estiveram a pique de ser erradicados. Estou falando, naturalmente, na Sudene de Celso Furtado, que serviu de modelo mundial de planejamento regional e que absorveu a soberania de nove estados para extirpar deles a miséria do nordestino e, ao mesmo tempo, a indústria da seca, que se nutre dessa miséria. O atual superintendente da Sudene, Valfrido Salmito, que trabalhou na Sudene de Celso Furtado, sabe que estou dizendo a verdade. Ele próprio, Salmito, já advertiu que nunca o Nordeste andou mais explosivo, potencialmente, do que agora.

Que pena que os sindicatos de Gregório e as Ligas de Julião não partiram para a realização dessas potencialidades em 1964. Porque pior do que pedir esmola na mesma língua em que a pediu Camões é ouvir, praticamente desde os tempos de Camões, as mesmas explicações tolas e as mesmas evasivas espertas.

Pequeno dicionário de impropriedades. Não se diga que não sou um crítico construtivo. Sugiro, portanto, ao governo federal que seus ministros não aumentem a aflição do Nordeste com a emissão de tolices, que encomende ao poeta Mauro Mota, por exemplo, de Pernambuco, a feitura de um *sottisier*, um dicionário de impropriedades, digamos. Dou uma amostra do que poderia ser esse pequeno vocabulário acautelatório.

Cabra da peste. Indivíduo valente, insolente. Atenção: cabra, no Nordeste, é praticamente sinônimo de homem. O *Dicionário Aurélio*, além de cabra da peste, registra, com significado semelhante, cabra da rede rasgada, cabra-de-chifre, cabra-de-peia. Não dá para desconfiar que a cabra tem certa tradição e alguns pergaminhos antigos na região?

Chegar. Ir embora. Se alguém disser "vou chegando", é porque não aguenta mais o que está ouvindo.

Diamba. Desencorajar o plantio, se alguém pedir verba. É maconha.

Favela. Árvore da caatinga. Atenção: não pensar que o nome é homenagem a Orestes Barbosa e Sílvio Caldas. É boa citação em discurso (demonstra cultura) lembrar que, ao contrário, o nome da árvore, trazido para o Rio pelos soldados de Canudos, pegou num morro carioca.

Folote. Folgado, em matéria de roupa. Não considerar ofensa se alguém disser que a camisa ministerial está folote. Desaconselhável, na região, é o paletó lascado.

Lula. Apelido de mulher (Heloísa) e de homem (Luís). Atenção: numa outra área federal, a do Trabalho, o respectivo ministro só descobriu que o Lula não só era homem como cabra da peste (v. acima) quando já era tarde demais.

Pai-d'égua. Garanhão. Indivíduo intrépido, valente. Atenção: não imaginar que se trata de homem que realmente procriou uma égua, embora muitos, na adolescência, tenham. (cf. José Lins do Rego, *Meus verdes anos*).

11 de junho de 1980

Lá vai o Brasil, estudando direito

A tocante homenagem feita ao papa pela irmandade dos punguistas de Recife

Na recente reunião da SBPC no Rio, participei da mesa-redonda sobre literatura, coordenada por Luiz Costa Lima. Antes de entrar no meu assunto – o trabalho do escritor e as possíveis relações da cultura com o Estado –, fiz deixar a reunião o doce poeta Vinicius, vindo do assento etéreo aonde, falecido na véspera, mal se instalara. Um debate como o nosso não era de molde a prender por muito tempo a atenção do poeta. Deve ter concordado comigo quando divergi dos que o celebram como Don Juan, que era um amante predatório, destruidor de mulheres. Vinicius foi, ao contrário, o grande marido. Só não se casou com todas as mulheres que namorou por falta de tempo e de espaço doméstico. Mas casava sempre que podia, tinha filhos, construía casa. Em pouco tempo Vinicius nos deixou, se mandou, sem dúvida já interessado em alguma das serafinas que bailam entre os querubins, os tronos e as potestades.

Dou a seguir alguns trechos do trabalho que li na SBPC.

O leitor e os livros. Esta figura esquiva e simpática que todos os escritores cortejam – o leitor brasileiro – teve seu perfil traçado no jornal *Leia*, ou *Leia Livros*, de São Paulo, por Mário Fittipaldi, presidente da Câmara Brasileira do Livro. Fittipaldi comentou uma pesquisa que foi feita sobre o lazer, em Brasília, para saber de que lazer efetivo dispunha a pessoa interrogada e qual seria o seu lazer ideal. Entre as quatorze mil respostas descobriu-se que o lazer efetivo obedecia à seguinte ordem: em primeiro lugar, "ouvir música"; em segundo lugar, "ir ao cinema" e "ver TV". No fim, com 1.008 indicações, ou seja, 7,8% do total, surgiram as "leituras". O pior, no entanto, estava ainda por vir. Nas respostas referentes ao lazer ideal a leitura passou para 1,6%, ocupando o 15º lugar. Quanto ao livro propriamente dito, pesquisas em municípios considerados tipicamente brasileiros mostraram como é escasso tal objeto. Onde existiam, os livros eram em sua maioria didáticos, ou romances policiais traduzidos. Cerca de um terço dos estudantes não tinha "nem estante de livros em casa".

No capítulo das livrarias, Ênio Guazzelli, secretário da Associação Nacional de Livrarias, registra, no mesmo jornal, que nos nossos melhores tempos tivemos em todo o território nacional seiscentas livrarias, quando só na cidade de Buenos Aires há quinhentas e na de Paris duas mil. Hoje em dia, das seiscentas livrarias estamos reduzidos a trezentas.

Cabe aqui chamar a tenção para uma espécie de surrealismo que aflige a cultura do país. Está diminuindo o número de livrarias, mas aumenta o número de livros publicados. E o surrealismo prossegue quando se analisam os títulos publicados, como fez Caio Túlio Costa. Por exemplo, examinando a listagem de não ficção para o ano de 1979, saíram 4.500 publicações sobre direito, "somam a maior quantidade de títulos: o maior mercado editorial [...] continua nas mãos das editoras especializadas nas muitas disciplinas que compõem o direito. Em segundo lugar, empatados, aparecem os títulos de religião e psicologia. Na sequência estão as publicações de economia e depois as de política".

Vejam que coisa extraordinária. O que menos existe neste país é o direito. Por dá cá aquela palha saímos – ou nos fazem sair – do estado de direito. Quando nos dão o direito de volta, é de má vontade, cara feia, advertências muitas. Tomemos cuidado, senão esta sopa vai acabar. A sopa é o direito. Não temos direito a ela. Ela é, como a sopa dos pobres, uma esmola, uma dádiva. E no entanto – lá vai o Brasil, estudando direito.

Punguistas e candomblé. Quanto ao empate de religião e psicologia, não me ocorreria negar a profunda religiosidade popular do brasileiro. Mas a nossa religião culta, a dos que leem teologia católica ou religião comparada é mínima. Em Recife, na véspera da chegada do papa, marginais, ao microfone da rádio Jornal do Commercio, prometeram que durante a festa não bateriam a carteira de ninguém. No Rio, a mãe de santo Estela de Azevedo anunciou que, por ser peregrino, o papa era filho de Ogum. Os marginais abriram mão do santo direito ao trabalho em dia altamente propício ao seu exercício. A mãe de santo abriu braços generosos e ecumênicos à visita do grão-sacerdote de um culto rival. Mas essas não são pessoas que leem livros de religião. Praticam religião, o que é muito diferente.

O Brasil é um país ainda informe e já deformado por um sistema egoísta de educação e de vida. Vivemos preocupados com uma superestrutura cultural – direito formal, religião culta, psicologia em profundidade – que nada tem a ver com o país enorme, confuso e pobre. Enquanto não adotarmos um regime de política e de vida que incorpore, aos vinte milhões de brasileiros que vivem humanamente, os cem milhões que os sustentam, que "nos" sustentam, continuaremos lendo as *Pandectas*, a *Dogmática* e as cartas e tratados de Ludwig Wittgenstein.

Quanto às possíveis relações entre a cultura e o poder, deixarei para outro artigo as novas que levei à SBPC. No mês de maio a *Folha de S.Paulo* dedicou todo um *Folhetim* da sua edição dominical ao problema e, se iluminou os recantos e recessos do assunto, não chegou a conclusões definitivas. Só digo, à guisa de adiantamento, que em matéria de relações com o Estado a cultura que se cuide. Não há visita de papa que contenha esses punguistas.

30 de julho de 1980

Esposa mineira perdoa o malvado

E ainda limpa, na gaveta, o tambor e o cano da arma de 1964

Como uma esposa mineira, na hora fatal – mãos postas, cabelos revoltos, olhos marejados de lágrimas – ela implora: "Não me bata, não me bata de novo que desta vez eu morro!". E ele, impassível: "Cale a boca, sua perdida. Está pensando que mulher manda em minha casa? Você tem que pagar pelas suas culpas". E ela: "Culpas? Eu? Só protestei porque você disse que ia vender o sítio, que é das crianças. Esta casa você já hipotecou. Até uns dolarezinhos da viagem, que eu tinha escondido no fundo da cristaleira, você trocou e torrou". E ele: "Silêncio! Pega ali o meu revólver". "Ai, não, misericórdia." "Pois então comporte-se." "Você não vai me matar?" E ele, magnânimo: "Não. Vou só te interditar de novo, como deficiente mental. Por outros dezesseis anos". "Ah, como você é bom."

Aliviada, agradecida, a oposição beija a mão do governo. Pano rápido.

Bloco das madalenas. Com algum pequeno exagero, a situação é essa aí. Ao cabo de dezesseis anos de total arbítrio, o governo militar só conseguiu conduzir o país a uma desordem, uma bagunça econômica tão fantástica que, com boa razão, preocupa a todos. No entanto, em lugar de haver, por parte da vítima, a criação firme de uma frente de luta, a oposição, em suas várias denominações, assume um ar penitente e dócil. Ela se dispõe até a dividir, com o governo, as culpas pelos desmandos de um punhado de generais e seus ordenanças tecnocráticos. Mesmo gente moça, retornada do exílio, tende a achar que a luta contra o obscurantismo da ditadura foi, na melhor das hipóteses, precipitada, romântica. Ainda bem que, em meio aos intelectuais desiludidos consigo mesmos por terem lutado pela liberdade, ergue-se a voz serena de Edgar da Mata Machado, bela figura de pensador político e de escritor. Edgar não só foi cassado pela "revolução", perdendo seu mandato de deputado pelo MDB, como, muito mais do que isso, teve um filho assassinado pela repressão, em 73. Até hoje ele lamenta, naturalmente, que houvesse tantos assassinos entre os golpistas de 1964. Mas não lamenta que tivesse tido um filho bravo e idealista.

De um modo geral, porém, o estado de espírito é manso, quase humilde. Até o sr. Giocondo Dias, secretário-geral do Partido Comunista, prefere dizer coisas bem sensatas e comedidas. Constata a divisão existente dentro da oposição e até exime o governo de culpa quanto à divisão Ivete-Brizola.[18] Por outras palavras, nos concita a, sobretudo, pensarmos em nossos próprios erros. É bem verdade que os mártires da extrema esquerda que o regime assassinou, o PC já os havia afastado de si, como Mário Alves e Carlos Marighella; não é menos verdade, porém, que o PC sempre faz sua contribuição em sangue quando um regime de extrema direita assume o poder. Nomes como os de David Capistrano e Orlando Bonfim vêm logo à mente.

Existem sempre esses que, pelo simples fato de serem comunistas, são assassinados, e eles conferem um prestígio sério ao PC entre intelectuais de esquerda que – como é o meu caso – jamais pertenceram ao partido. Acho que temos boas razões para não dar o passo temerário, mas o fato de não dá-lo nos deixa um certo mal-estar, uma certa má consciência que o PC tem o direito de usar contra nós. Às vezes usa. No entanto, neste momento, o tom excessivamente cauteloso do secretário-geral me fez pensar em argumentos do antigo PSD. E ao PSD não tenho o menor remorso de não haver pertencido, não.

Uma gema entre as pedras. No meio do festival de pedradas que a oposição montou para si mesma, passou despercebida uma gema de entrevista que deu (*Jornal do Brasil*, 13/7/1980) o professor Eugênio

---

[18] Ivete Vargas, cuja mãe era sobrinha de Getúlio Vargas, e Leonel Brizola. (N.E.)

Gudin, ao completar 94 anos. Conheci o professor Gudin quando eu era redator-chefe do extinto *Correio da Manhã* e ele um colaborador pontual, exemplar. Sempre me deu a impressão de ser aquele homem descrito por Francisco Otaviano, que passou pela vida em branca nuvem e em plácido repouso adormeceu. Produto típico da *belle époque* – alegre, colonialista, acreditando na inevitabilidade do progresso dentro dos preceitos do capitalismo –, o professor Gudin nasceu sabendo tudo e por isso, durante sua longuíssima vida, não aprendeu nada. Fundamentalmente ele sabe que o homem nasce sob o signo de dois austeros livros, o *Dever* e o *Haver*. Quem consegue equilibrar as entradas lançadas num e no outro é o eleito dos deuses. E agora, atenção: as pessoas que não têm sequer os meios de possuir tais livros não contam, não existem, não "são".

Tracei esse brevíssimo – e portanto muito incompleto – perfil do professor Gudin, para terminar dizendo que há na composição psicológica desse homem elegante, contido, impermeável à compaixão, a coragem de dizer, dentro do seu universo balizado por aquelas duas bíblias, aquilo que pensa. E, na referida entrevista ao *JB*, ele disse, referindo-se ao seu discípulo Delfim Netto: "O Delfim, por exemplo, sabe o que quer e o que fazer, mas quer ser presidente de São Paulo". O "presidente" corre por conta dos tempos em que os estados tinham presidentes, mas a afirmativa é terrível. É um julgamento de caráter. O professor Gudin está nos dizendo que o timoneiro da nau deste pobre Estado só pensa em conduzi-la de forma a que ele, timoneiro, chegue ao porto dos seus desejos. E o Brasil que se dane.

A frase do professor Gudin devia ter provocado um debate nacional. Ou deve, ainda. A menos que o complexo de mulher mineira que baixou sobre a oposição esteja chegando ao ponto crítico em que a vítima – com uma vareta, óleo e estopa – passe a limpar cano e tambor da arma que fica na gaveta da mesa de cabeceira.

27 de agosto de 1980

A santa Rússia teocrática de Alexander Soljenítsin

Eleito nos EUA o imperador do Ocidente. No Brasil, o imperador é o Exército

Afinal, quarta-feira, foi eleito o novo imperador do Ocidente, que governa o mundo, vigiado pelo imperador do Oriente em sua Bizâncio moscovita. Bizâncio está muito longe de nós e, seja como for, também, feito nós, não elege seu presidente. Das eleições norte-americanas, porém, devíamos participar. Um homem da intimidade de Deus, como o padre Vito, nos lembrou a todos, dia 7 de setembro, que não somos independentes coisa nenhuma.

Durante a campanha presidencial norte-americana de 1964, o candidato republicano Barry Goldwater, ficou bastante aborrecido com os ingleses, que lhe faziam veemente oposição. Goldwater reclamou, sobretudo, do jornal *The Observer,* que o atacava devido aos arroubos guerreiros da sua campanha e suas sombrias ameaças de usar o arsenal nuclear do país. *The Observer* respondeu fazendo uma paródia do axiomático dito *no taxation without representation*, isto é, só pode criar impostos um governo eleito. Em lugar de *taxation,* o jornal, na sua resposta a Goldwater, empregou a palavra *annihilation*, aniquilamento. Devemos ter pelo menos o direito de escolher aqueles que se propõem nos aniquilar com a bomba atômica. *The Observer* se intrometia na eleição dos Estados Unidos porque não queria ser aniquilado pelas bombas de Goldwater.

A santa Rússia. No confronto entre Washington e Moscou, essas duas Romas em que se dividiu o império, o resto do mundo se sente um tanto supérfluo, vivendo como quem paga aluguel ao proprietário.

Não temos o voto, não temos nenhuma forma de influir na condução dos negócios políticos nos dois centros do poder mundial que podem nos liquidar quando bem entenderem.

E num ponto as duas Romas estão de acordo: não parecem dispostas a abrir mão de qualquer prerrogativa em favor de ninguém. Gostam muito do poder e pretendem continuar a exercê-lo, inteirinho. É curioso observar, como se pode fazer pela autobiografia de Soljenítsin, como ele odeia o Ocidente e tudo que o Ocidente representa. Odeia ou pelo menos despreza até o Prêmio Nobel que lhe deram e que provavelmente o salvou, com o fulgor que deu ao seu nome, das prisões soviéticas.

O sonho de Soljenítsin é a criação de uma teocracia russa fechada, quase que uma volta ao tzarismo, com acentuação do caráter religioso do regime. As "liberdades" ocidentais, a busca da boa vida, o direito de tudo discutir e tudo pôr em dúvida o horrorizam. O comunismo, ele o abomina por ser o veneno que o Ocidente instalou na Santa Rússia. Nada o enfurece mais do que ouvir dizer que o comunismo vingou tão bem na Rússia porque os russos tinham sido preparados para o regime comunista pelos anos da autocracia do tzar. Para Soljenítsin o comunismo é um vírus que debilita o povo russo: não por ser autocrático, que isso é o de menos, e sim por ser importado, por ser ateu, por não ser eslavo e natural à Rússia. E a tal de democracia, da maneira como exercida pelos Estados Unidos e a Inglaterra, é quase tão ruim quanto o comunismo.

Invoquei o nome e as teses de Soljenítsin para observar que, se esse homem de excepcional integridade moral tivesse, amanhã, influência política na sua terra, não ia querer transformá-la num país aberto a todas as liberdades, compassivo e civilizado. Ia querer uma teocracia triunfante, a exercer seu pleno poder imperial e evangelizador. Tal como os monges e beatos russos de outras épocas, ele sonha com a "terceira Roma", que seria de fato Moscou, sucedendo a Roma e Bizâncio.

Nosso exército, nosso imperador. Entre os dois gigantes, e enquanto torcia por Carter ou Reagan, o Brasil descobria, por informação do senador Passarinho, que também é um império. Cumprimentando a oposição por procurar o diálogo com os militares, declarou o líder do governo no Senado que "a presença das Forças Armadas em países como o Brasil é ligada a um papel extramilitar que alguns dizem ser semelhante ao Poder Moderador que havia no Brasil no tempo do Império, centrado na figura do imperador". As Forças Armadas, ainda segundo o senador Passarinho, precisam ser olhadas pelos políticos como "forças suprapartidárias". Aí está. Continuamos a ser governados por um imperador, só que ele foi criando inúmeras cabeças, feito uma hidra. Por outras palavras, quando derrubou Pedro II, o Exército sabia perfeitamente que se instalava no trono. De quando em quando irresponsáveis forças democráticas arrancam-lhe o trono debaixo do assento. Mas ele volta. Sacudindo o pó do assento, mas volta.

A Roma dos escravos. Voltemos a impérios mais sérios para lembrar que o padre Vito retornou à sua Roma, a Roma dos povos que não têm independência nenhuma, interna ou externa. A Roma católica andou perdida de si mesma durante séculos, mas, a partir do pontificado de João XXIII, assumiu com firmeza e disposição seu lugar, que naturalmente só pode ser ao lado dos pobres. As circunstâncias da atual divergência entre a Igreja e o Estado são tão diferentes das que predominavam ao tempo da chamada questão religiosa que invocar o velho episódio só serve para turvar o choque atual. A luta de dom Vital e dom Antônio se travou nos tempos em que a Igreja se ligava ao Estado, em que a Maçonaria era uma poderosa força. Os maçons, de acordo com uma bula antiga, não podiam pertencer à Igreja. Acontece que o Império estava cheio de maçons e quem mandava nos bispos era o imperador. Os bispos rebeldes foram condenados a quatro anos de prisão com trabalhos forçados. Bons dias para o Poder Moderador!, exclamaria o senador Passarinho. Bons, mas passaram, replicaria, sem dúvida, o governador do Pará, Alacid.

A santa Roma de padre Vito não prega a subversão. Mas faz com que ela brote, feito uma flor.

12 de novembro de 1980

Mais respeito e menos epigramas

A inflação morta do Delfim é uma piada da nossa comédia de costumes, onde não falta sequer o toque decadente do humor negro

Li com certo alvoroço em *Novos Estudos*, uma revista do Cebrap (Centro Brasileiro de Análise e Planejamento), que a economia está finalmente descobrindo a moral. O artigo, traduzido por Roberto Schwarz e da autoria de Albert O. Hirschman, traça a insidiosa marca histórica da ideia de que é anticientífico considerar que virtudes cansativas como a preocupação com pobres e crianças desvalidas tenham alguma coisa a ver com a conduta da coisa pública. Assediado por incômodos paradoxos até nas ciências positivas (o fato, por exemplo, de a Terra girar e nós com ela é uma afronta às nossas aspirações de serenidade e decoro), o homem se viu aos poucos cercado de extravagâncias nas disciplinas sociais também. Na economia propriamente dita, o fundador, o patriarca dos gozadores foi Bernard Mandeville (1670-1733) com sua *A fábula das abelhas*, na qual proclamou que os vícios privados resultam – mediante o estímulo à produção e comercialização de artigos supérfluos – no bem de todos. Quem puder que se divirta a valer, pois o resultado é o benefício comum.

A ideia de que as teses paradoxais e surpreendentes são as que de fato explicam o comportamento econômico da sociedade resultou, segundo Hirschman, num quase puro, alegre imoralismo. Segundo ele, a economia ficou tão sofisticada e "inteligente" que hoje em dia não sabe o que fazer diante do choque, que se vai tornando belicoso, entre os que se beneficiam com a inflação e os que a sofrem. Ou encontramos as raízes éticas dessa forma não declarada de guerra ou teremos o conflito estourado nas ruas.

O autor do artigo escreve pensando sobretudo nos países educados do Primeiro Mundo, que bebem seu Mandeville com gelo e água e nos quais os economistas são paradoxais, mas com discrição e bons modos. Em países como o Brasil, a economia virou uma duvidosa estética, ou comédia de costumes, que transformou Brasília numa Mandevília. Os economistas proferem epigramas. A "inflação morta" do ministro Delfim é uma piada a que não falta sequer o toque decadente do humor negro. Outra piada, com sua fina sugestão de uísque, foi aquela de que a fome brasileira ia ser aplacada – lembram-se? – com o *black & white*, feijão com soja. Ainda em seus dias do governo Castelo, o mais espirituoso dos nossos economistas, o embaixador Roberto Campos, achava graça na simplória ideia da reforma agrária. Bastava, dizia ele, a ocupação capitalista do campo, que geraria empregos para todos. Mas acrescentava, sorrindo, que alguma terra devia ser distribuída para acalmar impulsos populistas. Lembrei do embaixador lendo (*Jornal do Brasil*, 20 de junho) as instruções do Banco Mundial ao governo brasileiro, para que este moralize um pouco sua economia com o Fundo de Investimento Social (Finsocial). Em mais de um ponto do texto o banco exprime a esperança de que os anos 1980 tragam "a primeira reforma agrária séria da história do Brasil". A projetada plantação de empregos no campo acabou em safra de escândalos, o mais recente sendo o da mandioca.[19]

Os auditores do Banco Mundial devem ter rido com os paradoxos de nossos economistas. Mas, diante da dívida de sessenta bilhões de dólares, fecharam a cara. Mais respeito e menos epigramas, foi a mensagem subliminar do banco.

14 de julho de 1982

---

[19] Referência ao escândalo da mandioca, ocorrido entre 1979 e 1981, em Pernambuco, que resultou no desvio de Cr$ 1,5 bilhão do Programa de Incentivo Agrícola (Proagro) criado pelo governo federal em 1973. (N.E.)

Penetra na festa da eleição

Odisseia de um cidadão que ouviu a música sem entrar no baile. Ou de como, perdido um prazo burocrático, se perde um direito teoricamente recuperado

Não sei se alguém viu, publicadas em algum jornal, as normas da justiça eleitoral para restituir o título de eleitor a cidadãos que tiveram seus direitos políticos suspensos. Eu não vi. Meus direitos políticos foram suspensos a partir de 1969. Resolveram, então, que eu não podia votar durante dez anos. De início, resolveram até que eu não podia trabalhar em nenhum jornal, revista, rádio, televisão ou exercer o magistério. Mas essa grosseria maior durou pouco. Foi revogada.

    Seja como for, esgotados os dez anos, entendi que, automaticamente, recuperaria os direitos perdidos. Não fosse esse o caso, raciocinei, antes das eleições importantes como as do último dia 15 a Justiça Eleitoral tornaria público o que é que os ex-mutilados deviam fazer para de novo se aproximarem de uma urna. A Justiça Eleitoral ou o próprio governo da República, que num dia de janeiro de 1969, às três horas da madrugada, mandou à minha casa um tenente e dois soldados, que me levaram preso, num jipe, para a Vila Militar. Passados dez anos, o governo bem podia ter mandado, numa hora apropriada, outro tenente, para me apresentar desculpas e me lembrar que eu era de novo cidadão de pleno direito. Confesso, aqui entre nós, que com tal gentileza e correção não cheguei a contar. Juro, em compensação, ter imaginado que, decorridos os dez anos, meus direitos me voltavam às mãos como volta a liberdade a quem cumpriu sentença num cárcere.

Mas não. Quando quis revalidar meu título, me informaram que, para a Justiça Eleitoral, é como se eu nunca tivesse existido. Meu nome foi extirpado da lista, como se eu tivesse morrido. Ou desaparecido. O que me compete fazer é requerer de novo matrícula, com retrato e prova de identidade. Para isso, quando fui à Justiça Eleitoral, já fui fora de prazo. Devia ter requerido meu título de novo eleitor até o dia 6 de agosto.

No dia da eleição, ao menos para cumprir o rito, fui ao Tribunal Regional Eleitoral da rua Domingos Ferreira, em Copacabana. Lá é também sede da 18ª Região Eleitoral, e, não tivesse eu tido meus direitos políticos suspensos, poderia votar. Fui de tardinha, em hora muito calma, e o juiz presente me atendeu, polido. Mas confirmou o que eu já sabia. O prazo era dia 6 de agosto, para todos aqueles que, por algum motivo – ausência, descaso, doença –, não tinham votado nas três últimas eleições. Fiz ver ao juiz que eu não tinha estado ausente. O voto é que se ausentara de mim. Não tinha havido descaso, de minha parte. O voto é que se afastara de mim, desdenhoso. E de que enfermidade podiam me acusar, a não ser de uma catalepsia falsamente induzida pela Lei de Segurança Nacional, uma mortezinha civil com data marcada, uma eternidade de meros dez anos?

Acontece que a Justiça Eleitoral só entende de eleição, e não de justiça. Para ela, o eleitor faltoso, relapso, e o eleitor que a ditadura proibiu de votar são cartas do mesmo naipe. Por isso fiquei de fora do banquete cívico de segunda-feira, 15 de novembro. Pelo fato de não terem me mandado convite desde 1969, fui considerado penetra em 1982.

Mas não há de ser nada, pensei, ao voltar para casa com meu voto no bolso. Afinal de contas, fiquei na boa companhia dos eternamente cassados, dos que são considerados sempre penetras, dos barrados na porta, dos milhões que não votam porque não sabem ler nem escrever.

24 de novembro de 1982

América Latina insolvente

"A Polícia quis saber tudo sobre encontros com exilados brasileiros lá fora", disse ontem Chico Buarque de Holanda ao deixar o prédio da Secretaria de Segurança do Rio, onde prestou um minucioso depoimento de três horas de duração a delegados do Departamento de Polícia Política e Social.

Chico Buarque e sua mulher Marieta Severo, além do escritor Antonio Callado e de sua mulher Ana Arruda e, ainda, da garotinha Kady, de quatro anos de idade, foram detidos por agentes da Polícia Federal quando desembarcaram no Aeroporto Internacional do Galeão, vindos de um concurso literário da Casa de Las Américas, em Havana, na semana passada", noticiava o *Jornal do Brasil* em fevereiro de 1978.

Callado voltaria a Cuba em 1991, no Voo de Solidariedade organizado por Frei Betto, Fernando Morais e Eric Nepomuceno. E lá cumpriu toda a programação coletiva, inclusive passando uma manhã capinando uma plantação de tomate. ■

Tempestade sobre o Uruguai

De belo e alegre país a um campo de horrores

O que é que deu no Uruguai? Que poção foi essa que transformou aquele verde e civilizado rincão da América numa espécie de Jonestown, onde um governo maníaco só parece aguardar a hora em que os uruguaios que ainda teimam em querer vida e liberdade bebam seu vinho envenenado e morram em massa, sobretudo em silêncio, sem chamar a Cruz Vermelha e a Anistia Internacional?

Era um pequeno país que dava a impressão de um modelo vivo, de um plano-piloto do que podia vir a ser um dia a América Latina. Um território de nada (cerca de 180 mil quilômetros quadrados) e um pingo de gente (menos de três milhões). E, no entanto, não cessava aquela safra de boa carne, de trigo e de todo um primeiro time de reformadores políticos, escritores, desportistas. Alegre, despreocupado, o Uruguai ganhou duas vezes o campeonato mundial de futebol e compôs o mais belo dos tangos argentinos.

Há uns dez anos, quando o Brasil andava bem no fundo da sua austera, apagada e vil tristeza, estive em Montevidéu positivamente tônica. Até hoje guardo no ouvido aquele rumor de teatro, música, debate. É incrível que agora a gente só ouça, vindo de lá, barulho de sabre se arrastando e cárcere se aferrolhando.

Acresce que o Uruguai, ao ingressar no *way of life* dos seus vizinhos, veio com uma espécie de ímpeto criador inexplicável. Tem, hoje, o mais alto índice de presos políticos (cerca de quatro mil) em relação à população e certamente o maior índice mundial de maldade por alqueire de terra.

Crueldade e originalidade: misto de carcereiro e hoteleiro, o governo uruguaio cobra dos presos uma diária. Cobrará também os extraordinários? A eletricidade dos choques, por exemplo? A creche, que não quero nem imaginar, onde devem estar os bebês de colo sequestrados em Buenos Aires, cobra assistência pediátrica? Quanto estará devendo, entre gastos de hotel e cirurgia, nossa patrícia Flávia Schilling, presa desde 1972, quando levou da polícia um tiro que lhe varou a garganta?

"Ariel" e "Caliban". O pensador uruguaio José Enrique Rodó (1871-1917) foi grande admirador de *A Tempestade* de Shakespeare. Acabou apelidado de Próspero, pelos alunos. De *A Tempestade* tirou Rodó seu ensaio *Ariel*, onde simplifica, em termos elitistas e estéticos, uma ideia latino-americana que é um verdadeiro arquétipo. A ideia de que os norte-americanos entendem muito de trabalho, de máquinas, da arte de ganhar dinheiro, mas não têm a nossa sensibilidade latina nem nosso altruísmo e nossa graça. Segundo Rodó, nós (principalmente os uruguaios) somos a essência e a imagem de *Ariel*, o alado espírito da ilha de Próspero. Com seu utilitarismo e sua democracia plebeia – Rodó não tinha nenhuma paixão exagerada pelo cheirinho do povo –, os Estados Unidos eram o monstro *Caliban*. Nosso destino e nosso dever de latino-americanos era cultivar em nós mesmos, contra o materialismo, a grosseria do Norte, o nobre arielismo, puro, humanístico e que, aliás, nos assenta com tanta naturalidade.

Pobre Rodó. Fosse ele dar um balanço da situação, agora, do ponto de vista das Américas, diria que os utilitários ianques tiveram seus momentos de *Caliban*, de culpa no asselvajamento da América Latina. Por medo do alastramento da revolução cubana, difundiram, com sua costumeira eficácia, os métodos de tortura que tanto pegaram entre nós. Hoje, bem mais tranquilos em relação a Cuba, até que se esforçam para nos livrar do vício, da dependência em que caímos, do gosto que adquirimos de infligir sofrimentos aos outros. Em resumo, de professores de tortura os americanos passaram a fiscais de direitos humanos.

Mas pode-se considerar que eles, os Estados Unidos, são *Caliban* e dizer que *Ariel* é a Argentina? Ou o Chile do Pinochet? Ou o Brasil e o Uruguai, a juntarem suas forças para sequestrar, em Porto Alegre, um trêmulo casal de uruguaios e seus dois filhos menores?

Rodó, depois de visitar os cárceres de La Libertad ou Punta Rieles, onde está Flávia, seguiria, sem dúvida, o exemplo e o roteiro de Brizola, pedindo o passe para Nova York.

O horror puro e simples. O secretariado internacional de juristas pela anistia no Uruguai, com sede em Paris, faz, com perseverança e com o maior rigor possível, um permanente levantamento das atrocidades cometidas no Uruguai. A leitura desses informes, o rol das afrontas cometidas contra os homens, mulheres e crianças quase que acabam por embotar a sensibilidade da gente. Arthur Kœstler conta que, durante a Segunda Guerra, tentava despertar, como conferencista, a imaginação das pessoas para o morticínio dos campos de concentração. E notava, de quando em quando, o olhar fixo, o rosto contraído dos ouvintes atentos, às vezes quase aterrados. Mas durava um instante. Os olhares em breve se libertavam, a atenção se gastava, concentrada no lustre do teto, no copo d'água do conferencista. Na leitura dessas atrocidades uruguaias, porém, nossa sensibilidade não fica por muito tempo adormecida. Pois são muitos os casos que nos despertam com um sobressalto, brutos, lacônicos, de puro horror. Como este: "Aída Sanz. Estando grávida, foi torturada quase até antes do parto. Depois do parto lhe foi tirada, e levada para destino desconhecido, sua filha acabada de nascer".

Anistia. *A Tempestade* começa com a dita, uma borrasca violenta e destruidora, e acaba num pacto de concórdia política, no esquecimento de ofensas e agravos – uma espécie de anistia geral shakespeariana. A esse bravo mundo novo da anistia queremos todos chegar. E, ao menos em atenção à memória de Rodó, o Uruguai devia fazer amainar a tempestade em que se despedaça. Basta cair em si, literalmente. Basta lembrar-se do que foi.

8 de dezembro de 1978

O império confessa seus pecados

Do pescoço da Colômbia ao lenço de Mossadegh

A grande contribuição dos Estados Unidos ao progresso espiritual – lentíssimo, como se sabe – do mundo reside, acho eu, na franqueza desassombrada com que expõem seus erros e confessam seus maus passos. Decorridos relativamente poucos anos, escancaram seus arquivos oficiais, e tanto escândalos de tipo golpista, como o de 1964 no Brasil, quanto os de tipo financeiro, como subornos da Lockheed na Itália, vêm, feito tumores, a furo, quando os próprios agentes da infecção continuam aí mesmo, às vezes, cara muito austera, ocupando cargos executivos.

E isso não é nada. Há as reportagens e há os livros, que, ao contrário do que acontece no caso dos arquivos, não esperam que o tempo passe. Ao contrário, procuram surpreender a história, apressá-la com água fervendo, torná-la solúvel, feita na hora. Watergate, para o presidente Nixon, foi isso, um nescafé trágico.

Depois do ato de contrição. No entanto, estabelecido esse importante fato – o surgimento de um inquérito com a coragem moral de confessar de público seus pecados e safadezas –, é preciso ir além e indagar se essa atitude tem consequências, isto é, se os Estados Unidos se emendam como se espera que se emende (ou esperava, perdi o contato) um católico depois de confessado e absolvido. Depois de baterem no peito e rezarem o *confiteor*, será que os Estados Unidos se emendam?

Uma olhadela que se dê ao caso do Irã não tem resultados animadores. Não li o livro de Kermit Roosevelt chamado *Countercoup*, em que ele conta como chefiou o golpe da Agência Central de Inteligência (CIA) que, em 1953, derrubou o primeiro-ministro nacionalista Mohammed Mossadegh e confirmou no poder este xá Reza Pahlevi. Não li o livro, mas os extratos publicados na imprensa mostram como foi torpe esse golpe e como o público americano parece aceitá-lo, hoje, com naturalidade. Fica-se quase com a impressão de que a derrubada de Mossadegh nada tem a ver com a tragédia de agora, quando foi, por assim dizer, seu primeiro ato chocante e imperdoável. Não noto nenhuma demonstração de repulsa em relação a esse passado (ia escrevendo pecado) tão recente.

Por muito amar seu povo e querer servi-lo bem, Mossadegh ganhou um primeiro *round* da luta, nacionalizando as companhias estrangeiras de petróleo, mas foram de tal ordem as tramas e tramoias da CIA que o pobre acabou detido, condenado pelos tribunais de sua própria terra, aviltado e sobretudo achincalhado internacionalmente. Homem apaixonado, emotivo ao extremo, Mossadegh, depois de quebrado pelo seu kafkiano calvário, chorava facilmente em público, desacreditado, incontinente com suas lágrimas como uma criança já grandinha que faz pipi na cama. No fim da sua agonia de três anos de prisão, Mossadegh já sabia que não adiantava mais lutar. No seu duelo desigual de ingênuo patriota do Terceiro Mundo contra o primeiro escalão da CIA, Mossadegh parece ter concluído que só tinha mesmo a força de um bebê, que chama a atenção para si fazendo pipi nas fraldas. Molhava lenços e lenços, o pobre.

Uma família de respeito. O nome do autor do livro, Kermit Roosevelt, me faz lembrar a visita feita ao Brasil em 1913 pelo velho Theodore Roosevelt, que foi apurar, em companhia de Rondon, quais eram as verdadeiras nascentes do rio da Dúvida, como era então chamado. Descobriram, e o rio hoje se chama Roosevelt. Pois, em companhia daquele que então já cumprira seu mandato de vigésimo-sexto presidente dos Estados Unidos, veio um filho seu, engenheiro, de nome Kermit. O Kermit de que aqui nos ocupamos, herói da CIA no Irã, é certamente Kermit II, neto de Theodore.

Fiquei pensando, cá com meus botões: que família! A se escolher algum exemplo antigo do vezo americano de confessar pecados publicamente, vem logo a lembrança o canal do Panamá. Um dia, em 1903, Roosevelt perdeu a paciência e declarou: "Chega de conversa com a Colômbia", pois Bogotá custava a aceitar os termos americanos para a abertura do canal. Theodore arregaçou as mangas e, depois de inventar os panamenhos, formou com eles um grupo revolucionário e anticolombiano nos Estados Unidos, ocupando na raça o Panamá. Em seguida proclamou independente aquele pescoço da Colômbia, decepando-o afinal com a abertura do canal.

Roosevelt, diga-se em seu louvor, nunca fez questão de esconder seu papel na independência do Panamá, assim como seu neto Kermit não disfarça nada do que realizou no Irã, aliás com a ajuda do coronel Vernon Walters,[20] micróbio que esteve igualmente ativo e virulento no Brasil de 1964. A pragmática e a ética são inimigas irreconciliáveis, e, a longo prazo e apesar de ser tão pequeno o ibope da ética, não sei se os dividendos pagos pela pragmática são assim tão polpudos não. No caso do canal do Panamá não se pode negar que, para os Estados Unidos, o crime compensou. No caso do Irã muitíssimo menos. Tirar Mossadegh do poder e prestigiar o xá foi um pragmatismo de causar dó. O único setor de governo em que Reza Pahlevi levou o Irã ao primeiro lugar foi o da tortura de prisioneiros políticos. Segundo reportagem de capa da revista *Time* há uns três anos, o Irã levava nítida vantagem sobre o Chile, o Uruguai, o Brasil de Bournier e Fleury. Além disso, houve a festa que o xá deu em Persépolis, comemorando os 2.500 anos da fundação da sua dinastia, que no entanto tinha começado no ano de 1925. Gastou na esbórnia bilhões de dólares do erário, inclusive na importação de 165 cozinheiros franceses para preparar os banquetes.

Em suma, quanta bobagem dos americanos, que afinal se viram diante desse lamentável *ayatollah* Khomeini. Aliás, nem sei se tão lamentável assim. Em 1953 a propaganda americana conseguiu destruir e desmoralizar Mossadegh. O *ayatollah*, que a mesma propaganda nos apresenta agora, quase inacreditável de tão carola, quase pateta de tão fanático, não será tão digno e não estará, hoje, tão certo quanto Mossadegh um quarto de século atrás?

Aguardemos o livro que, talvez mais cedo do que se possa esperar, há de publicar sobre os atuais acontecimentos no Irã algum Kermit III.

19 de dezembro de 1979

---

[20] Norte-americano que foi adido militar no Brasil de 1962 a 1967. (N.E.)

Preso político, um depósito em conta bancária

Ditaduras eliminam fronteiras com o Satélite Torturar

D.H. Lawrence achava que os bárbaros, as nações da Europa bárbara, tinham salvo a civilização ameaçada de morte pela decomposição do Império Romano. E completava sua análise pessimista da situação do mundo contemporâneo dizendo que infelizmente não tínhamos mais um reservatório de bárbaros. Antes de entrar em decomposição, o Ocidente se espalhara de tal forma pela superfície da Terra que envenenara as fontes do primitivismo. Apaixonado, como tantos outros ingleses, pelo México, Lawrence escreveu um dos maiores romances mexicanos que existem, *A Serpente Emplumada*. De uma forma insidiosa, com mais mistérios e sutileza do que em *O Amante de Lady Chatterley*, Lawrence desenvolve na *Serpente* suas ideias da importância do sangue e do sexo para uma humanidade desvitalizada pela ideia de alma e de espírito. No México ele teria descoberto indícios de uma nova e positiva barbárie.

Não conheço o México. Visto de longe, o país é fascinante, com seus Zapata, seus Pancho Villa e esse admirável Lázaro Cárdenas,[21] que, ao que me consta, é o autor da célebre e curta elegia: "Pobre México, tão perto dos Estados Unidos, tão longe de Deus".[22]

Assinalado, porém, o fascínio, pode-se dizer do México que escapou à egrégia bagunça que é a América Latina? *Jamás*. O México também não sabe fazer contas. Deve dinheiro a todo mundo. Como os demais países latino-americanos, tem horror aos seus pobres. Organizou-se de maneira a atender a um pequeno número de seus cidadãos, tal como fazemos nós no Brasil. Os outros que se danem, quem mandou

---

[21] Militar, político e estadista mexicano, presidente do México de 1934 a 1940. (N.E.)

[22] Na verdade a frase é de Porfirio Díaz, presidente do México de 1876 a 1880 e de 1884 a 1911. (N.E.)

ser pobre. Politicamente, afinal, o México mata de inveja o Brasil, a Argentina, o Chile e alguns dos demais *Hermanos* com seu Partido Institucional Revolucionário, que vem desde os anos 1930, recebeu esse nome extraordinário em 1946, e que governa tranquilamente o país. Os presidentes, com a possível dignidade, se nomeiam uns aos outros. É verdade que não são generais os presidentes eleitos à moda da casa mexicana, o que não deixa de representar uma vantagem. E – agora falando muito a sério – pelo menos o México não anda torturando ninguém, o que quase o desqualifica como país latino-americano.

A gangrena. Quanto à América do Sul, o que tem salvo os seres humanos aqui nascidos e radicados é que os acessos de fúria militarista ainda não atacaram todos os países ao mesmo tempo. No momento confesso que me dá medo olhar o chamado Cone Sul do continente. É como se uma gangrena estivesse subindo dos pés da América do Sul, subindo, mortal, da Terra do Fogo, via Chile e Argentina, até o Uruguai. Se os mexicanos criassem um satélite especializado em detectar apenas atentados aos direitos humanos, inclusive os atentados diretamente agenciados pela CIA, não teriam mãos a medir. Em breve estaria nos céus toda uma família de tais satélites: Torturar 1, 2, 3 e assim por diante. Aliás, com o Cone Sul apodrecido como está, se o Brasil resolvesse voltar aos dias do governo Médici, dificilmente o resto do continente resistiria à gangrena.

Tenho diante de mim dois livros, *Argentina: genocídio* e *Uruguai: um campo de concentração?* – este último, lançado há pouco pela Civilização Brasileira e apresentado por A. Veiga Fialho, com textos de Jorge Amado, Eduardo Galeano e Newton Carlos, reflete em pungentes textos o inferno militarista em que se transformou aquele pequeno país, outrora tão liberal e civilizado. O livro sobre a Argentina é mimeografado, pobre, feito na angústia e no desespero. Procura, em suas páginas, traduzir em nomes, personalizar a espantosa cifra de quinze mil presos políticos desaparecidos e dissecar a sinistra lei que permite considerá-los mortos, para fins jurídicos, sem maiores burocracias.

Rede bancária do terror. Por trás dos sequestros como o que ocorreu em Porto Alegre, no ano de 1978, existem os rudimentos de uma organização multinacional que, com o prosseguimento da marcha da gangrena, poderá assumir forma eterna, definitiva. Em mais de um texto de *Argentina: genocídio* encontrei a expressão "banco" ligada às operações de sequestro amavelmente levadas a cabo pela polícia de algum país vizinho. Essa pitoresca metáfora abrange a concepção do preso político apanhado em outro país como um depósito bancário. Os presos ficam à disposição dos países de origem, que, por assim dizer, os retiram mediante cheque emitido por uma polícia e recebido pela outra. Aliás, às vezes há dinheiro de verdade em tais transações. Eis aqui um caso, narrado no livro argentino, do qual traduzo um trecho: "Em junho de 1978 membros do Grupo de Tarefa 2 planejaram o sequestro de Norberto Habegger para o 'banco', e o dito sequestro se realizou dia 3 de julho de 1978 no Rio de Janeiro [...] Como um incentivo, os serviços de inteligência brasileiros foram informados de que esse companheiro levava muito dinheiro consigo". O livro conta, a seguir, como oito cidadãos uruguaios foram depositados no "banco" em Buenos Aires e posteriormente retirados pela polícia de Montevidéu.

Como se pode ver, ao contrário da ALALC e outros pactos que partem da teoria para a prática, a rede bancária de prisioneiros – que um dia, subindo mais a gangrena, não terão literalmente para onde fugir – está em pleno florescimento. Já temos o nosso Citybank, o Chase Manhattan dos torturadores.

Em última análise, e com exceção do bravo esforço civilizador realizado por Fidel Castro em Cuba, os latino-americanos continuam sem instrução, sem comida, sem esperança, sem terra própria e sem país vizinho. Em lugar dos alegres bárbaros com que sonhava D.H. Lawrence, o que há são párias, do Rio Grande mexicano ao Rio Grande do Sul. Se os párias não disserem nada, serão tratados como isso mesmo – boia-fria, *peón*, *cholo*. Se protestarem, viram conta numerada em algum xadrez de polícia vizinha, viram capital de sofrimento a ser retirado sem dificuldade, tal como foram retirados de Porto Alegre Lílian Celiberti e Universindo Díaz.

30 de abril de 1980

Conversando de samba e de milonga

O Barão do Rio Branco e a desvalorização

Naturalmente não me ocorre que os dois generais-presidentes da República da Argentina e da República do Brasil vão, quando se encontrarem a partir da metade da semana entrante, discutir troca de prisioneiros ou métodos de tortura. Longe de mim tal suspeita. Eu sei que para esses misteres há escalões inferiores. Mas acho que tanto os argentinos que se encontram no exílio como nós, brasileiros não metalúrgicos, que gozamos de relativa liberdade momentânea, devíamos usar o pretexto da visita do general brasileiro ao general argentino para alertar nossos respectivos povos quanto aos perigos de uma aproximação das duas ditaduras no terreno policial-militar.

Pela parte que me toca, eu me declaro positivamente alarmado com fenômeno que já descrevi como o da gangrena do Cone Sul do continente, isto é, as sanguinárias ditaduras do Chile, Uruguai e Argentina. Até o fim do governo Geisel o Brasil fazia parte da gangrena. Agora está fora dela, mas com certa nostalgia, como se vê pelos acontecimentos do ABC paulista. Ora, se permitirmos que a gangrena se reinstale, a América do Sul está frita. Inclusive nenhum de nós terá mais para onde fugir, em termos de vizinhos. Seremos forçados a mudar de continente, o que é complicado e dispendioso. Já basta que o Brasil, como se vê pelo chamado sequestro de Porto Alegre e suas peripécias atuais, aceita os termos da colaboração policial-militar com os vizinhos do Prata. Dias atrás, o advogado da família Celiberti, sr. Omar Ferri, reconstituiu mais um canto do sinistro painel do sequestro de Lílian Celiberti e Universindo Díaz. Escoltados por militares uruguaios, quatro presos vieram de Montevidéu a Porto Alegre, antes do sequestro em novembro de 1978, para ajudarem na localização de Lílian e Universindo. Como se viessem a passeio. Agindo no território brasileiro como em pátria comum de sequestradores e torturadores.

A sombra do barão. O Barão do Rio Branco é hoje uma efígie numa cédula, relativamente graúda, de um dinheiro absolutamente desvalorizado. Mas, desde os dias em que Rio Branco e o argentino Estanislao Zeballos jogavam queda de braço nas conferências internacionais e disputavam, para seus respectivos países, o território de missões ou *missiones*, ficou, em brasileiros e argentinos, uma vaga e estulta atitude de guerra marcada. Quando o Exército do Brasil era treinado pelos franceses e o Exército da Argentina pelos alemães, o mítico duelo tinha seu lado curioso, metafórico. Depois que os americanos tomaram conta de tudo, a possível guerra perdeu qualquer charme que pudesse ter tido. Por cima de nossas bandeiras desfralda-se a *stars and stripes*.[23]

Vejo, no entanto, pela reação da imprensa argentina à visita do nosso general-presidente, que nem a humilhação do barão impresso nas notas de mil cruzeiros desfez a lembrança de antigas rixas. O MID, Movimento de Integração e Desenvolvimento, parece temer que o Brasil industrializado venha a transformar a Argentina numa espécie de fornecedor, ao Brasil, de frutas e cereais, em troca de carros e liquidificadores.

Confesso que tais assuntos não se situam exatamente na minha seara. Mas acho que são temores incompreensíveis. Por que cargas-d'água deixaria a Argentina de prosseguir em sua industrialização, sobretudo quando uma esplêndida agricultura e uma quase autossuficiência petrolífera fazem dela um dos países mais bem-aquinhoados do mundo? O que pode atrasar, e bastante, o surto industrial argentino é, isto sim, a perseguição e morte dos líderes operários do país, levada a cabo pelo governo Videla. E notem que nesse terreno o governo brasileiro está agindo de forma idêntica em São Paulo. Governos curtos de imaginação custam a perceber que, demitindo, depondo, prendendo – ou, naturalmente, matando – líderes operários, estão ceifando os elementos melhores da classe, os mais capazes de elevá-la e,

---

[23] Literalmente "estrelas e listras"; apelido da bandeira dos Estados Unidos. (N.E.)

com ela, elevar o país. A Argentina e o Brasil se empenham portanto num jogo de perde-ganha. É provável que, dos dois, o que cometer menos asneiras no terreno político leve alguma vantagem sobre o outro no terreno da produção industrial. São dois países territorialmente grandes e, no plano cultural, já bastante promissores. Mas não há país nenhum que resista a longos períodos de ditadura latino-americana.

A memória do dr. Frondizi. Vejo pelos jornais que Arturo Frondizi, que foi presidente da República argentina e é hoje presidente do Movimento de Integração e Desenvolvimento (MID), não esquece um encontro que teve com o então presidente da República brasileira Jânio Quadros. Jânio, segundo Frondizi, teria querido entrelaçar muito mais os dois países, entrando o Brasil com máquinas e manufaturas e a Argentina com produtos agrícolas. Acontece que o presidente Jânio quis entrelaçar tanta coisa que acabou enrolado em si mesmo, e de tal forma que nunca mais conseguiu descobrir o fio da própria meada para desenovelar-se. Frondizi devia estar sempre a lembrar publicamente a morte, em 1974, assassinado pelo terror argentino, de seu irmão Silvio. Ou de chamar a atenção de seus patrícios para um anúncio de duas páginas, um *spread* colorido na revista *Time*. O anúncio é de um banco argentino se dispondo a cuidar da compra e entrega, a quem se interessar, de excelentes terras agrícolas argentinas. É o *Time* da semana passada, Carter na capa.

Visitei Buenos Aires em 1976, quando, por incrível que pareça, o cruzeiro valia ouro na Argentina. Comprei cinto, sapato, mala de couro a preço de banana, tal como os argentinos compram produtos nossos aqui, agora. Isto me dá a impressão de dois vizinhos ainda meninotes, ambos contadores de vantagens, ambos incapazes de se governarem direito. Mas com um belo futuro pela frente. Ainda que continuem a fazer besteiras no terreno econômico. Só não cumprirão um destino histórico importante se se deixarem envenenar moralmente pela gangrena do militarismo e da tortura.

14 de maio de 1980

Tamayo, o primeiro latino-americano livre da gravidade

Guantánamo, ocupada pelos fuzileiros norte-americanos, cujo lema é "Semper Fidelis"

Quando vi a primeira notícia de que um cidadão latino-americano ia entrar em órbita, fiquei, eu próprio, um tanto em órbita. Depois calculei que, como este primeiro latino-americano, primeiro ibérico, primeiro latino, em verdade, a ver a terra do lado de fora era cubano, poucos foguetes de louvor subiriam ao seu encontro de terra brasileira. Nunca pensei, entretanto, que fossem tão poucos. A partir de meados da semana que hoje acaba, passei a esquadrinhar os jornais, em busca de notícias desse Arnaldo Tamayo, primeiro entre nós que, para usar os parâmetros de *pensateur* e de *grace* da Simone Weil, deixou este peso que nos amarra à Terra, assumindo a graça dos homens que finalmente aprendem a dançar. Só saíram umas poucas linhas nos jornais.

Já vejo daqui pessoas escandalizadas a me lembrarem que a nave Soyuz-38, que levou o *compañero* Tamayo a se acoplar com o trem espacial Salyut-6 e Soyuz-37, é produto da tecnologia soviética, é arte russa. A essas pessoas responderei que, durante muitíssimo tempo ainda, gente da América Latina só vai entrar em órbita de carona. Durante um tempão vamos depender de convites, e, para a festa cósmica, os convites ou vêm dos Estados Unidos, ou vêm da União Soviética. Quando o século XXI já estiver adolescente, russos e americanos provavelmente venderão estações espaciais usadas, como vendem hoje couraçados. Nesse dia, então, uma tripulação brasileira poderá escalar essas montanhas russas do espaço. Até lá, por que a soberba? Por que não batermos calorosas palmas ao *compañero* que, como um herói de conto da carochinha, soube pelo menos descolar seu convite para a festa no céu? Pessoalmente – e desde que me garantam o mínimo de conforto compatível com meus cabelos brancos – aceito convite de qualquer das duas companhias que já se estabeleceram. E prometo escrever reportagens depois.

Festa em Havana. Tive pena de não estar em Havana, entre milhões de cubanos que viam pela televisão direta, na rua, o lançamento da nave, na base de Baikonur, onde Raul Castro representava Fidel. Na minha rigorosa cata de notícias vi que Tamayo e Romanenko tinham realizado corretamente a manobra de acoplamento e que tanto Brejnev como Fidel tinham enviado aos cosmonautas as efusivas mensagens de congratulações de costume. Não consegui apurar com certeza o dia do regresso de Tamayo e nem confirmei, o que vi na primeira notícia, que ele é natural da cidade de Guantánamo. Guantánamo tanto me faz lembrar a bela interpretação da *Guantanamera* (versos de José Martí) ouvida em *Raíces de América*, o espetáculo de Flávio Rangel no Canecão, como a reportagem sobre Guantánamo e os fuzileiros navais americanos, publicada alguns meses atrás em *The New Yorker*. A reportagem cobre, na verdade, a visita de jornalistas americanos à base americana de Guantánamo num dia de desembarque simulado dos *marines*, dos fuzileiros. No entanto, pelo tom do repórter e pelo próprio absurdo que é o Guantánamo, a história é mais de puro humorismo do que de jornalismo propriamente dito.

 O que é que os americanos ainda fazem em Guantánamo, além de lembrarem a si mesmos, e ao mundo em geral, o brutal capítulo imperialista do porrete e da canhoneira? Guantánamo, e não o ouro, é que devia ser chamada relíquia bárbara. Por terem "ajudado" Cuba a se livrar do domínio espanhol, os norte-americanos se meteram na vida do país por todos os meios e modos. A Emenda Platt, de 1901, dava aos Estados Unidos direito de tudo, em Cuba, inclusive de intervir no país para "manter a ordem". A emenda humilhante foi abolida em 1934, mas o direito norte-americano a uma base naval na ilha permaneceu. A base é Guantánamo. A primeira pergunta que o repórter de *The New Yorker* fez a um fuzileiro de Guantánamo foi a de que tarefas cumpriram, na base, ele e seus companheiros. De um modo geral, disse o fuzileiro, nós temos do nosso lado as torres de vigilância, das quais olhamos os cubanos, e eles têm as torres deles, das quais nos vigiam. "Fora daí a gente fica no quarto e joga baralho, ou senão vai à praia, toma um porre e joga baralho." Os seis mil norte-americanos que vivem na base de Gitmo – como chamam a baía de Guantánamo, num apelido carinhoso – têm lá seus clubes e até mesmo uma sucursal dos *alcoholics anonymous*.

"Semper Fidelis". Logo que Castro restituiu aos cubanos o orgulho nacional, dando as costas ao colonizador americano, houve momentos de quase confronto no chamado portão nordeste, que liga Gitmo ao resto de Cuba. E pelo menos uma vez, no tempo das escaramuças, os *marines* tiveram espírito. Diante do portão principal, e ao longo da linha divisória, os cubanos a princípio concentravam de noite seus possantes holofotes. Até o dia em que os fuzileiros colocaram, na colina que mais luz recebia, uma enorme reprodução do seu próprio escudo de corporação, com uma águia, uma âncora e não sei mais o quê, e o dístico *Semper Fidelis*. Os holofotes ficaram mais discretos.

A situação de Gitmo, ocupada pela força das armas, é a seguinte, financeiramente. Pelo aluguel da base, os Estados Unidos se comprometeram, em 1903, a pagar ao governo cubano dois mil dólares-ouro por ano. A partir de 1934, o pagamento passou a ser de quatro mil dólares correntes, anualmente. Desde seu primeiro ano no poder Fidel nunca mais recolheu cheques do tesouro norte-americano. Gitmo passou a ficar apenas ocupada. De alguma forma, a simples ideia de que um *guantanamero*, livre da gravidade, contemplou o mundo da sua órbita torna ainda mais obsoleta e mais torpe a ocupação, por fuzileiros norte-americanos, de uma baía que pertence à livre cidade de Guantánamo.

1º de outubro de 1980

David e a funda do Fundo
no vice-reinado do Cone Sul

Para olvidar as perplexidades,
um copo de vinho com Jô Soares

No avião da ponte aérea, a caminho de São Paulo, procurei um jornal para saber o que estão fazendo os jovens líderes políticos do país, como, no Rio, o marechal Cordeiro de Farias, que se entreteve durante três horas com um jovem mensageiro de Reagan, o cadete de West Point Vernon Walters – menino-prodígio em matéria de línguas, as quais não precisa compreender, pois nelas se limita a dar ordens aos satélites dos Estados Unidos –, e, em São Paulo, o jovem gari Jânio Quadros, com sua vassoura, tentando em vão limpar sete meses de seu passado. Nas costas das poltronas do avião da ponte (o aparelho era da mesma companhia que passou outro dia pela emocionante provação de ter tido um dos seus sequestrado pelo próprio ministro Galvêas, da Fazenda) havia jornais. Eram todos, porém, o mesmo jornal. Tratava-se do *Daily Post* amalgamado ao *Brazil Herald*, ambos jornais de língua inglesa, ou norte-americana, publicados no Brasil.

Perguntei, então, à aeromoça se podia me arrumar um jornal nativo, carioca ou paulistano, e ela me olhou um tanto surpreendida. Mencionei então, explicitamente, a *Folha*, o *Jornal do Brasil*, *O Globo*, e, ao cabo de uma conscienciosa pesquisa, ela apareceu com um exemplar amarfanhado de *O Estado de S. Paulo*, com um ar um tanto de imprensa nanica, clandestina. Imagino que algum passageiro fugitivo tivesse deixado debaixo do banco o *Estado*, como se faria, em tempos de Vargas e Filinto, com uma folha do Partido.

Confesso que me deu uma certa paranoia ubaldina aérea e imaginei que, ao desembarcar em Congonhas, ouviria provavelmente a notícia de que o cadete Walters tinha assumido.

Do ponto de vista formal a notícia felizmente carece ainda de fundamento. Mas a verdade é que o mensageiro Walters veio até nós depois de visitar Buenos Aires. Ali o presidente Videla e o príncipe herdeiro Viola devem ter defendido a ideia da restauração do vice-reinado do Prata, que unia Argentina, Uruguai e Paraguai. Ocorre que, amigo fervoroso do Brasil, como não se cansa de dizer, Walters não nos esqueceria. Aliás, há os amigos chilenos também. O vice-reinado do Cone Sul, cercado de fulgurante arame farpado, vai acabar com veleidades caudilhescas e tordesilhescas, unindo de fato estes *pueblos hermanos*. Rio Branco e Zeballos, debruçados sobre mapas para fixar fronteiras argentino-brasileiras, ou as tropas da Tríplice Aliança, empenhadas na guerra do Paraguai, não compreenderam que a história já fixara seus limites. Mesmo Espanha e Portugal terão sido meros posseiros em terras de Buffalo Bill. Ao sul do Rio Grande só existe um vice-reinado, o da Califórnia. Nós somos, no Cone Sul, o pedestal do vice-reinado.

A exceção – com seu perfume bom de charuto, seu rum Havana Club e Caney e o saldo disponível da altivez ibérica – é a ilha de Cuba. Sentindo saudade da ilha, procurei em São Paulo o *compañero* Fernando Morais, deputado estadual, em cuja companhia visitei Havana dois anos atrás.

O Fundo e a funda. No entanto, se não encontrei Fernando tão preocupado quanto eu com o vice-rei Walters, encontrei-o indignado com a falta de fibra do governo de Brasília, que não tem nem pejo de levar o país a tal descalabro que o Fundo Monetário Internacional (FMI) aqui desembarca e convoca o governo inteiro como a matriz de um banco a reunir, para um pito, uma sucursal de subúrbio. Há muito tempo a família Rockefeller se habituou a ver o Brasil como *chasse gardée*, parque privado de caça e recreio. O finado Nelson, porém, cultivava aqui amigos brasileiros, se interessava pela arte de Portinari, Pancetti e Di, falava em bossa nova. Desde que ele morreu, cerca de um ano atrás, nos braços da secretária, a família recuperou os traços puritanos e desabusados do fundador da família, John D. Seria impróprio disparate dizer, em algum arroubo patriótico, que David Rockefeller veio armado de sua funda, como o bíblico herói que lhe estabeleceu o nome (Samuel, I, capítulo 17) quando matou Golias com um bodoque. A comparação é inepta porque não somos nenhum Golias, nenhum gigante, nem mesmo adormecido. A funda é o FMI, e até o *compañero* Fernando, tão descrente do governo, corou por trás de sua espessa barba. Já que por mais que se ataque o governo a gente nutre sempre a secreta esperança de que ele não se humilhe demais. De que o Planejamento não obrigue, afinal, o presidente da República a passar a faixa ao Fundo.

Uma coisa é certa. Sob pena de nos tornarmos uma nação psiquiatricamente inviável, precisamos clarear ideias e posições. Mal desembarcou no Brasil o senhor Walters, trazendo consigo um indefinível mal-estar, o governo imediatamente escalou para autor dos atentados a bomba um certo Watters. Começamos a embrulhar até a grafia, o *spelling* da língua matriz.

Consulta a Jô Soares. Em busca de socorro e refrigério, resolvi ir ao Teatro Procópio Ferreira ver o *show* do Jô Soares. Até o teatro, a casa de espetáculos em que o Jô está representando, merece uma referência. Era uma sala de projeções cinematográficas. Provavelmente será difícil encontrar, em qualquer outra cidade do mundo, um cinema que tenha virado teatro nos últimos tempos.

Uma pura encarnação de comédia, como Jô Soares, precisa refletir com perfeição o estado de espírito do seu tempo. Os grandes trágicos gregos são representados com muita frequência. Aristófanes quase nunca, pois em geral suas peças estão demasiadamente inseridas no tempo em que foram escritas. Jô vive diante de nós a nossa perplexidade e por isso é entendido em todos os níveis de público. É bem verdade que no tonel que é o Jô – com todo o respeito – a pinga vil da nossa perplexidade vira um espumante vinho.

26 de novembro de 1980

A maturação e a mescla de uísques

O caso do perigoso agente García Márquez

Apesar de ter um razoável número de amigos ingleses e americanos, nunca estabeleci relações com nenhum cujo sobrenome fosse Haig. Para mim, Haig, como, digamos, Ballantine ou Dewar, era exclusivamente nome de um uísque escocês.

Essa introdução era só para dizer que infelizmente – tanto no que se refere ao uísque como aos Estados Unidos – o nome Haig não me parece assentar bem no atual secretário de Estado. Na língua inglesa, o adjetivo especial, predileto para designar um bom uísque é *mellow*, quer dizer, amadurecido, sazonado: o sábio espírito de cereais depois de destilado em água de arroio e posto a residir, durante anos, em curtidos tonéis de carvalho. Fica assim estabelecido que o uísque é maduro e ponderado. Outra palavra muito aplicada no temperamento do uísque é *blend*, mistura. O uísque de boa marca se mistura muito bem com outros da mesma estirpe ou grau de amadurecimento.

Ora, pergunto eu, alguém, depois de ler as recentes entrevistas do general reformado Alexander Haig sobre a política exterior americana, pensaria em chamá-lo *mellow*? Trata-se de um cavalheiro áspero, pão, pão, queijo, queijo, sempre a dividir os povos e o mundo em zonas rigorosas, maniqueístas. Que dizer, então, de sua capacidade de *blend*? Ele dá a impressão de tornar ácida qualquer mistura. Para começo de conversa, o secretário Haig parece achar que a única vocação, destino e remédio do homem na sua passagem pela Terra é seguir a liderança dos Estados Unidos. Desconfio que o atual secretário de Estado não esteve muito tempo em nenhum tonel de meditação e amadurecimento, nem na Escócia nem no Tennessee, onde se torna extraordinariamente *mellow* o Jack Daniel's. O general Haig parece ter passado diretamente da destilaria para a Secretaria de Estado.

O agente García Márquez. Essas tristes reflexões me levam à seguinte pergunta: se mesmo nos tempos de Carter e Vance, de Muskie e dos direitos humanos, os Estados Unidos andaram tratando mal até o García Márquez, que acontecerá agora, com Reagan e Haig na sela, prontos ao galope contra os índios? O caso García Márquez é o seguinte. No ano passado ele, ao lado do romancista americano Robert Penn Warren, recebeu um prestigioso prêmio literário nos Estados Unidos. Ao aceitar sua láurea e seu cheque, o escritor americano disse que só lamentava a ausência do colombiano. Nada lhe agradaria mais do que se ver na companhia de García Márquez, que ainda não conhecia pessoalmente. "Sei que ele tem muitos amigos neste país", acrescentou Warren.

Vai daí, um jornalista presente à cerimônia, da revista *The New Yorker*, resolveu bater um fio para García Márquez, em Paris. Ouviu, então, a história de que Márquez bem que tinha querido ir, mas que passara a limitar suas visitas aos Estados Unidos ao mínimo indispensável, pelo trabalho que lhe dava obter o visto. García Márquez tinha visto de residente quando trabalhava em Nova York para *Prensa Latina*, mas, ao se mudar para o México em 1961, perdeu o visto e o próprio direito de entrar no país durante dez anos. Foi preciso que a Universidade de Colúmbia o fizesse doutor *honoris causa* em 1971 para que lhe concedessem um visto, o mais fugaz possível. A partir desse tempo, Márquez só vai aos Estados Unidos quando a citada universidade o convida. Assim mesmo, vai só a Nova York, durante um tempinho, e precisa partir sem maiores delongas. Disse ele à *New Yorker*: "Ao lado de outros escritores latino-americanos, estou incluído em alguma espécie de lista, como se fosse um esquerdista perigoso. Nada me agradaria mais do que participar da vida intelectual dos Estados Unidos – conhecer e conversar com pessoas que me escreveram ou escreveram a meu respeito –, mas, por enquanto, estou à mercê daquela álgebra inexorável". A álgebra, a que Márquez se referira antes, consiste nas indecifráveis marcas que adornam seus vistos de entrada.

É este o estranho caso do agente García Márquez, escritor célebre mundialmente e, como gente, homem de muita doçura e amabilidade, bom de mistura com pessoas e ideias diferentes das suas.

25 de março de 1981

Steiner e o dragão arquivista

Acabo de ler um longo ensaio de George Steiner intitulado *The Archives of Eden*. Na minha experiência de leitura trata-se do ataque mais profundo, mais cerrado e mais brilhante que já se fez aos Estados Unidos — os Estados Unidos como essência, como presença espiritual no mundo. O Ocidente, em conjunto, é uma espécie de império meio desconjuntado, com centro nos Estados Unidos, com províncias prestigiosas na Europa do Norte e, nas franjas, com o vasto proletariado externo em que nos incluímos. Pois Steiner foi cravar sua lança de São Jorge na goela do monstro e montado no próprio monstro: seu ensaio iconoclástico é divulgado por *Salmagundi*, revista americana do Skidmore College, de Saratoga Springs, NY.

Steiner — um dos mandarins do Ocidente, escritor de primeira ordem nas três línguas em que se educou, francês, inglês e alemão — não ataca os Estados Unidos por achar que falta ao país senso de justiça, ou qualquer outra virtude. Acha, ao contrário, que os americanos terão virtudes em demasia, ou que tendem a exercer seus defeitos sem maiores ímpetos, com o funesto resultado de só conseguirem criar uma culturazinha mediana, medíocre mesmo, em todos os terrenos da arte e do conhecimento. Escrevendo *Os Arquivos do Éden* Steiner não adotou aquela fórmula, que seria a do escorpião e do soneto: a de guardar o veneno na cauda, a ferroada para o fim. O título do ensaio contém sua mensagem.

Os primeiros europeus que se enraizaram nos Estados Unidos pensavam em fundar ali, como novos adões, o novo Éden. Pois seus descendentes apenas conseguiram criar nos Estados Unidos os "arquivos" do paraíso. Não renasceram na América, não tiraram vida nova da nova terra. Limitaram-se a transformá-la num burocrático fichário e depósito da Europa — da literatura, da música, das artes plásticas, da ciência e da filosofia da Europa. Guardaram tudo lá, quanto a isso não há dúvida possível. Os ingleses que quiserem estudar a família Brontë não vão ao Norte da Inglaterra, e sim a Rice University, no Texas; para estudarem o Lenin anterior a Outubro os soviéticos precisam visitar a biblioteca Widener; para conferir textos shakespearianos é indispensável a visita a Washington ou Pasadena.

Quanto à música clássica e operística (maestros e tenores importados), está tudo lá. Símbolo, aliás, do ensaio de Steiner – que trata de provar que nos Estados Unidos se confunde "cultura" com a "custódia" da cultura – são os instrumentos guardados na biblioteca do Congresso, os violinos, violas e violoncelos Stradivarius. Minuciosamente restaurados, analisados, registrados, lá se encontram a salvo do vandalismo das Brigadas Vermelhas, da avareza ou da cínica indiferença de Cremona moribunda. Uma vez por ano, ao que me parece, saem das caixas, emprestados para concerto de algum quarteto eminente. Haydn, Mozart, Beethoven, Bartók ressoam no salão. Depois retornam ao seu refúgio de silenciosa preservação. Os americanos vêm contemplá-los orgulhosos. Os europeus também vêm, com uma veneração tocada de inveja, ou gratidão. Os instrumentos estão imortalizados. E mortos da silva.

Eu não poderia sequer resumir, neste canto de página, a impiedosa derrubada de qualquer pretensão americana a uma cultura própria. Steiner, como um Sansão enfadado, não deixa de pé nem a coluna da pintura, a do expressionismo abstrato, considerado americanamente original. Segundo Steiner, ele não passou de "um dos epílogos do modernismo" europeu. O pior são as premissas do ensaio de Steiner, que acha que as grandes criações do espírito humano não medram em épocas felizes. Sua sombria tese é que há um caldo de "cultura" mais denso nas relações do artista criador com seu censor (o primeiro amando e o segundo odiando a rebeldia espiritual) do que nas relações do artista com um Estado em que a criação é um "produto", entre os outros. *Salmagundi* não convocou, para o debate com Steiner, os grandes intelectuais americanos. Ou estão em falta nas prateleiras? No entanto, um dado curioso forneço a Steiner à margem do debate. O número de *Salmagundi* que publica seu feroz ensaio me foi enviado pelo adido cultural do consulado americano no Rio.

13 de maio de 1981

Uma aldeia Ibérica de Lope a Gabo

O último romance de Gabriel García Márquez, *Crônica de uma morte anunciada*, me faz lembrar uma peça de cerca de quatrocentos anos de idade, *Fuenteovejuna*, de Lope de Vega. Diga-se logo que um texto faz evocar o outro mais pela profunda dessemelhança de duas épocas do que pela leve coincidência de tema. No romance de Gabo Márquez uma aldeia colombiana inteira sabe que os gêmeos Pedro e Pablo Vicario vão assassinar Santiago Nasar. Os próprios gêmeos avisam que têm prontos seus machetes de esfoliar e esquartejar porcos para o assassínio de Santiago. Mas, como preferem, na realidade, não precisar sacrificar o deflorador (não era) da sua irmã Angela, exibem os facões, enquanto declaram, pelas esquinas e pelos botequins, que hão de liquidar Santiago. No entanto, pelos elos de uma vertiginosa cadeia de omissões e protelações, ninguém age, ninguém faz nada, ninguém livra os gêmeos do crime e Santiago da morte. Só por um instante, antes do fim, o próprio Santiago, em casa da noiva, tenta escapar do destino. Em seguida adere à inação dos outros, à descrença, à impressão de que os gêmeos, se tanto falam em matar, é que na realidade não vão fazer nada disso. Finalmente, Pedro e Pablo Vicario, já que não têm outro remédio, cobrem Santiago Nasar de tantas facadas que o pobre mal consegue cair no chão.

Em *Fuenteovejuna*, os lavradores, indignados com o comendador-governador, que lhes requisita tanto as colheitas como a primeira noite de bodas das recém-casadas, resolvem assassiná-lo. Invadem o palácio e não fazem outra coisa. Ninguém fica sabendo quem, durante o motim, deu o golpe de morte no comendador. Nem há ninguém, entre o povo de Fuenteovejuna, interessado em identificar o assassino: quem matou o tirano foi, simplesmente, a aldeia. E é isso que, mesmo debaixo de tortura, declaram homens, mulheres e até crianças no IPM[24] que se instaura. À pergunta do juiz, mil vezes repetida, de "quem matou o comendador?", respondem todos: "Fuenteovejuna, senhor".

(Aqui, entre parênteses, peço licença para acrescentar que, além de todos os motivos que tenho para me comover sempre que penso nesta joia de peça que é *Fuenteovejuna*, existe ainda o fato de que – para mim, que torço pelo Flamengo – um dos heroicos lavradores de Lope tem o nome de Mengo.)

Como fica patente, não há nada de parecido entre o drama de Lope e a novela de Gabo – exceto o contraste entre a espantosa solidariedade de uma aldeia espanhola do tempo dos reis católicos e a desagregadora loucura de uma aldeia colombiana dos nossos dias. São duas visões da Ibéria que prometia ser e daquilo em que se tornou.

Estas notas de hoje deviam ser exclusivamente dedicadas à *Crônica de uma morte anunciada*, da Editora Bruguera, de Barcelona, um livro pequeno de formato, impresso em tipo graúdo ao longo de escassas duzentas páginas que nos empolgam e fascinam. Esta primeira edição castelhana que tenho em mãos é de um milhão de exemplares, o que é de fazer qualquer um arregalar os olhos. Mesmo que comparemos o êxito de Gabo com o de outros escritores que têm igualmente alta qualidade e alta tiragem – Simenon ou Graham Greene, digamos –, a glória do colombiano é fantástica. García Márquez que me desculpe se a melancolia que me dá a América Latina de hoje me levou ao antigo texto de Lope de Vega. Por outro lado, se me desculpo por haver roubado um pedaço da coluna à *Crônica*, García Márquez há de convir que a comparação com Lope de Vega é das mais porretas. Calderón chamava seu contemporâneo Lope de "Monstro da Natureza", com as cerca de 1.500 peças que escreveu, sem contar os autos. Além disso, há na *Fuenteovejuna*, como

---

[24] Referência aos Inquéritos Policiais Militares da Ditadura. (N.E.)

no *Alcaide de Zalameia*, de Calderón, a preservação do momento de grande vitalidade dos de sangue espanhol e português. Tiranetes locais exploravam o povo, mas o povo confiava no rei, em Deus e nas terras arrancadas, como por magia, ao mar. Eram os tempos do sólido projeto ibérico. A magia dos descobrimentos se traduzia na realidade dos galeões carregados de ouro e prata. De tudo isso só existe hoje – e ainda bem que existe – o realismo mágico da literatura hispano-americana.

24 de junho de 1981

O continente do pires na mão

A miséria da América Latina, a arrogância calvinista dos EUA e recordações de bate-papos diplomáticos nos quais surge uma inédita versão da morte de Vargas

Primeiro foi o discurso do secretário de Estado Haig nas Nações Unidas. Depois foi o próprio presidente Reagan, no Banco Mundial, a repetir o sermão. Os países pobres que percam a mania de pedir dinheiro ao governo americano, disse. Aprendam a atrair o capital privado, enfeitem-se, tornem-se atraentes. Onde é que eu já ouvira esta prática calvinista? – fiquei perguntando a mim mesmo. Afinal, lembrei. Em Bogotá, 1948. Orador: George C. Marshall, também general, secretário de Estado. Era a IX Conferência Pan-Americana. O Plano Marshall, criado pelo próprio general, fazia, então, o maior sucesso, canalizando, para a Europa em escombros devido à guerra, o tônico de um maciço auxílio econômico americano. Pois em Bogotá todos os países da América Latina imploravam a Marshall que estendesse sobre a miséria continental o manto verde-dólar do seu mágico plano. Mas o secretário fez, no plenário da conferência, seu discurso severo e calvinista, repetido agora por Haig, por Reagan. Alheio à chantagem dos latino-americanos que agitavam a sovada bandeira do perigo comunista no hemisfério, Marshall disse o que Haig disse, o mesmo que dizem secretários de Estado e presidentes através dos tempos.

Às vezes até embaixadores também dizem. É claro que, em geral, os embaixadores apenas insinuam, cochicham suas duras verdades. Mas de pelo menos um embaixador americano ouvi o ponto de vista dos Estados Unidos exposto com fleuma e serenidade. Esse embaixador,

James Kemper, faleceu outro dia em Chicago, aos 94 anos. Era um milionário da área de seguros. Seu único posto foi o de embaixador no Rio, que mereceu por serviços prestados ao Partido Republicano. Kemper esteve no Rio ao tempo do último governo Vargas.

Certa vez ouvi, fascinado, a versão do embaixador, que me confiou, com a maior calma, que Vargas não se tinha matado. Acrescentou que entendia de suicídio como pouca gente, graças a uma vida inteira dedicada aos seguros. Ninguém se mata atirando no próprio coração, me disse. Era muito difícil, complicado. Perguntei, então, como achava ele que Getúlio tivesse morrido: assassinado? Não, não era bem assim. Ele achava que o presidente resolvera de fato acabar com a própria vida. Mas tinha pedido a alguém que disparasse o tiro fatal. Quem?, insisti. E Kemper, imperturbável: "Benjamim". Bejo Vargas, na opinião de Kemper, tinha apertado o gatilho.

No entanto, a história de Kemper que me fez pensar em Marshall, Haig, Reagan foi a do seu encontro com Osvaldo Aranha, então ministro da Fazenda, que aumentara, de repente, o preço do café. Contava Kemper: "Eu disse ao Aranha que ele tinha feito muito mal aumentando o preço do café sem me consultar. O Aranha aí se aborreceu e me disse que eu não o consultava quando os Estados Unidos resolviam aumentar o preço do trigo. Então eu balancei a cabeça e lembrei que os Estados Unidos tinham, além do trigo, mil coisas que interessavam ao Brasil. Mas o Brasil só tinha o café".

Imaginei como Osvaldo Aranha devia ter ficado ofendido. A verdade, porém, é que só deixaremos de ouvir sermões ou pitos, como o do Kemper, quando deixarmos de ser uma nação mendicante. Quando o Brasil for de fato independente.

14 de outubro de 1981

O terror tem ódio de prêmios

Antigamente os livros nos davam o pavor "gótico" dos romances cheios de torres e fantasmas. Hoje o pavor nos chega em memórias como as de Jacobo Timerman

Que a Universidade de Colúmbia desse um prêmio Maria Moors Cabot a Jacobo Timerman me pareceu apenas justo. No entanto, o que transformou a premiação – um bom jantar, com boa música e canto – numa espécie maior de acontecimento foi a reação contrária do governo argentino e de importantes jornais argentinos.

Coitada da República argentina, em sua presente fase: exaspera-se porque recebe honrarias, comendas. Outro dia foi o Prêmio Nobel da Paz dado a Pérez Esquivel o que irritou o governo de Buenos Aires. O prêmio ilustre foi recebido como um insulto, porque Esquivel defende direitos humanos num país que só os reconhece quando subordinados aos direitos militares. E, mal sarada ainda a ferida causada ao brio argentino em Estocolmo, vem a nova cutilada de Nova York, homenageando o belo livro de Timerman, *Prisioneiro sem nome, cela sem número*.

Trata-se – os militares argentinos que me perdoem – de um dos livros importantes deste nosso tempo que conseguiu subverter a sensibilidade humana. Antigamente os livros nos davam o pavor "gótico" dos romances cheios de torres e fantasmas; o pavor "científico" da criação de monstros em laboratórios; o pavor "cósmico" das guerras wellsianas entre planetas. Mas esses modelos enveredaram pelo reino da troça, da história em quadrinhos. Enquanto isso – como se diz precisamente nessas histórias – o pavor, o mais puro e imediato terror nos chega nas autobiografias, nas memórias, nos livros de denúncia política. A partir da maior história de terror de todos os tempos, que foi a do III Reich, o "gênero" pegou. Na América Latina surgiram vários "reichinhos", alguns durando até dezessete, dezoito anos, outros em pleno processo de expansão. Do Reich instituído na Argentina, com sérias características antissemitas, surgiu o livro de terror de Timerman. E surgiram agora, para tristeza de todos nós que militamos na imprensa, os inexplicáveis protestos da imprensa "bem" de Buenos Aires contra a premiação do autor.

Registremos, porém, que os protestos de grandes senhores como Gainza, de *La Prensa*, e Bartolomé Mitre, de *La Nación*, é que forneceram o sal ao banquete de Colúmbia, universidade que, pela segunda vez no mesmo mês de outubro, viveu momentos relacionados com o moderno terror. O cantor Paul Robeson foi da Faculdade de Direito de Colúmbia há mais de meio século. Naquele tempo os direitos dos pretos americanos eram bem mais escassos do que hoje. Pois lançou-se agora na universidade – com banquete na mesma rotunda da biblioteca onde homenageamos Timerman – uma campanha financeira para criar uma Bolsa de Estudos Paul Robeson. Ergueu-se em protesto, entre outras, a voz de Roy M. Cohn, braço direito do senador Joseph McCarthy na caça às bruxas de 1950. Acha um desaforo essa homenagem póstuma a um homem que disse que só a União Soviética lhe concedeu "completa dignidade humana".

A campanha financeira continua. As universidades americanas – cercadas embora de multinacionais que gostariam de ainda mais enriquecê-las para melhor corrompê-las – mantêm total autonomia. Podíamos levar uma para Campinas.

11 de novembro de 1981

Um charuto para matar Fidel

Sem coragem de assestar canhões, os americanos vão bombardear Cuba com a Rádio Martí. A munição é o saudosismo dos "bons tempos" de Batista

Não sei se já começou a funcionar, em Miami, uma nova estação de rádio americana, chamada Rádio Martí, destinada a desmoralizar, entre os cubanos, o regime de Fidel Castro. A partir das alturas de setembro do ano passado, surgiu a ideia da Rádio Martí, no seio do governo Reagan, e, a despeito da oposição a ela surgida no Congresso, o governo parecia disposto a levá-la adiante. A oposição não veio de congressistas, apenas, e sim, igualmente, dos diplomatas americanos na própria Havana. Como se sabe, os americanos mantêm, na embaixada da Suíça em Havana, uma United States Interests Section, e os representantes do Departamento de Estado que ali exercem suas funções se manifestaram contra o plano. Rádio Martí não só lembraria demais uma estação clandestina que a CIA manteve ao tempo da invasão malograda de Cuba como, além disso, a despesa de uma nova emissora antiguerra não se justifica, de vez que a *Voz da América* já fala espanhol durante cinco horas por dia – e tome noticiário anticubano.

No entanto, pessoalmente, sou capaz de apostar que a Rádio Martí irá ao ar, se é que já não está exortando os cubanos a reabrir os bordéis e os cassinos dos bons tempos de Fulgencio Batista. Os Estados Unidos assumem, em relação a Cuba, o que só ocorreria classificar como uma posição Doca Street. São o machão enfurecido contra a ilha insubmissa. Tentaram matar Cuba em abril de 1961, na praia Girón, ou baía dos Porcos, e jamais se conformarão com a existência daquele único palmo de terra independente em toda a extensão da América Latina.

Em relação a essa minha comparação de mau gosto, com Doca Street, peço desculpas. Desculpas a Cuba e aos cubanos, bem entendido, que não têm nada de comparável a uma pobre mulher desprotegida, assassinada por um brutamonte metido a gente fina. Deve ficar bem claro o fato de que os Estados Unidos só não destroem a Cuba de Fidel Castro porque não podem. É óbvio que, antes de chegarem a qualquer solução final em relação ao povo cubano, teriam entrado numa guerra nuclear com a União Soviética. Mesmo antes disso, porém, viveriam um pesadelo vietnamita de tomar uma ilha que aos poucos se fez inexpugnável e de impor sua vontade a uma nação de guerreiros que são, principalmente, homens livres.

Anotemos, em compensação, que os crimes dos americanos contra Cuba são denunciados pelos próprios americanos. Há poucos meses, mais um livro foi publicado nos Estados Unidos, com a lista das tentativas, por parte da CIA, de simplesmente assassinar Fidel Castro, inclusive a mais ridícula, a do charuto envenenado, que Fidel fumaria e cairia morto. E anotemos, para vergonha nossa, que este obstinado ódio a Cuba é o avesso da enorme admiração que os americanos têm pelos cubanos. O único latino-americano que os americanos respeitam é Cuba.

Países grandes, potencialmente ricos, mas estroinas e incompetentes como o Brasil e a Argentina só despertam – e assim mesmo eu não poria a mão no fogo – um piedoso desdém. Eu não poria a mão no fogo porque o sentimento que despertam é, isto sim, um distraído asco. Cuba engendra neles um belo ódio. Nós, um tédio que não tem tamanho.

3 de fevereiro de 1982

Ao vencedor, as batatas

De como a Argentina virou propriedade de um general e se meteu numa aventura, a exemplo do que pretendia o Jim Jânio nas Guianas

Segundo conselho do primeiro dos evangelistas, não devemos nos preocupar com o dia de amanhã, já que "o dia de amanhã a si mesmo trará o seu cuidado, a cada dia bastam os seus males". Para não me aborrecer com a guerra das ilhas Malvinas, ou Falkland, adaptei o conselho de Mateus, dizendo a mim mesmo: os argentinos que se lixem com os males da Argentina, já que no Brasil temos males para dar e jogar fora. Mas um aspecto desse conflito dispensável e ridículo não me parece que tenha sido suficientemente grifado: é o da aventura pessoal do general Leopoldo Galtieri. Como é que esse usurpador de um usurpador (tomou, por sua alta recreação, o posto que ocupava o general Viola, que por sua vez não tinha sido escolhido em eleição nenhuma) tem a desaforada coragem de enfiar numa guerra absurda um povo respeitável e civilizado como o argentino, de alto nível cultural, o país de Borges, de Cortázar, de Sábato?

E veja-se bem. Não tem nada de absurda a pretensão argentina à posse das ilhas, haja nelas petróleo ou não. A soberania britânica sobre as Malvinas é um resíduo ou relíquia de tempos imperialistas. Que as ilhas estão muito mais perto da Argentina do que da Grã-Bretanha ficou comicamente provado com o tempo que a poderosa esquadra de Elizabeth II levou, resfolegando pelo oceano, até chegar ao arquipélago disputado, como se fosse ainda formada pelas caravelas com que Walter Raleigh chegou à Guiana nos dias de Elizabeth I. A verdade, porém, é que nenhuma vantagem que pudesse levar em razão da proximidade relativa em que se encontra das ilhas pode favorecer, de fato, a Argentina, tal a sua inferioridade militar diante da Grã-Bretanha. Ora, Galtieri, só teria uma desculpa para arrastar à aventura das Malvinas um povo inteiro que não foi consultado: a certeza de vencer. A vitória, sobretudo na política internacional, explica tudo e absolve tudo. Ao vencedor, as batatas.

A Argentina, me parece, tem direito às Malvinas. Mas não tinha o direito de tomá-las pela força se lhe faltava a força de se manter nas Malvinas. Agora falta à Argentina até o direito de reclamar contra uma "agressão" que foi ela que fez. E o que mais indigna a gente é que esse imbróglio foi armado para servir aos baixos desígnios políticos e à vaidade pessoal de um vago Galtieri que se colocou a si mesmo no poder.

Aliás, de coisa parecida escapamos nós, brasileiros, quando nos livramos de Jânio Quadros no momento em que ele queria tornar-se ditador, renunciando à Presidência. Um dos planos de Jânio era conquistar essa mesma Guiana que Raleigh descobriu. Para quê? Para nada. Para chegar à Georgetown antes do reverendo Jim Jones, outro desequilibrado. Eu achei, até pouco tempo atrás, que haveria exagero na história da invasão da Guiana. Mas Fernando Pedreira, em seu recente livro *Impávido colosso* (Nova Fronteira), repete que era essa a intenção de Jânio. O próprio Jânio, entre amigos, até hoje confirma o plano de anexação. Só que não se tratava de uma das Guianas. "Ocupavam-se todas", diz o nosso Galtieri, o nosso Jim Jânio.

5 de maio de 1982

A tríplice rendição do Brasil

Nossos irmãos argentinos postos de joelhos na encenação de uma guerra por culpa de um único homem, risco que os brasileiros correram em 1961

Só mesmo uma notícia de excepcional força seria capaz de interromper por um segundo, nas telas da televisão brasileira, um acontecimento da magnitude da partida Brasil x URSS. Desde a invasão, pelo general Galtieri, das ilhas Malvinas, essa notícia era esperada. Mas mesmo assim tinha que se transformar, em todos os países desta desastrada América Latina, num momento de terror e de reflexão penosa. O descaso continental pela vida política que nos assola, a criminosa tolerância com que aceitamos ditadores e nos deixamos governar por doidos e incompetentes nos marcam, em momentos como o da rendição dos argentinos, como um ferro em brasa. Sentimos na carne, em circunstâncias assim, que somos gado da mesma fazenda, tristes bois do mesmo curral. Há mais de meio século Ortega y Gasset, de olhos fixos na sua Espanha invertebrada, já nos havia advertido acerca do perigo da constituição de exércitos razoavelmente fortes em países irremediavelmente fracos do ponto de vista das instituições civis. Eles adquirem, dentro de seus países, uma importância descomunal. E, quando lhes falta uma guerra no horizonte, entram em guerra contra o próprio povo que os deixou inchar e crescer assim. Se não inventarem, finalmente, uma boa guerra externa, acabam por se guerrear a si mesmos. No fim desse processo descrito pelo grande pensador espanhol, Galtieri deu o seu primeiro passo da guerra intestina nas Forças Armadas, destituindo o general Viola. O grande remédio, a saída por ele encontrada, a seguir, foi encenar a Guerra das Malvinas.

Jânio Quadros, que foi o precursor, entre nós, da ditadura militar iniciada em 1964, durante seus poucos e funestos meses de governo, em 1961, quis meter o país numa aventura parecida com a do general Galtieri. Quando me contaram, ainda durante a administração de Jânio, que o presidente acalentava o plano de anexar a Guiana Inglesa, não acreditei. Mas há informações seguras de que agora, mais de vinte anos depois, Jânio não só confirma que estava nos seus planos essa ocupação como ainda acrescenta, com o pedante sotaque que é sua marca registrada: "Não só a Guiana Inglesa; ocupava-as todas". Isso significa que o Brasil pretendia invadir igualmente a Guiana Francesa e a Holandesa. Em lugar de entrarmos em guerra apenas contra a Grã-Bretanha, como fez o general Galtieri, estenderíamos modestamente o conflito à França e aos Países Baixos.

Jânio Quadros sabia perfeitamente que para chegar aos seus objetivos precisava tornar-se ditador e senhor dos exércitos. Com essa esperança, pôs na rua sua comédia da renúncia, certo que o país não a aceitaria. Felizmente as instituições naquele instante funcionaram e o ator caricato desapareceu, aliás numa noite de eclipse de lua. Se repiso esse episódio de que todos se recordam é porque desejo lembrar que a humilhação que vivem nossos vizinhos argentinos poderia perfeitamente ter sido a nossa, caso vingassem os planos ditatoriais de Jânio. Só que a nossa humilhação viria multiplicada por três. Nós nos renderíamos a Londres, Paris e Amsterdã. E permanece a pergunta: até quando seremos nós, latino-americanos, o manso gado que somos, da Terra do Fogo ao Rio Grande?

23 de junho 1982

Borges e o nosso enigma

Os países que não pagam suas contas nem prestam contas ao povo não são jovens aprendizes como apregoam. São retardados que não aprenderam a contar

Ao completar 83 anos de idade, dias atrás, Jorge Luis Borges recebeu em Buenos Aires o representante da *Folha*, Clóvis Rossi, e lhe falou na infinita tristeza que sente diante da situação na Argentina. Em grande parte para se divertir, estou convencido, e irritar as esquerdas, Borges assume atitudes insólitas e inqualificáveis, como aceitar uma condecoração das mãos tão pouco higiênicas do general Pinochet. Piadas de gosto tão duvidoso talvez tenham impedido Borges, até agora, de ver seu nome escolhido em Estocolmo como Prêmio Nobel de Literatura. Não vejo, no mundo inteiro, quem mais do que Borges possa merecer um prêmio dedicado à mais alta expressão literária duma época. Não há mistério e ambiguidade do homem que Borges, em prosa e verso (ao contrário de Monsieur Jourdain, Borges faz poesia até quando pensa, ou finge, que está fazendo prosa), não transforme em água cristalina ou em joia.

No entanto esse homem que, numa forma sintética e rarefeita, sabe praticamente tudo, nada sabe sobre sua Argentina. Não entende seu país. E nisso, nesse desamparo, ele é menos um intelectual-cidadão-do-mundo do que um intelectual tipicamente latino-americano, atônito diante destes nossos países, que continuam se considerando jovens simplesmente porque não chegam nunca à maturidade. São, isto sim, países retardados, que conseguiram aprender as primeiras letras, mas que até hoje não aprenderam a contar, por exemplo.

No momento em que escrevo, os três maiores países da América Latina – o México, a Argentina, o Brasil – estão rigorosamente insolventes. Não sabem como pagar o que devem. Não pagam o que devem a credores estrangeiros, não pagam o que devem internamente. Em matéria de dívida externa o México e o Brasil conseguiram empatar nos oitenta bilhões de dólares. A Argentina creio que deve menos, mas há de chegar lá, graças aos gastos e traumas acumulados nas Malvinas. O México é um dos maiores produtores de petróleo do mundo. A Argentina tem praticamente todo o petróleo de que necessita, além de ter o trigo, a carne. Ao Brasil falta o combustível, mas tem tudo o mais, e poderia ter muito mais de tudo.

O curioso é que esses países perdulários, incompetentes, geridos como velhos latifúndios não dão bem-estar aos respectivos povos, mas em compensação também não lhes dão liberdade. Sempre que, em algum debate, eu aponto Cuba como único país latino-americano em que existe justiça social (acabaram-se os analfabetos, há casa, comida e hospital para todos), me dizem logo que não há liberdade política em Cuba. E há no México, onde há meio século só um partido chega à Presidência? Há na Argentina onde um tiranete de tango, sem consultar ninguém, levou um país inteiro à derrota nas Malvinas? Há liberdade no Brasil, onde desde 1964 vivemos sob a tirania militar, que só agora nos promete eleições, enquanto escolhe o próximo general-presidente?

É claro que a culpa por tudo que nos acontece vem sempre de fora. Não há justiça social na América Latina porque os americanos não deixam. Não há liberdade política em Cuba porque os soviéticos não permitem. Nós, latino-americanos, não somos culpados de nada, já que somos muito jovens. Os Estados Unidos têm a mesma idade, mas é que lá sempre houve a mania da máquina. Amadureceram a máquina, o que não é bom para a saúde e pode até dar câncer. Não há mesmo quem entenda. Nem Jorge Luis Borges.

8 de setembro de 1982

Profecias latinas de Karl Marx

A visão de Bolívar, dançarino, um "Napoleão das retiradas" em meio ao atraso geral da região, como matéria humana incapaz de produzir o "salto qualitativo"

Quem lê a esmo, sem método, pelo prazer da leitura, chega às vezes a encruzilhadas das mais surpreendentes. Mal fechei *Pais e filhos*, que Ivan Turguêniev escreveu em 1862, fui encontrar ecos inesperados do seu romance num ensaio que a editora Paz e Terra acaba de publicar, *Marx e a América Latina*, do sociólogo argentino José Aricó. O texto elegante de Turguêniev, atento ao perigo de derramamentos românticos no leve enredo, e hábil em informar, como quem não quer, acerca da realidade russa subjacente ao texto, tinha-me deixado a curiosa impressão de um romance brasileiro. Joaquim Manuel de Macedo podia ter inventado uma história assim; Alencar teria criado, em cenário idêntico de província brasileira, um intelectual como Bazárov; Machado... Bem, Machado, com uma mulher da raça de Ana Serguêievna (que não aceita o amor de Bazárov devido a um admirável comodismo, uma inapetência invencível por paixões excessivas), faria um daqueles seus contos de ambiguidade quase alarmante.

O "brasileirismo" de *Pais e filhos*, no entanto, provém fundamentalmente do estado de espírito da Rússia de então, que ficava à margem da Europa, que vivia imitando a França e a Inglaterra, que acabava de libertar os servos da gleba (1861), mas não sabia como educá-los, nem como modernizar a lavoura ou viabilizar a indústria. Por isso mesmo é que, como se sabe, Marx nunca imaginou que uma revolução como a dos seus sonhos pudesse vingar na Rússia, em vez de na Inglaterra ou na Alemanha. Ou pensou? Cá está o livro de

Aricó, mostrando a preocupação de Marx, na década de 1870, com as condições sociais russas, a ponto de dizer Engels, mais tarde, que "esta foi a causa principal da não conclusão do *Capital*".

Mas, se Marx parece ter farejado fumos de revolução na Rússia atrasada dos tempos de Turguêniev, em relação à América Latina não viu nada, não pressentiu nada, não farejou coisa nenhuma. José Aricó faz o que pode – com brilho teórico e bem-argumentado historicismo – para justificar e minorar a profunda alergia de Marx pela América Latina. Mas os próprios textos citados por Aricó mostram que o patriarca e *enfant terrible* do materialismo histórico jamais teve a menor paciência conosco e nunca nos dedicou qualquer migalha mais séria do seu tempo e das suas análises. Éramos, para ele, o fim da picada, quer dizer, o lugar onde a História, com H grande, se detém, sem saber o que fazer. Dia 2 de dezembro de 1854, Marx dizia a Engels, em carta: "Os espanhóis estão completamente degenerados. Mas, ainda assim, diante de um espanhol degenerado, um mexicano constitui um ideal". O mexicano teria todos os vícios do espanhol, sem "a solidez que esses possuem". E, em 1858, num minucioso e devastador artigo biográfico, Marx reduziu Bolívar às dimensões de um pequeno caudilho dos mais vigaristas, "Napoleão das retiradas", perito em traições, bom de bailes e de dormir na rede.

O engenho da dialética, em suma, rangia, emperrava e se recusava a andar quando chegava ao Norte do México. A península Ibérica, com sua prole americana de homúnculos, era impermeável ao vivificante espírito hegeliano. Resumindo: mesmo no "brasileirismo" da Rússia de Turguêniev, Marx vislumbrava lampejos de revolução, mas no brasileirismo do Brasil propriamente dito, no atraso geral da América Latina, só via matéria humana incapaz do salto qualitativo. Concluindo: falhou Marx como profeta?

26 de janeiro de 1983

Este livro foi composto com tipografia Bembo
e impresso em papel soft 80 g/m² na gráfica Rona.